Bernd Rüthers

Entartetes Recht

Bernd Rüthers

Entartetes Recht

Rechtslehren und Kronjuristen
im Dritten Reich

Verlag C. H. Beck München

CIP-Kurztitelaufnahme der Deutschen Bibliothek

Rüthers, Bernd:
Entartetes Recht : Rechtslehren u. Kronjuristen im Dritten
Reich / Bernd Rüthers. – München : Beck, 1988
  ISBN 3 406 32999 3

ISBN 3 406 32999 3

Umschlagentwurf: Bruno Schachtner, Dachau
Gesamtherstellung: C. H. Beck'sche Buchdruckerei, Nördlingen
Printed in Germany

Den im Dritten Reich
aus dem Amt vertriebenen
Richtern und Professoren
gewidmet

Inhaltsverzeichnis

2. Kapitel
Verklärung, Verdammung, Verfälschung –
Zum Zusammenhang von Personen- und Geschichtsbildern

3. Kapitel
Rechtsmystik oder Rationalität? –
Lehren aus der Rechtsperversion im
Nationalsozialismus

Anhang

Die in dem Buch verwendeten Abkürzungen entsprechen dem «Abkürzungsverzeichnis der Rechtssprache» von H. Kirchner, 3. Aufl. Berlin/ New York 1983.

Vorwort

Die Gewährleistungen der Verfassungs- und Rechtsordnung von Weimar haben 1933 die Machtergreifung einer rechtsverachtenden totalitären «Bewegung» und anschließend die totale Perversion des Rechts nicht verhindern können. Man kann einwenden, daß die Rechtsordnung keine selbständige Macht habe, sondern nur so stark und zuverlässig sei, wie die Bereitschaft der verantwortlichen politischen und professionellen juristischen Kräfte, sich für ihre Verteidigung einzusetzen. Aber gerade daran hat es 1933 und danach offenkundig gefehlt.

Das Drama des Rechts im Nationalsozialismus hat schicksalhafte Bedeutung für die europäische, ja für die Weltgeschichte im 20. Jahrhundert gehabt. Staaten sind vernichtet, Grenzen sind verschoben, Völker sind unterdrückt, teilweise ausgelöscht worden. Mitteleuropa hat sein Gesicht und seine Rolle verändert oder gar verloren. Einem Teil seiner Bürger werden seit dem Hitler-Stalin-Pakt ununterbrochen elementare Menschenrechte vorenthalten. Das damals begangene und erzeugte Unrecht wirkt in den totalitären europäischen Staaten der Gegenwart fort, und das alles, weil die deutsche Staats- und Rechtsordnung nicht verhindern konnte, daß ein liberaler Rechtsstaat gezielt in ein totalitäres Unrechtssystem verwandelt wurde. Rechtswissenschaft und Justiz haben dabei mitgewirkt.

Allein dieser Zusammenhang mit dem Heute zwingt zu einer gründlichen Erforschung der Stationen der Rechtsperversion im Nationalsozialismus.

Das niedersächsische Justizministerium hat mich mehrfach eingeladen, vor der deutschen Richterakademie zum Thema «Rechtstheorie im Nationalsozialismus» zu sprechen. Angeregt durch die lebhaften Diskussionen dort habe ich einen Forschungsaufenthalt am Wissenschaftskolleg zu Berlin dazu benutzt, meine Vorstellungen zu diesem Thema, das mich wegen seiner grundsätzlichen, nicht zeitgebundenen rechtstheoretischen und rechtsmethodischen Aspekte seit langem fesselt, nochmals literarisch zu bearbeiten.

Wer sich mit dem Problemkomplex «Recht im Nationalsozialismus» heute, mehr als 40 Jahre nach dem Zusammenbruch des Dritten Reiches, befaßt, muß mit erheblichen Emotionen seiner Diskussionspartner und Leser rechnen. Das Thema ist zur Polarisierung geeignet, zumal die Geschichte der Rechtsentwicklung im NS-Staat – wie «Geschichte» generell –

gern als Argument oder gar als Waffe für eigene politische und weltanschauliche Vorverständnisse, Überzeugungen und Ziele eingesetzt wird.

Eine emotionsfreie Beschäftigung mit dem vorliegenden Thema ist unter solchen Umständen weder vom Autor noch von Lesern oder Diskussionspartnern zu erwarten. Emotionen gegenüber historischen Vorgängen können verschieden wirken: Sie können die wissenschaftliche Erforschung des fraglichen Prozesses anregen und fördern; sie können ebenso den klaren Blick für die Realitäten verstellen, wenn dieser Blick altvertraute und gefestigte, vielleicht sogar durch persönliche Neigungen und Bindungen oder Verstrickungen verwurzelte Vor-Urteile gefährden könnte. Es ist bei diesem Thema geboten, sich an dieses Risiko der intellektuellen Selbstzensur zu erinnern.

Viele Arbeiten zu diesem Problembereich lesen sich als Kampf- oder Pamphlet-Literatur. Nicht die geschichtliche Erforschung der komplexen Handlungsbedingungen der Rechtswissenschaft und der Gerichtspraxis in einem totalitären Staat ist das Ziel, sondern die pauschale Verdammung oder Rechtfertigung der damals handelnden Juristen.

Das vorliegende Buch verfolgt vor allem drei Ziele: Es will zunächst dem Leser von heute einen Einblick in die realen Entwicklungsprozesse des Rechts, vor allem aber in die Denkweisen, Handlungsspielräume und Handlungszwänge der Juristen nach 1933 geben. Es geht insoweit darum, mit welchen juristischen Denkfiguren und Instrumenten die Umdeutung des Rechts im Dritten Reich bis hin zur totalen rassistischen Rechtsperversion bewirkt wurde.

Dieser in der deutschen Rechtsgeschichte einmalige Vorgang hat – unbeschadet der Ausnahmelage des totalitären NS-Regimes – grundsätzliche und verallgemeinerungsfähige Einsichten über den Zusammenhang von Recht und Ideologie, von Rechtsordnung und Wertordnung, von Recht und politischem System ans Licht gebracht oder doch neu ins Bewußtsein gehoben.

Die Rechtsentwicklung in Deutschland zwischen 1933 und 1945 hat uns gezeigt, daß Recht seine urtümliche, Gerechtigkeit stiftende und Gerechtigkeit sichernde Funktion verlieren kann. Recht kann entarten zum Werkzeug staatlichen Terrors. Diese Erfahrung ist nicht auf den Nationalsozialismus beschränkt. Sie wird durch zahlreiche ähnliche totalitäre Systeme in Vergangenheit und Gegenwart bestätigt.

Die Perversion von Rechtsordnung ist kein automatischer Vorgang. Sie setzt skrupellose Machthaber voraus, und sie wird durch gefügige Juristen ins Werk gesetzt. Die Rolle der Juristen in totalitären Systemen ist daher ein wesentlicher Aspekt des Themas.

Die Umdeutung des überkommenen Rechts auf neue gesellschaftliche Entwicklungen, politische Machtlagen oder weltanschaulich begründete Wertvorstellungen findet nicht nur in den bezeichneten Ausnahmesituationen frisch etablierter totalitärer Staaten statt. Sie ist einerseits bei jedem politischen Systemwechsel gleichsam «im Großen», andererseits aber auch bei jeder neuen Entwicklung der sozialen Fakten oder der rechtspolitischen Wertvorstellungen und Regelungsbedürfnisse «im Kleinen» zu beobachten. Fortbildung, Ergänzung und auch Umdeutung des Rechts sind, genau betrachtet, eine *Daueraufgabe* der Gerichte und der sie anleitenden Rechtswissenschaft. Das macht die ungebrochene Aktualität jener bis heute bei Juristen und erst recht in der übrigen Gesellschaft weithin unbekannten oder verdrängten Strategien der Rechtsumdeutung im Sinne der erwünschten «völkischen Rechtserneuerung» aus. Die dabei verwendeten rechtstheoretischen und methodischen Instrumente sind ganz überwiegend bis heute – teilweise unter gleichen, teilweise unter veränderten begrifflichen Etiketten – in Gebrauch. Das ist verständlich, ja unvermeidbar, denn der Vorrat auslegungstechnischer oder rechtsfortbildender, auch rechtsumbildender Argumentationsmuster ist beschränkt. Weniger verständlich, ja gefährlich, ist der Umstand, daß Rechtswissenschaft und Justiz die vielseitige, extrem variable Verwendbarkeit ihres Instrumentariums nach 1945 bisher nicht umfassend kritisch überdacht haben. Die Einsichten und Erfahrungen, die sich aus der Geschichte von Recht und Rechtswissenschaft im Nationalsozialismus für die künftige praktische Arbeit der Juristen in einem liberalen Verfassungsstaat gewinnen lassen, sind bisher nur spärlich ans Licht gehoben worden, haben vor allem in die Ausbildungsliteratur der Universitäten kaum Eingang gefunden. Hier bleibt vieles zu tun.

Was die Darstellung der einzelnen rechtstheoretischen und methodischen Denkmuster, Begriffe und Instrumente angeht, so habe ich zu erheblichen Teilen auf das in zwei früheren Arbeiten aufbereitete Material zurückgegriffen.[1] Es geht also darum, die Perversion des Rechts und der Justiz im Dritten Reich in ihrem theoretischen Konzept und ihrer praktischen Durchführung sichtbar zu machen.

Die zweite Frage lautet: Wie war das möglich? In vielen Diskussionen mit Richtern und Staatsanwälten, aber auch mit Studenten und Kollegen über die Rechtsentwicklung im Dritten Reich wird diese Frage immer wieder gestellt. Was haben sich die Professoren, was haben sich die Richter nach 1933 dabei gedacht, als sie die «völkische Rechtserneuerung» mit ihrer von Anfang an rassenpolitischen, antisemitischen Stoßrichtung betrieben? Hier zeigt sich ein mindestens teilweise sub-

---

[1] B. Rüthers, Die unbegrenzte Auslegung – Zum Wandel der Privatrechtsordnung im Nationalsozialismus, 2. Aufl., Frankfurt a. M. 1973; ders., Institutionelles Rechtsdenken im Wandel der Verfassungsepochen, Bad Homburg v. d. H./Berlin/Zürich 1970, jetzt in 2. erweiterter Auflage unter dem Titel: Wir denken die Rechtsbegriffe um ... – Weltanschauung als Auslegungsprinzip, Zürich 1987.

jektiver, persönlicher Aspekt des Themas. Die genannten Fragen lassen sich nicht einheitlich für die damals Handelnden beantworten. Das ist andererseits kein Grund, solche Fragen, wie bisher weithin üblich, entweder zu verdrängen oder mit pauschalen moralischen Urteilen über alle Beteiligten zu erledigen. Vielleicht ist der moralische Aspekt aus heutiger Sicht wegen der Unkenntnis über die konkreten Handlungsbedingungen schwer zu erfassen. Wichtig ist es aber, schon im Hinblick auf mögliche ähnliche Zumutungen an Juristen in Gegenwart und Zukunft, sich die persönlichen Situationen zu vergegenwärtigen, in denen solche Strategien der Umwertung einer Rechtsordnung bis hin zur totalen Rechtsperversion stattfinden und mit juristischen und ideologischen Argumenten legitimiert werden. «Legitimität gegen Legalität».[2]

Moralische Fragen sind an persönliche, individuelle Voraussetzungen gebunden. Pauschalurteile verbieten sich von selbst. Aber im Einzelschicksal werden auch berufstypische Versuchungen und Gefährdungen sichtbar. Rechtswissenschaft und Rechtsprechung jener Jahre haben keinen Anlaß, mit Genugtuung oder auch nur mit Gelassenheit auf diese Zeit zurückzublicken. Es ist, aus der Sicht der Geschichte der Rechtswissenschaft und der Gerichtspraxis gesehen, eine bedrückende Epoche. Das zweite Kapitel ist der Versuch, diesem Problem an einem Beispielsfall näher zu kommen.

Das dritte wichtige Thema der Schrift ist die Frage nach der Verallgemeinerungsfähigkeit der damals gewonnenen Erfahrungen und Einsichten für die gegenwärtige und künftige Arbeit der Juristen. Dies ist vielleicht das eigentliche, höchst aktuelle Thema einer solchen, lange versäumten, teils bewußt vermiedenen historischen Besinnung.

Die Versuchungen totalitärer Ideologien und Systeme sowie die Verführbarkeit von Juristen, das Recht auf gesetzesfremde weltanschauliche Wertvorstellungen umzuwerten, sind nicht historische, sondern dauernde Probleme einer praktisch orientierten Jurisprudenz. Eine Erfahrung der Rechtswissenschaft und der Justiz im Nationalsozialismus und in allen anderen vergleichbaren totalitären Staaten geht eindeutig dahin, daß Rechtsperversionen in etablierten Unrechtssystemen mit juristischen Mitteln, also durch Gerichte oder Rechtsfakultäten, schwerlich verhindert, ja kaum wirksam gebremst werden können. Der *juristische* Widerstand hat allenfalls dort reale Erfolgschancen, wo er sich gegen das Heraufziehen totalitärer Macht- und Herrschaftsansprüche, gegen die Proklamation rechtsfreier Räume oder kalkulierter Rechtsverstöße wendet, solange die rechtsstaatswidrigen, demokratiefeindlichen Strategien und

---

[2] Vgl. die noch heute richtungsweisende Arbeit von H. Hofmann, Legitimität gegen Legalität – Der Weg der politischen Philosophie Carl Schmitts, Neuwied und Berlin 1964.

Kräfte sich in den Staatsorganen noch nicht festsetzen oder gar durchsetzen konnten.

Damit gewinnt die Frage, wie sich solche Vorgänge mit juristischen Mitteln vermeiden lassen, entscheidende Bedeutung. Chancen sind nur vorhanden, solange kein totalitäres politisches System etabliert ist. Eine methodisch betriebene Früherkennung und eine mit rechtlichen Instrumenten bewirkte Eingrenzung totalitärer Strategien ist eine mögliche Schranke. Sie setzt jedoch, das zeigt die Entwicklung vor und nach der «Machtergreifung», einen funktionsfähigen liberalen Rechtsstaat voraus. Dazu gehört eine Juristengeneration, die sich der freiheitlich-demokratischen Grundordnung verpflichtet weiß, die die politische Dimension ihres Berufes kennt und die ihre methodischen Instrumente zur Verteidigung der Verfassung einsetzt. Das ist das Thema des dritten Kapitels.

Das Wissenschaftskolleg zu Berlin hat mir im Jahr 1986/87 Muße und Anregung gegeben, das Thema der unverarbeiteten Rechtslehren im Nationalsozialismus und aus dem Nationalsozialismus noch einmal aufzugreifen. Zu den vorzüglichen Arbeitsbedingungen, die ich dort vorfand, gehörte die Möglichkeit, im Juni 1987 eine zweitägiges interdisziplinäres Colloquium über das Fortwirken von Werk und Person Carl Schmitts durchzuführen. Es referierten zu verschiedenen Aspekten der gegenwärtigen Schmitt-Rezeption die Herren Alexander Demandt (Berlin), Hasso Hofmann (Würzburg), Josef Isensee (Bonn), Hartmut Jäckel (Berlin), Joseph H. Kaiser (Freiburg), Christian Meier (München), Ernst Nolte (Berlin), Ulrich Preuß (Bremen), Helmut Quaritsch (Speyer), Horst Rieth (Stuttgart), Wolfgang Schieder (Trier) und Nicolaus Sombart (Berlin).

Besonderen Dank schulde ich ferner den Kollegen Dieter Nörr und Peter Scheibert im Wissenschaftskolleg zu Berlin. Beide haben den Entwurf des 2. Kapitels kritisch durchgesehen und durch ihre Hinweise und Einwände dazu beigetragen, die Angriffsflächen bei dieser schwierigen Materie zu verkleinern. Bei der Bearbeitung des Textes und der Fußnoten hat mich Herr Assessor Martin Schmitt mit großer Sorgfalt und Umsicht unterstützt. Ihm danke ich die Auflösung mancher Widersprüche in der Darstellung. Zu danken habe ich schließlich den übrigen Mitarbeitern am Lehrstuhl für zahlreiche Diskussionen und Frau Gisela Vogel für die bewährte und zuverlässige Textverarbeitung.

Berlin und Konstanz, im Juni 1987   *Bernd Rüthers*

1. Kapitel

Rechtslehren im Nationalsozialismus

A. «Völkische Rechtserneuerung» als ideologische Umwertung der Rechtsordnung

I. Die Rolle von Literatur und Rechtsprechung

Nähert man sich dem Fragenkreis der Rechtsentwicklung im Nationalsozialismus, so fällt als erstes der große Einfluß auf, den Literatur und Rechtsprechung auf diesen Vorgang gehabt haben. Die nationalsozialistische Gesetzgebung, vor allem mit ihren zahlreichen Maßnahme- und Sondergesetzen etwa im Bereich des Strafrechts, der Rassenpolitik, des Wirtschafts- und Steuerrechts, darf sicher nicht übersehen werden. In den vielen Kernbereichen der Rechtsordnung beließ es der nationalsozialistische Gesetzgeber jedoch weitgehend bei der aus der Weimarer Zeit überkommenen Gesetzesordnung. Das gilt besonders im Privatrecht. Die wesentlichen gesetzgeberischen Eingriffe sind mit dem «Gesetz zur Ordnung der nationalen Arbeit» von 1934 sowie dem Ehegesetz und dem Testamentsgesetz von 1938 schnell aufgezählt.

Das bedeutete nicht, daß die Machthaber geneigt gewesen wären, im Geltungsbereich der unverändert fortgeltenden Gesetze etwa alles beim alten zu belassen, also die überkommenen Rechtsinhalte zu akzeptieren. Ganz im Gegenteil: Das Programm der nationalsozialistischen Rechtspolitik war eine umfassende «völkische Rechtserneuerung» auf der Grundlage der nationalsozialistischen Weltanschauung.[1]

II. Methodeneinheit oder Methodenkonkurrenz? – Der Wettlauf um die beste Rechtsmethode für den NS-Staat

Dem entsprach eine beträchtliche, auf den ersten Blick auch rechtstheoretisch und methodisch geschlossen und einheitlich erscheinende Anstrengung der damaligen universitären Rechtswissenschaft. Sie versuchte, dieses äußerlich einhellig bejahte rechtspolitische Ziel der nationalsozialistischen Machthaber im Wege einer umfassenden Umdeutung der im Wort-

---

[1] H. Frank (Hrsg.), Nationalsozialistisches Handbuch für Recht und Gesetzgebung, München 1935; K. Larenz (Hrsg.), Grundfragen der neuen Rechtswissenschaft, Berlin 1935; weitere Hinweise bei B. Rüthers, Die unbegrenzte Auslegung – Zum Wandel der Privatrechtsordnung im Nationalsozialismus, 2. Aufl., Frankfurt a. M. 1973, S. 117 ff.

laut unveränderten Rechtsordnung zu erreichen.[2] Man kann daher bei einer an der Oberfläche haftenden Betrachtung der Literatur jener Jahre zu der Auffassung kommen, es habe damals so etwas wie *eine* Rechtsphilosophie und *eine* Methodenlehre *des* Nationalsozialismus gegeben.[3] Diese Annahme ist aus meiner heutigen Sicht, die durch Gespräche mit den handelnden Zeitgenossen jener Jahre (Dietz, Forsthoff, Larenz, Michaelis, Nipperdey, Weber, Wieacker) beeinflußt ist, unzutreffend.

Bei genauerem Hinsehen zeigt sich, daß es im Nationalsozialismus mehrere, voneinander zu unterscheidende und konkurrierende Rechtslehren und Methodenkonzepte für das Ziel der «völkischen Rechtserneuerung» gab. Die inhaltlichen Unterschiede sind teilweise beträchtlich. Auch die Konkurrenzen unter den verschiedenen Schulen und unter den Autoren, die erkennbaren Bestrebungen um die Gunst der Machthaber und die vermeintliche größere Nähe und Treue der eigenen Theorie zur nationalsozialistischen Weltanschauung verdienen Beachtung.

Schaut man sich die rechtstheoretische Literatur und die durch Fachzeitschriften verbreiteten Handlungsanweisungen jener Jahre an die Gerichte an – heute würde man vielleicht «Richter-Ratschläge» sagen –, so liest sich dieses Schrifttum aus heutiger Sicht wie ein literarischer Wettbewerb, bei dem es darum ging, den frisch etablierten neuen Machthabern für die Zwecke der von ihnen propagierten rassisch-völkischen Rechtserneuerung die am besten geeignete Rechtstheorie und das wirksamste methodische Instrumentarium anzubieten.

Die banalsten Formeln finden sich im Heft 31 der Juristischen Wochenschrift von 1934.[4] Für Strafsachen hieß der Rat: «Einst: Keine Strafe ohne Gesetz! Jetzt: Kein Verbrechen ohne Strafe!»

Für Zivilsachen: «Entscheiden Sie rasch wie ein Führer, entscheiden Sie klar wie ein Führer und entscheiden Sie so, daß auch der unterliegende Teil das Gefühl hat, hier wird Recht gesprochen!»

So unbestimmte und noch scheinbar weltanschauungsneutrale Rechtsanwendungsregeln genügten aber noch nicht. Carl Schmitt, der seine Rolle später als die eines «unpolitischen» Juristen verstanden wissen

---

[2] Dieses materialreiche Engagement vieler Autoren im Dienst des Nationalsozialismus wird in den wichtigen Lehr- und Handbüchern der jüngeren Rechtsgeschichte und der juristischen Methodenlehre schlicht verschwiegen. Das führende Handbuch von F. Wieacker zur «Privatrechtsgeschichte der Neuzeit» (2. Aufl., Göttingen 1967, S. 558 ff.) behandelt die literarische Umdeutung des Privatrechts im Nationalsozialismus nicht. Die «Methodenlehre der Rechtswissenschaft» von K. Larenz erwähnt in fünf Auflagen von 1960 bis 1983 nicht einmal das Stichwort «Nationalsozialismus».

[3] Diese Ansicht liegt auch den entsprechenden Kapiteln meines Buches «Die unbegrenzte Auslegung – Zum Wandel der Privatrechtsordnung im Nationalsozialismus, 2. Aufl., Frankfurt a. M. 1973, S. 101–136 u. S. 270–322 zugrunde.

[4] Mahnmarken für die Rechtspflege, Verfügung des Thür. Just. Min. vom 9. 6. 1934, JW 1934, 1895.

wollte,[5] verkündete gleich 1933 in mehreren parallelen Veröffentlichungen[6] fünf «Neue Leitsätze für die Rechtspraxis». Der Leitsatz 4 lautete: «Für die Anwendung und Handhabung der Generalklauseln ... sind die Grundsätze des Nationalsozialismus unmittelbar und ausschließlich maßgebend.»

Der Reichsminister Frank ließ schließlich von den Professoren Dahm, Eckhardt, Höhn, Ritterbusch und Siebert sehr viel genauere «Leitsätze über Stellung und Aufgaben des Richters» erarbeiten.[7]

In den ersten Jahren der Herrschaft der Nationalsozialisten sind unter den Teilnehmern dieses Wettbewerbs viele namhafte etablierte Professoren und, mehr noch, ehrgeizige junge Wissenschaftler vertreten, soweit sie nicht als «Fremdrassige» von ihren Lehrstühlen und aus dem öffentlichen Dienst vertrieben worden waren oder als politische Gegner («Feinde») in die äußere oder innere Emigration gingen.

Eine seltsame Mischung aus völkischer Begeisterung, Karrieresucht und ängstlicher Anpassung bestimmte das Klima an den Fakultäten. Wer steht schon gern abseits, wenn die Begeisterung für eine neue nationale und Weltepoche Triumphe feiert. Die «Schweigespirale» wurde für viele Wissenschaftler zur Schreibe-, besser zur «Mitschreibe-Spirale» beim Wettbewerb um nationalsozialistische Rechtslehren.

Die nationalsozialistischen Führer selbst hatten für juristische Fragen und für Juristen wenig Interesse, allenfalls Verachtung übrig. Sie gingen wie selbstverständlich davon aus, daß nach ihrer Machtergreifung das Recht ausschließlich eine dienende Funktion als ein – zweitrangiges – Kampfinstrument zur Durchsetzung ihrer Weltanschauung und ihrer totalen Gewaltherrschaft haben durfte. Zahlreiche einschlägige Äußerungen von Hitler, Göring, Goebbels, Himmler und Ley habe ich in dem Buch «Die unbegrenzte Auslegung»[8] zusammengestellt.

Der Nationalsozialismus war sowohl in seiner rassistisch-biologischen Ideologie als auch in seiner von Feindbildern bestimmten Kampf- und Herrschaftspraxis vor und nach 1933 zutiefst rechtsfeindlich. Der schrankenlose Machtanspruch der führenden Nationalsozialisten vertrug keinerlei normative Fesseln. Hitler hat wiederholt betont, daß für ihn das Recht immer nur in der Macht, in der eigenen Stärke liege. Der durch das

---

[5] Vgl. bei P. Tommissen, Over En In Zake Carl Schmitt, Brüssel 1975, S. 113 ff.

[6] Z. B. Fünf Leitsätze für die Rechtspraxis, DR 1933, 201; Neue Leitsätze für die Rechtspraxis, JW 1933, 2792 – Sonderdruck des Presse- und Zeitschriftenamtes des Bundes Nationalsozialistischer Deutscher Juristen e. V.

[7] Vgl. Deutsche Rechtswissenschaft (DRW) I (1936), 123.

[8] – Zum Wandel der Privatrechtsordnung im Nationalsozialismus, Tübingen 1968, S. 104–111 (2. Aufl., Frankfurt a. M. 1973) mit zahlreichen Nachweisen. Kennzeichnend ist die Äußerung von Himmler: «... ob ein Paragraph unserem Handeln entgegensteht, ist mir völlig gleichgültig ...», in: H. Frank/H. Himmler/K. R. W. Best/R. Höhn, Grundfragen der deutschen Polizei, Hamburg 1937, S. 11 f.

Ermächtigungsgesetz geschaffene, permanente und weitgehend normlose Ausnahmezustand war sein ureigenes Herrschaftselement. Seine Mordaktionen am 30. Juni 1934 und deren Rechtfertigung in einer Reichstagsrede[9] bieten ein anschauliches Beispiel für sein Rechtsverständnis.

Die aus der Machtlust geborene Rechtsfeindlichkeit verband Hitler mit einem unverhohlenen Haß auf Justiz und Juristen («vollendete Trottel», «Krebsschaden für das deutsche Volk», ähnlich wie «Verbrecher», «Schädlinge», «auf dem Schindanger» zu begraben),[10] den Hitler nicht nur bei seinen Tischgesprächen, sondern kaum weniger deutlich auch in öffentlichen Reden zum Ausdruck brachte.

Die Propagandisten der völkischen Rechtserneuerung hatten es wegen dieser Mentalität nicht leicht, bei den Machthabern Gehör zu finden, von ihnen ernstgenommen zu werden. Trotzdem ging eine Welle von nationalsozialistisch gefärbter Anleitungsliteratur ins Land, die als Hilfe für die Richter gedacht war.

Dabei sind – wie schon angedeutet – verschiedene Strömungen unterscheidbar. Die rechtstheoretischen und rechtsphilosophischen Ausgangspunkte der Autoren waren – unbeschadet des gemeinsamen Zieles, den neuen Machthabern eine neue, nationalsozialistische Rechts- und Methodenlehre zu bieten – gründlich verschieden. Schließlich gingen auch die Ansichten darüber auseinander, mit welchen juristisch-methodischen Instrumenten die NS-Rechtserneuerung am besten zu bewirken sei.

Von Anfang an war klar, daß eine umfassende Revision der gesetzlichen Rechtsordnung im Wege einer nationalsozialistischen Gesetzgebung nur in sehr langen Zeiträumen denkbar war. In den ersten Jahren des erträumten tausendjährigen Dritten Reiches mußte die Hauptarbeit der Rechtserneuerung von der Wissenschaft und der entsprechend anzuleitenden Justiz geleistet werden. Rechtsanwendungs-, Rechtsergänzungs- und Rechtsumdeutungsmethoden, die dazu beitragen konnten, hatten also nach 1933 eine situationsbedingte Hochkonjunktur.

B. Rechtsanwendung als Gesetzgebungsersatz – Das Instrumentarium

Das Hauptinteresse richtete sich wegen der situationsbedingt begrenzten Leistungsfähigkeit der NS-Gesetzgebung – sie war durch eine totale Neuordnung schlicht überfordert – in den Fragen der Rechtserneuerung auf solche juristischen Argumentationsmuster, die – gleichsam als «Ge-

---

[9] Vgl. zum Redetext Hitlers: «Völkischer Beobachter» vom 14. Juli 1934.
[10] B. Rüthers, Die unbegrenzte Auslegung – Zum Wandel der Privatrechtsordnung im Nationalsozialismus, 2. Aufl., Frankfurt a. M. 1973, S. 105 ff.

setzgebungsersatz» stellvertretend für die neuen Machthaber – die Prinzipien der geforderten völkischen Rechtserneuerung im Wege einer weltanschaulich ausgerichteten Rechtsanwendung verwirklichen konnten.

Dabei sind mehrere verschiedene Umwertungsinstrumente zu unterscheiden, die dazu beitragen sollten, die erwünschte völkisch-rassische Orientierung der Rechtsprechung auch auf der Basis der überkommenen gesetzlichen Rechtsordnung mit einem Minimum von Neuregelungen des nationalsozialistischen Gesetzgebers zu ermöglichen.

1. Die Proklamation einer neuen, die gesamte Rechtsordnung beherrschenden, gleichsam überpositiv vorgegebenen *Rechtsidee,* deren Inhalt der siegreichen Weltanschauung des Nationalsozialismus entsprach.

2. Die Konstruktion einer neuen, den veränderten weltanschaulichen Überzeugungen/Glaubenssätzen entsprechenden *Rechtsquellenlehre.*

3. Eine neue, auf die Bedürfnisse der Machthaber zugeschnittene *Auslegungslehre,* die insbesondere die Generalklauseln und unbestimmten Rechtsbegriffe zu Umdeutungsinstrumenten gegen das alte Recht einsetzte. In gleicher Weise diente die Feststellung und Ausfüllung von Lücken im Gesetz der bewußten Veränderung der Rechtsordnung.

4. Neue *Rechts-, Begriffs-* und *Methodenlehren* für die erwünschte außergesetzliche Umbildung des Rechts.

Die Untersuchung des Gebrauchs dieser Umdeutungsinstrumente ist nicht nur von *historischem* Interesse. Es geht nicht allein um die Vorgänge in der NS-Zeit. Die Anwendung «alten» Rechts auf neue Sachverhalte und unter neuen, einschneidend veränderten politisch-weltanschaulichen Wertmaßstäben ist ein gleichsam überzeitliches Problem der Rechtswissenschaft und der Gerichtspraxis. Es tritt regelmäßig nach Veränderungen politischer Systeme, insbesondere nach Verfassungsumbrüchen auf, wenn die überkommene Gesetzesordnung den neuen, politisch etablierten Wertvorstellungen und Weltanschauungsgrundsätzen noch nicht angepaßt worden ist.

Weitere neuere Beispiele dafür bietet die Rechtsprechung nach 1918 und nach 1945. Aber auch die Anwendung des Römischen Rechts über die Jahrhunderte hin kennt viele vergleichbare Probleme.

I. Die neue Rechtsidee

Der Rückgriff auf eine (neue) «Rechtsidee» zur Rechtfertigung vom Gesetz oder der bisherigen Rechtsprechung abweichender Auslegungsergebnisse verdient genauere Beachtung. Er setzt einen permanent bestehenden Dualismus zweier Rechtsgrundlagen in einer spezifischen Rangfolge voraus. Auf der einen Seite steht die vom Staat erlassene Summe der Gesetzesnormen, also die «geschriebene» Rechtsordnung. Auf der anderen Seite existiert *vor* allem staatlich gesetzten Recht eine höherrangige, gleichsam vor- und überpositive zentrale Rechtsidee. Sie verkörpert die eigentliche Zielrichtung allen Rechts, das Rechtsideal der maßgeblichen Gerechtigkeitsvorstellungen. An ihr muß sich jede Einzelnorm messen, durch sie im Konfliktsfall auch korrigieren lassen.

Eine Flut von rechtswissenschaftlicher Literatur war nach dem 30. Januar 1933, dem Tag der «Machtergreifung», der Durchsetzung einer neuen, nationalsozialistischen Rechtsidee gewidmet.[11] Die Titel kennzeichnen die rechtspolitischen Ziele:

«Das Rechtsideal des nationalsozialistischen Staates»,[12] «Deutsche Rechtserneuerung und Rechtsphilosophie»,[13] «Volksgeist und Recht»,[14] «Der Heimweg des Rechts in die völkische Sittenordnung»,[15] «Die nationale Revolution».[16]

Es wurde eine neue, ganz andere, die gesamte Rechtsordnung in ihren geistigen und weltanschaulichen Grundlagen umwälzende Rechtsidee verkündet:

«Man erkennt die Echtheit eines solchen neuen Rechtsbewußtseins an einer doppelten Wirkung. Es erschließt neue Rechts*quellen* und erschafft neue Rechts*ideale*.»[17]

«Die Idee ist in ihrer Konkretheit als wirkliche geistige Macht völkisch und blutsmäßig bedingt ... Der Nationalsozialismus hat in Deutschland eine neue, die spezifisch *deutsche Rechtsidee* zur Geltung gebracht. Nicht zum mindesten darin liegt seine weltgeschichtliche Bedeutung.»[18]

«Die alles durchdringende Einheit des neuen Rechtsdenkens liefert auch die alles beherrschende Auslegungsregel, von der wir heute ausgehen müssen.»[19]

Das Ergebnis bleibt nicht unklar:

---

[11] Vgl. B. Rüthers, a. a. O., S. 117 ff. m. Nachw.

[12] E. Wolf, Das Rechtsideal des nationalsozialistischen Staates, ARSP 28 (1934–35), 348.

[13] K. Larenz, Deutsche Rechtserneuerung und Rechtsphilosophie, Tübingen 1934.

[14] K. Larenz, Volksgeist und Recht – Zur Revision der Rechtsanschauung der historischen Schule, Zeitschrift für deutsche Kulturphilosophie, Bd. I, 1934/35, 40.

[15] R. Freisler, Der Heimweg des Rechts in die völkische Sittenordnung, in: Beiträge zum Recht des neuen Deutschland, Festschrift für F. Schlegelberger, Berlin 1936, S. 28.

[16] U. Scheuner, Die nationale Revolution – Eine staatsrechtliche Untersuchung, AÖR 63 (1934), 166 u. 261.

[17] E. Wolf, Das Rechtsideal des nationalsozialistischen Staates, ARSP 28 (1934/35), 348.

[18] K. Larenz, Deutsche Rechtserneuerung und Rechtsphilosophie, Tübingen 1934, S. 38.

[19] C. Schmitt, Der Weg des deutschen Juristen, DJZ 1934, Sp. 691 (696).

«Die Vorschriften des BGB bestehen noch, aber sie erhalten durch die ‹zentrale Rechtsidee› der siegreichen Bewegung eine neue Zielsetzung.»[20]

Das Ziel der Proklamation einer neuen Rechtsidee bestand nach allem darin, das gesamte deutsche Recht und seine Anwendung ausschließlich und allein vom «Geist des Nationalsozialismus» beherrschen zu lassen. Dieser «Geist» wurde in der «auf Artgleichheit[21] gegründeten Ordnung des Volkes» gefunden.[22]

Von der rassisch-völkischen Weltanschauung des Nationalsozialismus hieß es:

«Von seiner Idee her bestimmen sich alle einzelnen Rechtsideale . . .».[23]

Die Proklamation dieser so definierten neuen Rechtsidee war ein erstes, praktisch sehr wirksames und weitreichendes methodisches Instrument, um die gesamte Rechtsordnung bei äußerlich kaum verändertem Fortbestand der Gesetze inhaltlich umzudeuten. Der Begriff der «Rechtsidee» und der Dualismus zwischen «Rechtsidee» und «Gesetz» kennzeichnen den allgemeingültigen, überzeitlichen Zusammenhang zwischen Weltanschauung (Ideologie) und Recht. Die theoretische Analyse der praktischen Erfordernisse wurde klar formuliert:

«Jede kämpfende Revolution muß, um den ihr feindlichen Staats- und Gesetzesapparat zu erschüttern, sich auf das ungeschriebene Recht[24] berufen.»[25]

Die Gerichtspraxis nahm solche Anleitungen bereitwillig auf. So heißt es in einem Urteil vom 17. 5. 1938 zur Frage der Zulässigkeit von sogenannten Abstammungsklagen:

«Nat.soz. Recht hat der Verwirklichung der nat.soz. Weltanschauung zu dienen. Ziel dieser Weltanschauung und damit Zweck des Rechtes ist Reinerhaltung, Erhaltung, Förderung und Schutz des deutschen Volkes.»[26]

---

[20] H. Stoll, Die nationale Revolution und das bürgerliche Recht, DJZ 1933, Sp. 1229 (1231).

[21] Lies: Rassegleichheit = Judenfeindlichkeit.

[22] Vgl. C. Schmitt, Nationalsozialismus und Rechtsstaat, JW 1934, 713 (717); J. Binder, Die Bedeutung der Rechtsphilosophie für die Erneuerung des Privatrechts, in: H. Frank (Hrsg.), Zur Erneuerung des bürgerlichen Rechts, München und Berlin 1938, S. 18; E. Wolf, Das Rechtsideal des nationalsozialistischen Staates, ARSP 28 (1934), 348 ff.; E. Forsthoff, Der totale Staat, Hamburg 1933, S. 42 ff.; Th. Maunz, Die Staatsaufsicht, in: R. Höhn/Th. Maunz/E. Swoboda, Grundfragen der Rechtsauffassung, München 1938, S. 45 (83 f.).

[23] E. Wolf, Der Methodenstreit in der Strafrechtslehre und seine Überwindung, DRW IV (1939), 168 (177).

[24] Lies: die Rechtsidee.

[25] H. Lange, Vom alten zum neuen Schuldrecht, Hamburg 1934, S. 36.

[26] OLG Jena, Urt. v. 17. 5. 1938, ZAkDR 1938, 711 (712); vgl. fast wortgleich Schmidt-Klevenow, Die bevölkerungspolitische Aufgabe des deutschen Rechts und

Das Gesetz war «Recht» nur als «nähere Ausgestaltung der völkischen Ordnung». Daraus folgte, «daß es daher nicht mehr rechtsverbindlich sein kann, wo es mit seinen eigenen Grundlagen, mit der völkischen Rechtsidee schlechthin unvereinbar geworden ist.»[27]

«Die Gemeinschaft ist der Ursprung des Rechts . . . ; sie ist zugleich das Ziel, der innere Sinn, die ‹Idee› des Rechtes . . .».[28]

Der Dualismus von übergesetzlichem und gesetzlichem Recht gibt die willkommene Möglichkeit, politisch mißliebige alte Gesetze für obsolet, für unanwendbar zu erklären, weil sie der neuen Rechtsidee widersprechen.

II. Die neue Rechtsquellenlehre

1. Der Kampf gegen den Normativismus und das geltende Gesetz

Im nächsten Schritt wurde der herkömmliche, streng definierte rechtsstaatliche Rechtsbegriff aufgelöst. In zahlreichen Beiträgen wurde gegen das «liberalistische Trennungsdenken» polemisiert. Weltanschauung, Politik, Sitte und Moral sollten nicht länger vom Rechtsbegriff getrennte und unterschiedene Kategorien sein.[29] Recht und Sitte, Recht und Moral sollten – typisch für alle totalitären Staatssysteme – künftig eine Einheit sein:

«Mit der Überwindung der Trennung von Recht, Sitte und Sittlichkeit wird auch das Gesetz als Rechtsquelle wieder hineingestellt in den Gesamtzusammenhang der Lebensäußerungen des Volkes . . .».[30]

Die Verbindlichkeit des Gesetzes wurde durch den Vorrang der Weltanschauung relativiert, im Konfliktsfall aufgehoben. Der Sieg der Weltanschauung über das Gesetz wurde rechtstheoretisch programmiert und legitimiert.

Rechtswahrers, DR 1937, 227, der hinzufügt: «Recht ist, was dem deutschen Volke nützt, Unrecht, was ihm schadet.»

[27] K. Larenz, Über Gegenstand und Methode des völkischen Rechtsdenkens, Berlin 1938, S. 26.

[28] K. Larenz, Rechtsperson und subjektives Recht – Zur Wandlung der Rechtsgrundbegriffe, in: K. Larenz (Hrsg.), Grundfragen der neuen Rechtswissenschaft, Berlin 1935, S. 225 (239); vgl. auch ders., Über Gegenstand und Methode des völkischen Rechtsdenkens, Berlin 1938, S. 27 f.

[29] Vgl. etwa H. Frank, Nationalsozialismus im Recht, ZAkDR 1934, 8; R. Freisler, Der Heimweg des Rechts in die völkische Sittenordnung, in: Beiträge zum Recht des neuen Deutschland, Festschrift für F. Schlegelberger, Berlin 1936, S. 28; H. Lange, Vom alten zum neuen Schuldrecht, Hamburg 1934, S. 45 f.; K. Michaelis, Wandlungen des deutschen Rechtsdenkens seit dem Eindringen des fremden Rechts, in: K. Larenz (Hrsg.), Grundfragen der neuen Rechtswissenschaft, Berlin 1935, S. 9 (59).

[30] K. Michaelis, a. a. O., S. 9 (59).

Zugleich wird hier deutlich, daß die Verfechter der nationalsozialistischen Rechtserneuerung diese nicht mit der bis dahin in der Rechtsphilosophie stark vertretenen Lehre des Gesetzespositivismus zu erreichen suchten. Dieser wurde vielmehr als leerer «Normativismus» und «Formalismus» abgetan. Die neuen Rechtsinhalte sollten aus ganz anderen, zusätzlichen Rechtsquellen erschlossen werden. Der Gesetzespositivismus galt dabei als ein lästiges Hindernis. Das neue Rechtsdenken sollte «jenseits von Naturrecht und Positivismus» angesiedelt sein.[31] Die festgeschlossen vollzogene Abkehr vom Positivismus ging vor allem auf die Programmschrift Carl Schmitts zur völkischen Rechtserneuerung mit dem Titel «Über die drei Arten des rechtswissenschaftlichen Denkens» zurück.[32] Sie richtete sich entschieden gegen den liberalen Rechtsstaat der Weimarer Verfassung, der das Recht mit dem Gesetz verwechsele, in der bloßen «Berechenbarkeit»[33] das Heil suche, auf jeden materialen Gerechtigkeitsgehalt des Rechts verzichte und jeder personalen Autorität feindlich sei.

«Das völkische Rechtsdenken ... beläßt vor allem das Gesetz nicht in seiner isolierten Stellung, sondern stellt es in den Gesamtzusammenhang einer Ordnung hinein, deren Grundgedanken übergesetzlicher Natur, weil in der Wesensart, Sitte und Rechtsanschauung des Volkes angelegt sind ...»[34]

Der eigentliche, höchst aktuelle politische Sinn dieser konzentrierten literarischen Angriffe auf den vermeintlich überholten Normativismus und Positivismus lag darin, die Gesetzesbindung der Richter im neuen Staat zu relativieren. Die aus der Weimarer Zeit und früher überkommenen, fortgeltenden Gesetze sollten vom Richter unter den Aspekten der neuen politischen Wertvorstellungen von Fall zu Fall überprüft und je nach der Vereinbarkeit mit den Grundsätzen der nationalsozialistischen Weltanschauung angewendet oder als obsolet zurückgewiesen werden können.

2. Die neuen Rechtsquellen

Dazu brauchte man eine Lehre von den neuen Rechtsquellen, aus denen Wissenschaft und Praxis das erwünschte neue völkische Recht schöpfen konnten.

Neue Rechtsquellen traten neben das durch diesen Kunstgriff relativierte und überspielbare Gesetz:

---

[31] W. Schönfeld, Der Traum des positiven Rechts, AcP 135 (1932), S. 1; K. Larenz, Rechts- und Staatsphilosophie der Gegenwart, 2. Aufl., Berlin 1935, S. 150 ff.
[32] Hamburg 1934.
[33] Lies: Rechtssicherheit.
[34] K. Larenz, Über Gegenstand und Methode des völkischen Rechtsdenkens, Berlin 1938, S. 10.

a) das durch die «Vorsehung» bestimmte Führertum[35]
b) das rassisch bestimmte Volkstum/die «artbestimmte Volksgemeinschaft»[36]
c) das Parteiprogramm der NSDAP als Rechtsquelle[37]
d) der «Geist des Nationalsozialismus» – die nationalsozialistische
   Weltanschauung als Rechtsquelle[38]
e) das «gesunde Volksempfinden» als Rechtsquelle.[39]

3. Die Rechtsunsicherheit als programmierte Folge

Die Vielzahl, die inhaltliche Vagheit und die ungeklärte Rangfolge der
neuen Rechtsquellen bereitete in der Praxis erhebliche Schwierigkeiten.
Welche Rechtsquelle sollte im Zweifel Vorrang haben? Was besagte die
«artbestimmte Volksgemeinschaft» als Rechtsquelle für den zu entscheidenden Fall? Wie war der «Führerwille» als Rechtsquelle einzu-
stufen?

Der mit Rechtsetzungsabsicht geäußerte Führerwille hatte absoluten
Vorrang.

---

[35] E. Wolf, Das Rechtsideal des nationalsozialistischen Staates, ARSP 28 (1934–35),
348; W. Schönfeld, Zur geschichtlichen und weltanschaulichen Grundlegung des
Rechts, DRW IV (1939), 201 (215); K. Larenz, Deutsche Rechtserneuerung und
Rechtsphilosophie, Tübingen 1934, S. 34 u. 44; H. J. Wolff, Die neue Regierungsform
des deutschen Reiches, Tübingen 1933, S. 35 ff. (37 f.); H. Schroer, Der königliche
Richter, DRiZ 1935, 2; C. Schmitt, Der Führer schützt das Recht, DJZ 1934, Sp. 945.
[36] E. Wolf, a. a. O., 348; W. Schönfeld, a. a. O., 201.
[37] Vgl. Leitsätze über Stellung und Aufgaben des Richters, von G. Dahm, K. A.
Eckhardt, R. Höhn, P. Ritterbusch, W. Siebert, Leitsätze 2 und 3, DRW I (1936),
123 f.; R. Freisler, Rasse als Ursprung, Träger und Ziel deutschen Volksrechts, DJT
(1936), 149 (167 f.); ders., Staatssekretär Staatsrat Dr. Freisler über «Recht und Gesetzgeber», DJ 1936, 153 (156); H. Frank, Schlußrede des Reichsrechtsführers, Reichsminister Dr. Frank beim DJT 1936, 491 (498).
[38] C. Schmitt, Nationalsozialismus und Rechtsstaat, JW 1934, 713 (717); vgl. ähnlich
Leitsätze über Stellung und Aufgaben des Richters, Leitsatz 2 von G. Dahm, K. A.
Eckhardt, R. Höhn, P. Ritterbusch und W. Siebert, DRW I (1936), 123.
[39] Vgl. dazu die instruktive Abhandlung von J. Rückert, Das «gesunde Volksempfinden» – eine Erbschaft Savignys?, ZS Germ 103 (1986), 199 ff. (214 ff.) mit zahlreichen Nachweisen; Nachweise zur Rechtsprechung bei B. Rüthers, Die unbegrenzte
Auslegung – Zum Wandel der Privatrechtsordnung im Nationalsozialismus, 2. Aufl.,
Frankfurt a. M. 1973, S. 218, 223, 226, 227. Die Entwicklung ging dahin, daß das
gesunde Volksempfinden an der NS-Weltanschauung ausgerichtet wurde; beispielhaft: Reichsarbeitsgericht, Urt. v. 9. 1. 1940 – RAG ARS 38, 262; auch die juristische
Literatur ging mehrheitlich von dieser Auffassung aus, vgl. etwa G. Boehmer, Die
«guten Sitten» im Zeichen nationalsozialistischer Familienpflicht, ZAkDR 1941, 73:
«Seitdem die nationalsozialistische Weltanschauung für das Volksempfinden richtung-
gebend geworden ist, wird auch der Inhalt der ‹guten Sitten› durch sie bestimmt.»
Vgl. ferner Leitsatz 4 der Leitsätze über Stellung und Aufgaben des Richters, DRW I
(1936), 123 (124).

«Gegenüber Führerentscheidungen, die in die Form eines Gesetzes oder einer Verordnung gekleidet sind, steht dem Richter kein Prüfungsrecht zu. Auch an sonstige Entscheidungen des Führers ist der Richter gebunden, sofern in ihnen der Wille, Recht zu setzen, unzweideutig zum Ausdruck kommt.»[40]

Die neuen Rechtsquellen hatten die Funktion, das vorgefundene «alte» Recht je nach den Bedürfnissen der Machthaber durch auslegungstechnische Operationen außer Kraft zu setzen. Führerwille, Volksgemeinschaft und Parteiprogramm galten als Rechtsnormen *über* dem geschriebenen Recht:

«Hier also haben wir die Anerkennung von Rechtsnormen, stärker als das geschriebene Recht: Die wesentlichen Grundsätze des neuen Staates. Sind sie Gesetz, und zwar leges posteriores gegenüber allen vor dem 30. 1. 1933 verkündeten, zu ihnen in Widerspruch stehenden, so ist keine Frage mehr, ob der Richter an sie gebunden ist.»[41]

Das Parteiprogramm der NSDAP wurde entsprechend diesen Anleitungen der Wissenschaft später von vielen Gerichten als Rechtsquelle benutzt. So hat etwa das Reichsarbeitsgericht die antisemitischen Punkte 4 und 5 des Parteiprogramms der NSDAP als «Verfassungsgrundsätze» (!) und als «Ziele der deutschen Staatsführung in der Judenfrage» seinen Entscheidungen zugrunde gelegt.[42]

Das Nebeneinander und die nebelhafte Unbestimmtheit der neuen Rechtsquellen mußten zu erheblichen Rechtsunsicherheiten in der praktischen Rechtsanwendung führen. Das galt jedoch damals nicht als ein Nachteil. Es wurde im Gegenteil als ein Sieg der völkischen Rechtserneuerung über den abzulehnenden Normativismus gefeiert:

«Der Versuch, das Verhältnis dieser Rechtsquellen und ihre Maßgeblichkeit für den Richter tatbestandsmäßig festzulegen, würde freilich einen Rückfall in das zu überwindende Denken darstellen.»[43]

---

[40] Leitsatz 3 der Leitsätze über Stellung und Aufgaben des Richters, DRW I (1936), 123 (124); vgl. auch C. Schmitt, Der Führer schützt das Recht, DJZ 1934, Sp. 945; E. R. Huber, Die Einheit der Staatsgewalt, DJZ 1934, Sp. 950; G. Küchenhoff, Nationaler Gemeinschaftsstaat, Volksrecht und Volksrechtsprechung, Berlin und Leipzig 1934, S. 24 ff.

[41] H. J. Bull, Die Bindung an das Gesetz, AcP 139 (1934), 337 (341).

[42] RAG, Urt. v. 9. 1. 1940, DR 1940, 876; RAG, Urt. v. 7. 2. 1940, DR 1940, 1326.

[43] K. Michaelis, Wandlungen des deutschen Rechtsdenkens, in: K. Larenz (Hrsg.), Grundfragen der neuen Rechtswissenschaft, Berlin 1935, S. 9 (59). Michaelis hat später den «Führerwillen» als *angebliche* (!) Rechtsquelle bezeichnet (Berichte und Kritik: Die unbegrenzte Auslegung, Der Staat 1971, 229 (235)) und ferner gemeint (a. a. O., S. 238), die weltanschaulich-politischen Einflüsse auf die Rechtsprechung i. S. des Nationalsozialismus seien angesichts des vorhandenen statistischen Materials eher geringer gewesen, als das in meiner «Unbegrenzten Auslegung» angedeutet werde. Ich halte

Der Verlust an Rationalität und Rechtssicherheit (Vorhersehbarkeit) in der Rechtsprechung wurde, wie dieser und zahlreiche weitere Beiträge zeigen, von den Verfechtern der völkischen Rechtserneuerung bewußt in Kauf genommen.

«Das Recht wurzelt in der artbestimmten Volksgemeinschaft, es ist darum mit dem Verstande allein nicht zu errechnen, ist vielmehr vom Volksgenossen aus der Volksverbundenheit heraus zu erfühlen und zu erleben.»[44]

4. Der Sprachschwulst der Erneuerer

Appelle an das Gefühl und Beschwörungen des Volksgeistes, der Volksseele, des Volksgewissens, der Volksgemeinschaft, der Rassenseele, der Artgleichheit und des Blutes gipfelten nicht selten in mystischen Tönen, welche die Zugehörigkeit dieser Beiträge zur rechtswissenschaftlichen Literatur aus heutiger Sicht seltsam erscheinen lassen.

«Blut muß Geist, Geist muß Blut werden ... Weil der Geist verfallen kann, darum muß das Blut den Geist *wagen*. Der Geist aber wird nur gewinnen, wo er sich aus dem Blute erneuert.»[45]

«In jedem Worte, das wir sprechen, denkt das Blut des Volkes, dessen Sprache es entstammt. ... Wir reden deutsch vom gesamten Recht, weil wir nur so deutsch denken können.»[46]

«Recht», so heißt es damals bei einem anderen Autor, ist keine Erfindung des Menschen, sondern «etwas im Blute Lebendes».[47] Was war folgerichtiger, als die Geltung der Gewährleistungen und Schutzfunktionen des Rechts von der «Deutschblütigkeit» und «Rassenzugehörigkeit» abhängig zu machen. Die «konkreten Ordnungen» der Gemeinschaft und des Blutes, welche die «Endlösung der Judenfrage» ermöglichten, warfen ihre juristischen Schatten voraus. Da ist es kein Trost, daß, wie gelegentlich defensiv angeführt wird, von 1500 Reichsgerichtsentscheidungen je-

---

diese Ansicht für falsch und irreführend. Alle weltanschaulich bedeutsamen Rechtsprechungsmaterien waren ideologisch parteilich, waren im übrigen meistens deutlich von den ideologischen Anleitungen namhafter juristischer Autoren beeinflußt. Die Verharmlosung dieses Einflusses läuft auf eine Verfälschung der Geschichte hinaus. Falsche Geschichtsbilder gefährden die Zukunft.

[44] H. Lange, Generalklauseln und neues Recht, JW 1933, 2858 (2859); ähnlich W. Kisch, Der deutsche Richter, ZAkDR 1934, 9.

[45] K. Larenz, Volksgeist und Recht – Zur Revision der Rechtsanschauung der historischen Schule, Zeitschrift für deutsche Kulturphilosophie, Bd. I, 1934/35, 40 (42); vgl. ders., Rechts- und Staatsphilosophie der Gegenwart, 2. Aufl., Berlin 1935, S. 163 ff.

[46] W. Schönfeld, Der Kampf wider das subjektive Recht, ZAkDR 1937, 107 (110). Selbst die Banalität, daß man deutsch redet, wenn man deutsch denkt – was ja Sprache voraussetzt –, gerät hier zu weltanschaulicher Salbaderei.

[47] E. Wolf, Richtiges Recht im nationalsozialistischen Staate, Freiburger Universitätsreden, Heft 13, Freiburg 1934, S. 3.

ner Jahre nur etwa 125 nachweisbar nationalsozialistisch beeinflußt waren.[48]

Das Argument mit Quantitäten – es habe weit mehr «unpolitische» als erkennbar nationalsozialistisch beeinflußte Judikatur gegeben – ist ebenso zutreffend wie sachwidrig und irreführend. Selbstverständlich sind zwischen 1933 und 1945 in tausenden von Alltagsstreitigkeiten, etwa über Nachbarrecht, Verkehrsunfälle oder Mängelrügen «normale» gesetzestreue Entscheidungen ergangen. Das wird vielleicht sogar am 10. November 1938 so gewesen sein, als die Richter in Deutschland auf ihrem Weg in die Gerichtsgebäude die verwüsteten Wohnungen und Häuser der jüdischen Nachbarn, vielleicht sogar die brennenden oder noch rauchenden Synagogen gesehen haben müssen. Sogar die Normaluhren auf den Bahnhöfen und den öffentlichen Plätzen werden die Normalzeit angezeigt haben. Aber die Rechtsanwendung in diesem Staat war eben insgesamt nicht mehr «normal». Die Delikte jener Nacht wurden nicht mehr verfolgt.

Solche Argumente mit Quantitäten muten an wie ein Streit darüber, ob in der Erbsensuppe für einen Vier-Personen-Haushalt 50 oder 500 Gramm Cyankali gewesen seien, wobei die Beteiligten an der Aufstellung des Rezeptes auf die Normalität und Frische der übrigen Zutaten verweisen. Die Verfechter der «völkischen Rechtserneuerung» hatten auf allen wichtigen Gebieten ganze Arbeit geleistet. Das gilt nicht zuletzt für ihren Einfluß auf erhebliche Teile der Rechtsprechung des Reichsarbeitsgerichts, das damals als ein besonderer Senat des Reichsgerichts in Zivilsachen organisiert war.

Insgesamt hat die Lehre von den neuen Rechtsquellen im Nationalsozialismus, wie sie von den Verfechtern der völkischen Rechtserneuerung konzipiert und für die Gerichtspraxis aufbereitet worden war, im Sinne der beabsichtigten Umdeutung des Rechts Vorzügliches geleistet. Weltanschauungswidrige Gesetzesnormen wurden mit ihrer Hilfe von den Gerichten abgelehnt.[49] Die Generalklauseln wurden ausschließlich im Sinne der nationalsozialistischen Weltanschauung angewendet. Sie waren Kampfklauseln gegen «altes» und «Kuckuckseier» für nationalsozialistisches neues Recht.[50]

Die neuen Rechtsquellen ermöglichten es den Gerichten, die verfassungs- und gerichtsverfassungsrechtliche Gesetzesbindung immer dann abzustreifen, wenn die erwünschten weltanschauungskonformen Ent-

---

[48] K. Michaelis, Berichte und Kritik: Die unbegrenzte Auslegung, Der Staat 1971, 229 (238).

[49] Nachweise bei B. Rüthers, Die unbegrenzte Auslegung – Zum Wandel der Privatrechtsordnung im Nationalsozialismus, 2. Aufl., Frankfurt a. M. 1973, S. 136 ff.

[50] Vgl. H. Lange, Liberalismus, Nationalsozialismus und bürgerliches Recht, Tübingen 1933, S. 5.

scheidungsergebnisse dies erforderten. Die neuen Quellen hielten die gewünschten ideologischen Inhalte in variabler Mixtur stets bereit.[51]

III. Die neue Auslegung

1. Das Ziel: Weltanschauungsherrschaft

Die Rechtsanwendung während der NS-Zeit stand ganz im Dienste der neuen Rechtsidee des Nationalsozialismus:
«Das gesamte heutige deutsche Recht, einschließlich der weitergeltenden, positiv nicht aufgehobenen Bestimmungen, muß ausschließlich und allein vom Geist des Nationalsozialismus beherrscht sein ... Jede Auslegung muß eine *Auslegung im nationalsozialistischen Sinne* sein.»[52]
Der zweite der «Leitsätze über Stellung und Aufgaben des Richters» lautete:[53]
«Grundlage der Auslegung aller Rechtsquellen ist die nationalsozialistische Weltanschauung, wie sie insbesondere im Parteiprogramm und in den Äußerungen des Führers ihren Ausdruck findet.»
Die *«Einlegung»* der NS-Weltanschauung sollte an die Stelle der Auslegung der geltenden Gesetze treten.
«Die Vorschriften des BGB bestehen noch, aber sie erhalten durch die ‹zentrale Rechtsidee› der siegreichen Bewegung eine neue Zielsetzung.»[54]
Solange man noch gezwungen war, mit den «alten» Gesetzen, etwa mit dem BGB, zu arbeiten, sollten diese im Geiste der völkischen Rechtsanschauung ausgelegt werden. Letzthin entscheidend sollte die Auslegung «aus der dem deutschen Volke eigentümlichen Rechtsidee» sein, wie sie in der nationalsozialistischen Rechtserneuerung neu gesehen und gestaltet worden sei.[55]
Diskutiert wurde auch die Unterscheidung der Gesetze nach ihrer Entstehungszeit, also vor oder nach dem 30. Januar 1933. Nach verbreiteter

---

[51] Nachweise bei B. Rüthers, Die unbegrenzte Auslegung – Zum Wandel der Privatrechtsordnung im Nationalsozialismus, 2. Aufl., Frankfurt a. M. 1973, S. 175 ff., 322 ff.
[52] Statt aller: C. Schmitt, Nationalsozialismus und Rechtsstaat, JW 1934, 713 (717); vgl. auch U. Scheuner, Die nationale Revolution – Eine staatsrechtliche Untersuchung (Fortsetzung), AÖR 63 (1934), 261 (298); W. Siebert, Die Volksgemeinschaft im bürgerlichen Recht, in: H. Frank (Hrsg.), Nationalsozialistisches Handbuch für Recht und Gesetzgebung, 2. Aufl., München 1935, S. 957.
[53] Formuliert von G. Dahm, K. A. Eckhardt, R. Höhn, P. Ritterbusch und W. Siebert, DRW I (1936), 123.
[54] H. Stoll, Die nationale Revolution und das bürgerliche Recht, DJZ 1933, Sp. 1229 (1231).
[55] K. Larenz, Vertrag und Unrecht, Zweiter Teil: Die Haftung für Schaden und Bereicherung, Hamburg 1937, S. 139.

Ansicht sollte daraus ein Unterschied der Auslegungsmethode und der Strenge der Gesetzesbindung des Richters folgen.[56]

2. Der Methodenstreit nach 1933

a) Die Ausgangslage

Der Streit um die für den Nationalsozialismus richtige, gleichsam «artgemäße» juristische Methode, die seiner Weltanschauung zu entsprechen hatte, ging quer durch alle Rechtsdisziplinen. Der Begriff der «juristischen Methode» ist vieldeutig. Er kann einmal im technischen Sinne einer «Methodenlehre» die Probleme einer sachgerechten Rechtsanwendung bezeichnen. Er kann aber, weit über die Anwendungsfragen hinaus, die Grundfragen des Rechtsbegriffs, den Zusammenhang von Rechtsordnung und Wertordnung, von Recht und Gerechtigkeit umfassen. In beiden Versionen des möglichen Begriffsverständnisses hatte der Methodenstreit bereits Vorläufer in der Weimarer Zeit.

Den Ausgang nahm die Kontroverse von der Staatsrechtslehre. Die Ereignisse des Weltkrieges, des Zusammenbruches des Kaiserreiches, der Revolution, der Inflation und des Versailler Vertrages hatten das Rechtsbewußtsein breiter Schichten des Volkes und vieler Juristen nachhaltig erschüttert. Es kam in der Staatsrechtslehre zu einer lebhaften Debatte über die Frage, ob der bis dahin herrschende juristische Positivismus nach dem Geschehenen weiterhin die maßgebliche theoretische Grundlage für das Rechtsverständnis in Wissenschaft und Praxis abgeben könne. Auf der Staatsrechtslehrertagung 1926 in Münster trug Erich Kaufmann, ehedem überzeugter staatsrechtlicher Positivist und Vertreter einer reinen Machttheorie des Rechts[57] überraschend eine neue naturrechtlich geprägte Rechtsauffassung vor:

«Der Gesetzgeber ist nicht Schöpfer des Rechts.» «... der Staat schafft nicht *Recht,* der Staat schafft *Gesetze; und Staat und Gesetz stehen unter dem Recht.»*[58]

Kaufmanns These fand den heftigen Widerspruch der Vertreter des bis dahin unbeschränkt herrschenden Positivismus, nämlich Anschütz,

---

[56] E. R. Huber, Die Einheit der Staatsgewalt, DJZ 1934, Sp. 950 (959); G. Küchenhoff, Nationaler Gemeinschaftsstaat, Volksrecht und Volksrechtsprechung, Berlin und Leipzig 1934, S. 31 ff., 36 f.

[57] Vgl. etwa E. Kaufmann, Das Wesen des Völkerrechts und die clausula rebus sic stantibus – Eine rechtsphilosophische Studie zum Rechts-, Staats- und Vertragsbegriff, Tübingen 1911, (Neudruck Aalen 1964), S. 135, 146, 181, 204; zum ganzen B. Rüthers, Die unbegrenzte Auslegung – Zum Wandel der Privatrechtsordnung im Nationalsozialismus, 2. Aufl., Frankfurt a. M. 1973, S. 92 ff. mit Nachw.

[58] E. Kaufmann, Die Gleichheit vor dem Gesetz im Sinne des Art. 109 der Reichsverfassung, VVDStRL, Heft 3, Berlin und Leipzig 1927, S. 2 (20).

Thoma, Kelsen und Nawiasky, die der Sache nach auch für Preuß und Radbruch sprachen.[59] Anschaulich wird das in dem Statement von Kelsen deutlich, der sich zur ungebrochenen Tradition des staatsrechtlichen Positivismus so bekannte:

«Die Frage, auf die das Naturrecht zielt, ist die ewige Frage, was hinter dem positiven Recht steckt. ... Wer den Schleier hebt und sein Auge nicht schließt, dem starrt das *Gorgonenhaupt der Macht* entgegen.»[60] Der Kampf um die Substanz des Rechtsbegriffs in der kritischen Lage nach Weltkrieg, Niederlage, Revolution, Wirtschafts- und Währungskatastrophe wurde scharf geführt. Man warf sich wechselseitig Demokratiefremdheit[61] und positivistischen Formalismus in seiner Entscheidungsfeigheit[62] vor.

Die Härte der Vorhaltungen kennzeichnet die Schärfe des Konflikts. Es ging nach den umwälzenden Ereignissen, die alle Lebensgebiete betrafen, um mehr als eine wissenschaftlich-theoretische Frage. Der Glaube an die Sittlichkeit des Staates und an die Gerechtigkeit staatlicher Gesetze war in einem bis dahin seit Menschengedenken unvorstellbaren Ausmaß erschüttert.

Kontroversen gab es auch über die zutreffende Weise der Rechtsanwendung. Dem Gesetzespositivismus lag traditionell das Kodifikationsideal einer in sich geschlossenen, prinzipiell lückenlosen Rechtsordnung zugrunde. Diese Vorstellung war spätestens seit dem grundlegenden Werk von Philipp Heck, Gesetzesauslegung und Interessenjurisprudenz widerlegt.[63] In der Staatslehre setzte sich diese Einsicht – vielleicht wegen der schwer überwindbaren Disziplinschranken zum Zivilrecht – nur zögernd durch.[64]

Die im Anschluß an Heck breit erörterte teleologische Auslegungsme-

---

[59] Vgl. H. Nawiasky, Die Gleichheit vor dem Gesetz im Sinne des Art. 109 der Reichsverfassung, VVDStRL, Heft 3, Berlin und Leipzig 1927, S. 25 und Aussprache über die Berichte von E. Kaufmann und H. Nawiasky über «Die Gleichheit vor dem Gesetz im Sinne des Art. 109 der Reichsverfassung» auf der Tagung der Deutschen Staatsrechtslehrer zu Münster am 29. und 30. 3. 1926, VVDStRL, Heft 3, Berlin und Leipzig 1927, S. 47, 53, 59.

[60] H. Kelsen im Rahmen der oben erwähnten Aussprache, VVDStRL, Heft 3, Berlin und Leipzig 1927, S. 54 f.; zum ganzen schon B. Rüthers, Die unbegrenzte Auslegung – Zum Wandel der Privatrechtsordnung im Nationalsozialismus, 2. Aufl., Frankfurt a. M. 1973, S. 96 f.

[61] G. Holstein, Von Aufgaben und Zielen heutiger Staatsrechtswissenschaft – Zur Tagung der Vereinigung deutscher Staatsrechtslehrer, AÖR NF 11 (1926), 1 (17).

[62] H. Heller, Bemerkungen zur staats- und rechtstheoretischen Problematik der Gegenwart, AÖR NF 16 (1929), 321 (323, 341).

[63] AcP 112 (1914), 1 ff.

[64] Vgl. H. Heller, Bemerkungen zur staats- und rechtstheoretischen Problematik der Gegenwart, AÖR NF 16 (1929), 321 (344); H. Triepel, Staatsrecht und Politik, Berlin und Leipzig 1927, S. 33. Gelegentlich scheint die Bedeutung der Einsichten Hecks zu

thode sollte die Illusionen des formallogischen Subsumtionsideals ablösen.[65] Allerdings wurde häufig übersehen, daß die teleologische Auslegung wie auch die gesamte Interessenjurisprudenz Hecks auf dem Boden der strengen Gesetzestreue, also des Gesetzespositivismus stand. Sie verursachte im Rückgriff auf die Regelungsabsichten des Gesetzgebers die objektiven («normativen)» Zwecke des Gesetzes. Nur in Ausnahmefällen, wo jeder Anhaltspunkt im Gesetz fehlte, sollte der Rechtsanwender auf das Rechtsbewußtsein der Gemeinschaft abstellen dürfen.[66]

In diese Situation hinein stieß die NS-Weltanschauung mit ihrem Anspruch, alle Lebensbereiche total zu durchdringen und zu beherrschen. Das Recht und seine Anwendung sollten künftig ausschließlich der Durchsetzung der weltanschaulichen Ziele des neuen Staates dienen.

Die Frage, welche Auslegungsmethode die Ziele des Nationalsozialismus am besten verwirklichen könne, gab dem seit langem bestehenden Methodenstreit in der Rechtswissenschaft[67] neue Nahrung und spitzte ihn wegen der weltanschaulichen Bedeutung außerordentlich zu. Wer sich der vermeintlich oder wirklich «besseren» Verwirklichung des Nationalsozialismus im Recht durch «falsche» oder «schlechtere» Methodenvorschläge in den Weg stellte, konnte leicht zum «Feind» der Rechtserneuerung, zum Anhänger überlebter, liberalistischer oder «schlimmerer» Ideologien abgestempelt werden. Der kollegiale Wettbewerb um sachgerechte Lösungen konnte schnell zum weltanschaulichen Kampf gegen unbelehrbare Reaktionäre werden.

Ein Dualismus der Auslegungsmethoden, wie er von R. Freisler, E. R. Huber und G. Küchenhoff vorgeschlagen wurde, hatte damals eine breite Anhängerschaft in allen Rechtsgebieten.[68]

Die Einheit der juristischen Methode sollte der Einheit der Weltanschauung im Recht weichen. Die Gegensätze zwischen einer «subjektiv-teleologischen» Auslegung, primär orientiert am Willen des Gesetzgebers einerseits und einer stärker «objektiven» Auslegung aus dem gegenwärtigen Rechtswillen der völkischen Gemeinschaft andererseits traten im Wettbewerb um den Vorrang bei der «Rechtserneuerung» in

---

Fragen der Gesetzesauslegung in Teildisziplinen der Rechtswissenschaft bis heute nicht wahrgenommen zu werden.

[65] Vgl. etwa E. Schwinge, Der Methodenstreit in der heutigen Rechtswissenschaft, Bonn 1930, S. 19; H. Triepel, Staatsrecht und Politik, Berlin und Leipzig 1927, S. 37.

[66] E. Schwinge, a. a. O., S. 22; H. Triepel, a. a. O., S. 39.

[67] Vgl. die Hinweise bei Ph. Heck, Das Problem der Rechtsgewinnung, 2. Aufl., Tübingen 1932, S. 1 u. 47ff.

[68] Nachweise bei B. Rüthers, Die unbegrenzte Auslegung – Zum Wandel der Privatrechtsordnung im Nationalsozialismus, 2. Aufl., Frankfurt a. M. 1973, S. 177f. mit Fn. 4.

neuer Schärfe hervor. Die Vertreter der subjektiv-teleologischen Auslegung verwiesen auf die besondere Eignung ihrer Methode für die Anwendung der Gesetze des autoritären Führerstaates.[69]

Die Vertreter der «objektiven» Methode betonten demgegenüber die
dynamische Entwicklung des Rechtswillens der völkischen Gemeinschaft. Der Richter habe sich nicht am Willen des Gesetzgebers, also
einem Faktor der Vergangenheit, sondern an der «konkreten Rechtsidee»
zu orientieren, die in der Volksgemeinschaft lebendig sei. Er habe *die
gegenwärtige Bedeutung des Gesetzes* zu erkennen».[70]

Der Richter habe zu seinem Teil dafür zu sorgen, «daß keine Kluft
zwischen dem Volk und seinem Recht» entstehe.[71]

Die Gesetzesbindung galt demgegenüber als überholt. Es sei zweifelhaft, die Aufgabe des Juristen darin zu sehen, das Vergangene gegen
das Gegenwärtige zu verteidigen, bis ein spezieller Befehl das unmög-
lich mache.[72] Mit deutlicher Drohung gegen die Vertreter der Gegenansicht heißt es: Eine Auslegung, die sich gegenüber dem neuen Geist
auf das alte Wort berufe, setze in Wahrheit den alten gegen den neuen
Geist.[73]

Wer aber «gegen den neuen Geist» aufzutreten wagte, mußte damit
rechnen, als «Feind» des Nationalsozialismus eingestuft und behandelt
zu werden. Die Weltanschauung und das uneingeschränkte Bekenntnis
zu ihr wurden die Kernthemen der juristischen Methodenerörterungen.
Bekenntnisliteratur zu schreiben, war das erklärte Programm der meisten
rechtstheoretischen Beiträge. Die Einheit und Selbständigkeit der juristischen Methode wurde nur von wenigen verteidigt.[74]

b) Der neue Kampf gegen die Interessenjurisprudenz

(1) Die Position Philipp Hecks
Die im Privatrecht dominierende Rechtslehre war 1933 die Interessenjurisprudenz. Ihr Hauptvertreter Philipp Heck hatte seine Theorie der

---

[69] Ph. Heck, Rechtserneuerung und juristische Methodenlehre, Tübingen 1936,
S. 15 ff.; K. Engisch, Die Einheit der Rechtsordnung, Heidelberg 1935, S. 87 ff.;
H. Stoll, Die nationale Revolution und das bürgerliche Recht, DJZ 1933, Sp. 1229
(1231).
[70] K. Larenz, Deutsche Rechtserneuerung und Rechtsphilosophie, Tübingen 1934,
S. 32 f.
[71] K. Larenz, a. a. O., S. 33.
[72] C. Schmitt, Der Weg des deutschen Juristen, DJZ 1934, Sp. 691 (694).
[73] C. Schmitt, a. a. O., Sp. 691 (693); vgl. ders., Neue Leitsätze für die Rechtspraxis,
JW 1933, 2793 – Fünf Leitsätze für die Rechtspraxis, DR 1933, 201; kritisch zur
Methodenposition Schmitts vgl. Ph. Heck, Rechtserneuerung und juristische Methodenlehre, Tübingen 1936, S. 26 ff.
[74] Lies etwa K. Engisch, Die Einheit der Rechtsordnung, Heidelberg 1935, S. 89 f.

Rechtsanwendung[75] bewußt philosophieneutral und weltanschauungs-
neutral zu formulieren versucht:

«Die Methode der Interessenjurisprudenz ... stützt sich nicht auf eine
Weltanschauung, ein philosophisches System oder das Vorbild anderer
Wissenschaften.[76]

Heck vertrat eine strenge Bindung des Richters an das geltende Gesetz.
Der Richter hat nach ihm die Wertungen des Gesetzgebers zu ermitteln
und zu befolgen, nicht aber auf ihre Gerechtigkeit zu prüfen oder gar zu
korrigieren.[77] Abweichungen von erkannten gesetzlichen Wertungen
sind dem Richter untersagt. Diese strenge Verbindlichkeit des Gesetzes
für den Richter war für Heck etwas absolut Vorgegebenes, durch die
Verfassung und durch die Autonomie der Rechtsgemeinschaft Gebote-
nes. Der Richter ist der Diener, nicht der Herr des Gesetzes.

In «denkendem Gehorsam» soll er den normativen Sinn des Gesetzes –
die gesetzgeberischen Zwecke – ermitteln und verwirklichen. Eine
zweckentsprechende Anpassung der gesetzlichen Gebote an veränderte
Verhältnisse – gewandelte wirtschaftliche oder gesellschaftliche Bedingungen – durch den Richter ist danach zulässig, ja kann geboten sein,
wenn sie der Verwirklichung des Gesetzeszweckes dient. Eine Veränderung der gesetzlichen Wertmaßstäbe hingegen, also eine «Umwertung»
des Gesetzes ist dem Richter nach Heck versagt.

Heck hielt diese seine Methodenlehre der Rechtsverwirklichung für
«philosophiefrei». Einen dem Gesetz vorausgehenden, «überpositiven»
Rechtsbegriff, der eine Überprüfung und Korrektur gesetzlicher Normen
durch den Richter ermöglicht hätte, lehnte Heck ab. Noch 1932 bezeichnete er es als eine Utopie, daß alle wissenschaftlich arbeitenden Richter
sich an irgendein bestimmtes philosophisches System anschließen könnten, um ihre Entscheidung daran auszurichten. Nur juristisch überzeu-
gende Argumente könnten solches bewirken.[78]

Andererseits hielt Heck, der selbst politisch dem deutsch-nationalen
Spektrum zuzuordnen war, nach der Machtergreifung Hitlers 1933 seine
Methodenlehre in einem autoritären Führerstaat für besonders praktika-
bel und nützlich. Seine Methode hätte wohl auch mit dem Rückgriff auf
die Grundlinien der neueren, nationalsozialistischen Gesetzgebung ein
perfektes Instrumentarium zur Umwertung der Rechtsordnung im Sinne
der neuen Machthaber geboten. Besonders seine Lehren zur Anpassung

---

[75] Ph. Heck, Gesetzesauslegung und Interessenjurisprudenz, AcP 112 (1914), 1;
ders., Begriffsbildung und Interessenjurisprudenz, Tübingen 1932.
[76] Ph. Heck, Begriffsbildung und Interessenjurisprudenz, Tübingen 1932, S. 25.
[77] Grundlegend: Ph. Heck, Gesetzesauslegung und Interessenjurisprudenz, AcP 112
(1914), 1.
[78] Ph. Heck, Begriffsbildung und Interessenjurisprudenz, Tübingen 1932, S. 27.

veralteten Rechts und zur Ausfüllung von Gesetzeslücken öffneten den neuen nationalsozialistischen Wertvorstellungen den Weg auch in die alten Gesetze. Heck hat daher sein Konzept für die «Rechtserneuerung» in mehreren Beiträgen dargelegt und verteidigt.[79]

(2) Die Angriffe

Die Positionen Philipp Hecks wurden von seinen Konkurrenten im Wettstreit um die besten Theoreme und Instrumente für die gewünschte und allgemein bejahte «völkische Rechtserneuerung» scharf angegriffen. Der Streit um die Auslegungs- und Rechtsanwendungsmethode war dabei nur der Teilausschnitt eines größeren Gegensatzes. Im Kern ging es um die der Rechts*anwendung* vorausliegende Frage: Was ist «Recht» im nationalsozialistischen Staat? Es ging also um eine «Rechtsphilosophie des Nationalsozialismus». Die Gegner Hecks waren vor allem Julius Binder, Karl Larenz, Ernst Forsthoff und Wolfgang Siebert.[80] Ihre Angriffe richteten sich gegen die Interessenjurisprudenz schlechthin. Sie stimme mit dem nationalsozialistischen Rechtsdenken grundsätzlich nicht überein. Die Interessenjurisprudenz sei ein typisches Kind des liberalen Geistes des 19. Jahrhunderts. Ihre Vertreter könnten sich das Verhältnis von Individual-(Sonder-)interessen und Gemeinschaftsinteressen nur als einen kämpferischen Gegensatz vorstellen. Dieser Individualismus könne den neuen Begriff des völkischen Rechts, das ein Recht der Volksgemeinschaft sei, niemals zutreffend erfassen.[81] Der individualistisch geprägte Interessenbegriff stelle die (nationalen und ethischen) Gemeinschaftsinteressen auf eine Rangstufe mit den materiellen Sonderinteressen einzelner. Er verkenne die letzte Einheit von Gemeinschaftsinteresse und Sonderinteressen.[82] Die «echte Rangordnung» völkischer Werte werde von dieser Methode verkannt. Die Begriffe «Ordnung» einerseits und «Interesse» andererseits kämen aus verschiedenen geistigen Welten und seien daher unvereinbar.[83]

---

[79] Ph. Heck, Rechtserneuerung und juristische Methodenlehre, Tübingen 1936; ders., Die dynamische Methode Müllereiserts und die praktische Rechtswissenschaft, AcP 144 (1938), 165; ders., Rechtsphilosophie und Interessenjurisprudenz, AcP 143 (1937), 129.

[80] Vgl. B. Rüthers, Die unbegrenzte Auslegung – Zum Wandel der Privatrechtsordnung im Nationalsozialismus, 2. Aufl., Frankfurt a. M. 1973, S. 270 ff.

[81] J. Binder, Bemerkungen zum Methodenstreit in der Privatrechtswissenschaft, ZHR 100 (1934), 4 (64).

[82] Statt aller: K. Larenz, Rechts- und Staatsphilosophie der Gegenwart, 2. Aufl., Berlin 1935, S. 20 (23); ders., Über Gegenstand und Methode des völkischen Rechtsdenkens, Berlin 1938, S. 37.

[83] E. Forsthoff, Besprechung von Ph. Heck: Rechtserneuerung und juristische Methodenlehre, Tübingen 1936, ZgS 97 (1937), 371; zust. K. Larenz, Rechtswissenschaft und Rechtsphilosophie – Eine Erwiderung, AcP 143 (1937), 257 (275).

Die Indifferenz der Interessenjurisprudenz gegenüber materialen philosophischen und weltanschaulichen Gehalten sei kennzeichnend für ihre Herkunft aus der vergangenen Epoche des Liberalismus. Diese Methode gehöre mit dem Ende dieser Epoche ebenfalls der Vergangenheit an.[84] Sie werde mit dem Gesetz vergehen, für das sie geschaffen worden sei.[85] Man müsse davor warnen, die Interessenjurisprudenz in den Dienst der nationalsozialistischen Weltanschauung zu stellen. Von ihr drohe eine Verbiegung und Verfälschung der reinen Idee des neuen Rechtsdenkens. Jede Weltanschauung habe ihre eigenen, ihr gemäßen und ihr allein zugehörigen Methoden.[86]

Es versteht sich danach von selbst, daß die Kritiker Hecks und der Interessenjurisprudenz mit dem Anspruch auftraten, ihre Methoden seien die dem Nationalsozialismus gemäßen, ihm allein zugehörigen juristischen Denkweisen.

Hier liegt ein interessanter Doppelirrtum der Parteien im Methodenstreit nach 1933 vor. Heck hielt seine Methodenlehre für «philosophiefrei». Das war ein Irrtum. Indem er den Richter auf einen strengen Gesetzesgehorsam verpflichtete, wählte er als philosophisches und rechtstheoretisches Fundament der Interessenjurisprudenz den Gesetzespositivismus: Recht war für den Richter das, was der Gesetzgeber verfassungsgemäß als Gesetz verabschiedet hat. Das wurde ihm – mit einem deutlichen Seitenhieb auf seinen überholten «Normativismus» – von seinen Kritikern entgegengehalten.[87]

Die meisten Kritiker Hecks hingegen traten unverhohlen mit dem Anspruch auf, ihre Denkmethoden seien die für den Nationalsozialismus spezifischen, ihm allein gemäßen und zugehörigen.[88] Auch das war ein Irrtum. Die damals vertretenen methodischen Positionen der Gegner Hecks waren weder neu noch in ihrer Praktikabilität auf den Nationalsozialismus beschränkt. Davon wird zu reden sein.

(3) Die Kampfstrategie der Ausgrenzung
Der im Kern philosophisch-weltanschauliche Gegensatz zwischen Heck und seinen Gegnern wird in dieser Kritik deutlich. Auch die Tonart der

---

[84] E. Forsthoff, Zur Rechtsfindungslehre im 19. Jahrhundert, ZgS 96 (1936), 49 (69f.); vgl. auch W. Siebert, Vom Wesen des Rechtsmißbrauchs – Über die konkrete Gestaltung der Rechte, in: K. Larenz (Hrsg.), Grundfragen der neuen Rechtswissenschaft, Berlin 1935, S. 189 (206f.).
[85] K. Larenz, Rechtswissenschaft und Rechtsphilosophie – Eine Erwiderung, AcP 143 (1937), 257 (276f.).
[86] E. Forsthoff, Zur Rechtsfindungslehre im 19. Jahrhundert, ZgS 96 (1936), 49 (70).
[87] K. Larenz, Rechtswissenschaft und Rechtsphilosophie – Eine Erwiderung, AcP 143 (1937), 257 (275f.).
[88] Statt aller: E. Forsthoff, Zur Rechtsfindungslehre im 19. Jahrhundert, ZgS 96 (1936), 49 (70).

Ablehnung verdient – insbesondere im Hinblick auf die Tragweite einer solchen Qualifizierung für einen bedeutenden Kollegen in einem totalitären System – besondere Beachtung. Der positive und wertneutrale Rechtsbegriff, den Heck seiner Methodenlehre zugrunde legte, war für die Verfechter eines spezifisch nationalsozialistisch-völkischen Rechtsdenkens unannehmbar. Dieses neue Rechtsdenken mußte von der Volksgemeinschaft und von der inneren Totalität des völkischen Lebens ausgehen.[89] Es mußte die herrschende nationalsozialistische Weltanschauung als die vermeintliche «Wirklichkeit des ‹objektiven Geistes›» und als die «Konkretion der völkisch-geschichtlich bestimmten *Idee*» mit wissenschaftlichen Mitteln bestätigen.[90] Das war die völkische Rechtslehre der Gegner Hecks, der die philosophische weltanschauliche Richtung dieser Angriffe genau erkannte.[91]

Es ist ein ungeschriebenes Kapitel der Rechtsentwicklung im Nationalsozialismus, *in welcher Weise* weltanschauliche Richtungskämpfe unter Professorenkollegen besonders in der Anfangsphase des Nationalsozialismus ausgetragen wurden. Der Methodenstreit nach 1933 ist dafür nur ein anschauliches Beispiel. Heck versuchte sich, in äußerster Bedrängnis durch die ideologisch begründeten Angriffe seiner Gegner, außer mit Sachargumenten zu seiner Methodenlehre auch mit persönlichen politischen Bekenntnissen und mit Hinweisen auf seine stets nationale Gesinnung zu verteidigen.[92]

Der Methodenstreit brachte dadurch, daß die politische Untauglichkeit, ja Schädlichkeit der angegriffenen Interessenjurisprudenz angeprangert wurde, für den Angegriffenen persönliche Gefahren mit sich. Jeder Vertreter eines wertneutralen Begriffs der Gesetzesbindung und der dienenden richterlichen Gesetzesverwirklichung galt notwendig als verdächtig.

c) Weltanschauung als Rechtsanwendungsprinzip

Nur gläubige Anhänger des völkischen Rechtsdenkens im Sinne der nationalsozialistischen Weltanschauung konnten nach den Lehren der Gegner Hecks «Rechtswahrer» sein, also als Richter oder Rechtslehrer Dienst tun. Mochten diese Gegner untereinander auch verschiedenen methodischen und theoretischen Positionen anhängen, etwa dem Denken in «kon-

---

[89] K. Larenz, Über Gegenstand und Methode des völkischen Rechtsdenkens, Berlin 1938, S. 39.

[90] K. Larenz, Rechtswissenschaft und Rechtsphilosophie – Eine Erwiderung, AcP 143 (1937), 257 (274).

[91] Ph. Heck, Die Interessenjurisprudenz und ihre neuen Gegner, AcP 142 (1936), 129 (133).

[92] Ph. Heck, a. a. O., 129 u. 297 (151, 163, 178, 181, 319, 327).

kreten Ordnungen» (Carl Schmitt) oder der Bildung und Entwicklung von «konkret-allgemeinen Begriffen» (Karl Larenz). Damit waren unter neuen Bezeichnungen alte institutionelle und begriffsjuristische Denkformen als geeignete Wege zur rassisch-völkischen Rechtserneuerung proklamiert. Die wesentliche, alles prägende und gemeinsame Grundvoraussetzung war die Forderung nach der unbedingten Verankerung aller «Rechtswahrer» in der nationalsozialistischen Weltanschauung:

«Jede Auslegung muß eine *Auslegung im nationalsozialistischen Sinne* sein.»[93]

d) Die Suche nach neuen Wegen und Formen

(1) Das Kitzeberger Lager junger Rechtslehrer
Von dieser Position her stellten sich alle rechtstheoretischen Grundsatzfragen neu. An der Spitze der NS-Hierarchie im Wissenschaftsbereich und in Fragen der rassisch-völkischen Umgestaltung der Rechtsordnung erkannte man, daß sich so weitreichende Ziele allein mit Faustregeln nach Art der «Neue(n) Leitsätze für die Rechtspraxis»[94] oder «Über Stellung und Aufgaben des Richters»[95] nicht verwirklichen ließen. Der Reichswissenschaftsminister Rust und der Reichsjuristenführer Frank beauftragten 1935 den begeisterten Anhänger der NS-Bewegung Karl August Eckhardt, Professor in Berlin, eine Gruppe junger Dozenten und Habilitanden zu einem «Gemeinschaftslager in Kiel-Kitzeberg» zusammenzurufen. Es ging darum, « . . . in kameradschaftlicher Zusammenarbeit mit ihnen nach einer klaren Linie in unserem Kampf um eine neue, von nationalsozialistischem Geist getragene deutsche Rechtswissenschaft zu suchen.»[96] In der zweiten Hälfte des «Kitzeberger Lagers», das eine neue Epoche in der völkischen Rechtserneuerung, ausgehend von einer Elite junger nationalsozialistischer Dozenten und Professoren eröffnen sollte, konnten dann auch die rechtswissenschaftlichen Referenten des NS-Studentenbundes und der Studentenschaft «samt den Fachschaftsleitern der deutschen Universitäten in unser Lager einrücken.» Das Ziel war klar:

«Aber wir kämpfen um eine gemeinsame Grundhaltung in allen ent-

---

[93] C. Schmitt, Nationalsozialismus und Rechtsstaat, JW 1934, 713 (717); ähnlich ders., Neue Leitsätze für die Rechtspraxis, JW 1933, 2793; ders., Staat, Bewegung, Volk – Die Dreigliederung der politischen Einheit, Hamburg 1933, S. 43 ff.; U. Scheuner, Die nationale Revolution – Eine staatsrechtliche Untersuchung, AÖR 63 (1934), 261, (298).

[94] C. Schmitt, Neue Leitsätze für die Rechtspraxis, JW 1933, 2793.

[95] G. Dahm, K. A. Eckhardt, R. Höhn, P. Ritterbusch und W. Siebert, Über Stellung und Aufgaben des Richters, DRW I (1936), 123.

[96] K. A. Eckhardt, Zum Geleit, DRW I (1936), 3.

scheidenden Fragen, die es zu erarbeiten und in Forschung und Lehre durchzusetzen gilt. In diesem Sinne fühlen wir uns als Kampfgemeinschaft ... In immer erneuten Treffen ständig wechselnder Gruppen werden wir erlebnismäßig klären, wer zu uns gehört und wer nicht. Wir kennen dafür nur eine Voraussetzung: kompromißlose nationalsozialistische Gesinnung und kämpferische Haltung. Der sicherste Weg zu uns führt durch SA und SS.»[97]

(2) Exkurs:
«Kitzeberger Lager» und «Kieler Schule» der Rechtswissenschaft
Die Auswahl des Lagerortes Kiel-Kitzeberg war nicht zufällig. Das Lager ist vor dem Hintergrund der Universitätsentwicklung in Kiel nach der Machtergreifung zu sehen.[97a] Die neuen Machthaber setzten in Kiel eine radikale Veränderung der Professorenschaft durch. Die juristische Fakultät erlebte einen totalen personellen Umbruch. Von den früheren Lehrstuhlinhabern wurde nur einer in Kiel belassen. In den ministeriellen Hinweisen für Studenten hieß es:
«Bevorzugt zunächst die juristischen Fakultäten in Kiel, Breslau und Königsberg, die als politischer Stoßtrupp (!) ausersehen sind.»[97b]
Die Universität Kiel hat unter den beiden juristischen Rektoren Dahm (1935–37) und Ritterbusch (1937–41) die Rolle einer vollpolitisierten Universität mustergültig gespielt. Mit unverkennbarem Stolz stellte Ritterbusch bei der 275-Jahr-Feier der Universität Kiel 1940 fest, daß diese sich in ihrem personellen Bestand nahezu vollständig «erneuert» habe. Wörtlich fuhr der Rektor in seiner Jubelrede fort:
«Dieser absolute personelle Umbruch schloß eine ruhige stetige Entwicklung in den ersten Jahren nach 1933 aus.»[97c]
Der Terror jener Jahre, zugleich von Studenten wie von staatlichen Instanzen gegen politische «Feinde» geübt, wird damit zynisch umschrieben.
Die juristische «Stoßtruppfakultät» in Kiel, primär zusammengesetzt unter dem Auswahlkriterium der Eignung für die politisch-ideologischen Ziele der neuen Machthaber, erschien für das programmatische Unternehmen «Kitzeberger Lager» als besonders geeignet, ja wie geschaffen. Die Referenten des Lagers kamen daher überwiegend aus Kiel (G. Dahm, E. R. Huber, K. Larenz, K. Michaelis, F. Schaffstein, W. Siebert, F. Wieacker, M. Busse) und Breslau (H. Lange, H. Thieme, H. Würdinger). Außerdem nahmen teil: P. Ritterbusch (damals noch Königsberg), Th. Maunz (Freiburg), H. Henkel (Marburg) und R. Höhn (Heidelberg).

---

[97] K. A. Eckhardt, a. a. O., DRW I (1936), 3 (4).
[97a] Vgl. dazu und zum Folgenden: K. D. Erdmann, Professoren unter Hitler – Dargestellt am Beispiel der Universität Kiel, in: FAZ vom 16. 6. 1965, S. 15f.
[97b] Vgl. K. D. Erdmann, a. a. O.
[97c] Zitiert nach K. D. Erdmann, a. a. O.

Die beherrschende Erscheinung der Kieler Universität nach 1933 und der Bestrebungen nach einer umfassenden völkisch-rassisch inspirierten nationalsozialistischen Rechtserneuerung war die genannte Gruppe durchweg junger, oft erstberufener Juristen der sog. Kieler Schule. Ihre Aufgabe sollte es sein, ein Beispiel für die völlige, nationalsozialistische Durchdringung einer Wissenschaft zu geben. Sie versuchten konsequent, dem neuen, auf dem Mythos der Rasse und der «Volksgemeinschaft» aufgebauten Staate die ihm arteigene Rechtsphilosophie (Larenz), Strafrechtslehre (Dahm, Schaffstein), Staats- und Verfassungslehre (Huber), und Zivilrechtstheorie (Michaelis, Siebert, Wieacker) zu geben.

Auch hier ist – wie ganz allgemein – vor pauschalen Unwerturteilen über die einzelnen Mitglieder dieser Gruppe zu warnen. Sie vertraten innerhalb der allgemeinen Konkurrenz juristischer Autoren nach 1933 um die «beste» Rechtstheorie für das neue Regime eine bestimmte Spielart des Rechts- und Staatsdenkens. Der Staat war für sie nicht bloßes Machtinstrument der Partei oder der «Bewegung», wie das andere Autoren (Höhn, Koellreutter, teilweise auch C. Schmitt) vertraten. Für sie war der Staat – in der Tradition hegelscher Denkformen als Inkarnation der Idee des Sittlichen – an ein überpersonales Recht gebunden, dessen Kerngehalte sie völkisch-rassisch zu definieren suchten. Im Staatsrecht wie im Strafrecht und Personenrecht waren damit normative Schranken auch für die Machthaber durch ihre Bindung an objektive Rechtsgrundwerte (Gerechtigkeit, Sittlichkeit) vom Konzept her vorgegeben. Die Staats- und Rechtsidee war nicht beliebig instrumentalisierbar. Der Rückgriff auf Hegel und den deutschen Idealismus konnte immerhin – theoretisch – dem Mißbrauch des Rechtes und des Staates zu despotischer Willkür in der Rechtspflege und in der Polizeipraxis Grenzen setzen.

In der Praxis wirkten sich die Lehren der «Kieler Schule» anders aus. Als ein bezeichnendes Beispiel aus einer Unzahl möglicher Belegstellen kann ein Satz aus «Verfassung» von E. R. Huber dienen, in dem es heißt: «Insbesondere die *Freiheitsrechte* des Individuums ... sind mit dem Prinzip des völkischen Rechts nicht vereinbar. Es gibt keine persönliche, vorstaatliche und außerstaatliche Freiheit des Einzelnen, die vom Staat zu respektieren wäre.»[97d]
Diese Lehre von der Nichtexistenz individueller Grund- und Freiheitsrechte gegenüber dem Staat und ihrer Unvereinbarkeit mit der «volksgenössischen Rechtsstellung» war ein beliebtes literarisches Thema der Kieler Schule und der Teilnehmer des Kitzeberger Lagers.[97e]

[97d] E. R. Huber, Verfassung, Hamburg 1937, S. 213.
[97e] Vgl. etwa K. A. Eckhardt, Recht oder Pflicht, DRW I (1936), 7; ders., Zum Begriff des subjektiven Rechts, DRW I (1936), 352; R. Höhn, Das subjektive öffentliche Recht und der neue Staat, DRW I (1936), 49; E. R. Huber, Die Rechtsstellung des

Die Ideologie von Führertum und Gefolgschaft wurde zum Anlaß einer radikalen Auflösung der Lehre von subjektiv-öffentlichen Rechten gegenüber dem Staat. So schrieb etwa Th. Maunz, Regierungsrat und Privatdozent in München unter dem Titel «Das Ende des subjektiven öffentlichen Rechts»:

«Der Führer- und Gefolgschaftsgedanke, von dem unser Recht nunmehr beherrscht ist, mußte die überkommene Theorie der subjektiven öffentlichen Rechte von vornherein in einem neuen Lichte erscheinen lassen. ... Völlige Klarheit verschafft nur eine Betrachtung, die das Problem ausrichtet an der Wirklichkeit völkischer Ordnungen des Gemeinschaftslebens. ... Die rechte Erkenntnis der Persönlichkeit in der Gemeinschaft überwindet die Vorstellung vom staatsgerichteten subjektiven öffentlichen Recht.»[97f]

Der Begriff des subjektiven öffentlichen Rechts sei einer der Grundpfeiler des Verwaltungsrechts einer bestimmten Weltanschauung gewesen, die, so Maunz, überwunden sei. Der ganze Begriff könne ohne Nachteile «über Bord gesetzt werden.»[97g]

Maunz ging (1935/36) von der Vorstellung aus, die gesamte Rechtsordnung müsse umgedacht werden:[97h]

«Das Umdenken unseres Rechts steht erst am Anfang. Zahlreiche Erscheinungen der überwundenen Zeit ragen in die neue Zeit hinein. ... Sie werden im Laufe der Entwicklung abbröckeln und verschwinden. Wir dürfen diesem Abbröckelungsprozeß nicht untätig zusehen, sondern müssen ihn fördern, indem wir die Lebensfähigkeit der neuen Idee erweisen. Es gibt schon heute aus dem überkommenen Rechtsbestand so vieles, was bereits kein Leben mehr hat, und dessen Tod nicht herbeigeführt, sondern nur noch festgestellt zu werden braucht. Dazu gehört das subjektive öffentliche Recht des Staates. ... Nicht minder ist endlich das staatsgerichtete subjektive öffentliche Recht ein zeitgebundener Begriff. ... er wird völlig beiseitegeschoben durch eine Erkenntnis, die das Konkrete sieht und allgemeingültig sein wollende Konstruktionen ablehnt.»[97i]

Volksgenossen, ZgS 96 (1936), 438; K. Larenz, Rechtsperson und subjektives Recht, in: K. Larenz (Hrsg.), Grundfragen der neuen Rechtswissenschaft, Berlin 1935, S. 225; ders., Gemeinschaft und Rechtsstellung, DRW I (1936), 31; Th. Maunz, Das Ende des subjektiven öffentlichen Rechts, ZgS 96 (1936), 71; W. Siebert, Subjektives Recht, konkrete Berechtigung, Pflichtenordnung, DRW I (1936), 23.

[97f] Th. Maunz, Das Ende des subjektiven öffentlichen Rechts, ZgS 96 (1936), 71 ff. (74 f.).

[97g] Th. Maunz, a. a. O. S. 75 und 95.

[97h] An anderer Stelle sagt er dazu: «Es kommt dabei weniger darauf an, unangreifbare Ergebnisse zu bieten, als im Ringen um die Neugestaltung Waffen zu liefern.», Th. Maunz, Neue Grundlagen des Verwaltungsrechts, Hamburg 1934, S. 7 (Vorwort).

[97i] Th. Maunz, Das Ende des subjektiven öffentlichen Rechts, ZgS 96 (1936), 110 f.

Die theoretische Grundlage dieses Maunz'schen Konzeptes ist eine begeisterte, mit vielen Zitaten beschworene Zustimmung zum «konkreten Ordnungsdenken» von Carl Schmitt und dessen Programmschrift «Über die drei Arten des rechtswissenschaftlichen Denkens» (Berlin 1934).[97j]

Die Abkehr vom «normativen» Denken und vom abstrahierenden und formallogisch generalisierenden Rechtspositivismus und die Zuwendung zur «wirklich konkreten Gemeinschaft»[97k] machte Grund- und Freiheitsrechte überflüssig und hinfällig.

Der totale Staat war von Rechtsbindungen gegenüber seinen Bürgern freigestellt. Er konnte künftig im Nebel der «konkreten Ordnungen» schalten und walten, disziplinieren und töten, wie es der Führer befahl.

Die verhängnisvollen Folgen der totalen Ideologisierung und Politisierung des Rechts bei gleichzeitiger Entrechtung des Individuums und seiner Würde gegenüber dem Staat lassen sich an der zweiten erweiterten Auflage des Buches von Huber mit dem Titel «Verfassungsrecht des Großdeutschen Reichs» in dem Kapitel ablesen, in dem er die Maßnahmen des NS-Regimes gegen die Juden in der Zeit nach dem 9. November 1938 («Reichskristallnacht») und vor der «Endlösung der Judenfrage» beschreibt. Alle diese Akte der Demütigung, Unterdrückung und Entrechtung werden als rechtens referiert. Als Ausdruck des Führerwillens sind sie vollumfänglich gerechtfertigt. Das in Gesetzen und Verordnungen getarnte Unrecht ist als Folge der proklamierten Allmacht des totalen Staates gegenüber den Individuen nicht mehr erkennbar.[98]

Die Kieler Schule der Rechtswissenschaft fiel nach wenigen Jahren der rechtspolitischen Gemeinschaftsarbeit durch Wegberufungen und innere Zwistigkeiten auseinander. Es gelang ihr nicht, den Versuch einer weltanschaulich geschlossenen Fakultät oder – wie es der Vision des Rektors Ritterbusch entsprochen hätte – gar Universität erfolgreich abzuschließen. Gleichwohl muß ihre inspirierende Wirkung auf den juristischen und hier besonders den wissenschaftlichen Nachwuchs hoch eingeschätzt werden.

Der Blick auf den Zusammenhang des Kitzeberger Lagers mit der Kieler Schule der Rechtswissenschaft vermittelt zwei wichtige Einblicke.

Hier wurde eine ganze Fakultät, ja versuchsweise eine ganze Universität, geschlossen in den Dienst der exemplarischen Ideologisierung und Politisierung der Wissenschaft gestellt. Trotz tapferer Gegenwehr einzelner Gelehrter hat die Institution Universität diesem Versuch der Gleich-

---

[97j] Vgl. ferner Th. Maunz, Neues Rechtsdenken in der Verwaltung, Deutsche Verwaltung 1935, 65; mit eindrucksvollen Vorschlägen zum Umdenken der Rechtsordnung für das Gebiet des Verwaltungsrechts.

[97k] Maunz, Das Ende des subjektiven öffentlichen Rechts, ZgS 96 (1936), 71, (111).

[98] E. R. Huber, Verfassungsrecht des Großdeutschen Reiches, 2. stark erweiterte Aufl. der «Verfassung», Hamburg 1939, S. 181.

schaltung und Ideologisierung im etablierten totalen Staat keinen wirksamen Widerstand entgegengesetzt. Kennzeichnend und begünstigend für diese Entwicklung war ein aus den vielfältigen geistigen und materiellen Nöten der Weimarer Zeit gespeister Hang zahlreicher Intellektueller zu einem neuen Irrationalismus, besonders in den Geisteswissenschaften. Ihnen erschien der Mythos von Rasse und Führertum als Erlösung aus den tristen Nöten der Gegenwart. Solche Risikosituationen können sich, wie vielfältige Beispiele in Geschichte und Gegenwart zeigen, bei entsprechender «medialer» Aufbereitung kollektiver Bewußtseinslagen, durchaus wiederholen. Soweit der Exkurs.

Die Beiträge der Referenten des Kitzeberger Lagers sind überwiegend veröffentlicht in DRW I (1936) und bei Larenz (Hrsg.), Grundfragen der neuen Rechtswissenschaft.[99]

Ein ausführlicher, ebenso interessanter wie engagierter Teilnehmerbericht vom Kitzeberger Lager stammt aus der Feder von Franz Wieakker.[100] Das Gemeinschaftserlebnis, «Wanderungen, Ausmärsche (!), Frühsport und die kleinen Ereignisse des Lagerlebens schufen die Entspannung und die kameradschaftliche Beziehung, in der die Übereinstimmung im Denken sich zur kämpfenden (!) Arbeitsgemeinschaft vertieft.»[101] Das Resümee bei Wieacker:

«Es sind in einer Lagergemeinschaft die Voraussetzungen für eine gemeinsame Grundhaltung festgestellt und diese Grundhaltung selbst an einer Reihe von wesentlichen Fragenkreisen bewährt worden. Es bestand Einigkeit darüber, daß die im Lager gewonnene Gemeinschaft aufrechtzuerhalten und in den nächsten Semestern zu vertiefen sei.»[102] Der Bericht von Wieacker stieß auf Kritik bei Julius v. Gierke, der sich gegen Fehlinterpretationen Wieackers zum Referat Würdinger sowie gegen Verzeichnungen der Dogmengeschichte des subjektiven Rechts durch Eckhardt wandte.[103] Eckhardt selbst griff zur Feder, verwahrte sich gegen den Vorwurf der falschen Berichterstattung von einem «Außenstehenden» (!) an einen «Kameraden,[104] dem wir für seine entsagungsvolle, sorgfältige Ausarbeitung herzlich dankbar sind ...».[105]

Zur Sache hatte v. Gierke darauf hingewiesen, daß der Begriff des «Volksgenossen» ohne den abstrakten Begriff des Menschen gar nicht zu bestimmen sei:

---

[99] Berlin 1935.

[100] Das Kitzeberger Lager junger Rechtslehrer, DRW I (1936), 74.

[101] a. a. O., 74.

[102] a. a. O., 80.

[103] J. v. Gierke, im Rahmen einer Besprechung der neuen Zeitschrift: Deutsche Rechtswissenschaft, ZHR 102 (1936), 348.

[104] F. Wieacker.

[105] K. A. Eckhardt, Zum Begriff des subjektiven Rechts, DRW I (1936), 352 (353 f.).

« ... so gibt es auch nicht bloß diesen oder jenen Menschen, sondern auch den abstrakten Begriff des ‹Menschen›, ohne den eine Rechtsordnung gar nicht möglich ist.»[106]

Gierke berührte damit einen in mehrfacher Hinsicht brisanten Punkt. Er griff methodentheoretisch die Propaganda für die sog. konkreten Begriffe an, aus denen «konkrete Ordnungen» von rechtlicher Verbindlichkeit gefolgert werden sollten. In der Sache ging es bei dem Begriff des Volksgenossen um die Rassenideologie der Nationalsozialisten. Volksgenosse durfte nur sein, wer Blutsgenosse war. Beide Kernpunkte der neuen NS-Rechtslehren werden also mit einem banal klingenden Satz in Frage gestellt, daß es ohne den Begriff «Mensch» auch den des Volksgenossen nicht geben könne.

Das war aus der Sicht des gläubigen Nationalsozialisten ein zentraler Punkt:

«Letzten Endes geht es uns überall um die Entscheidung: abstrakte Begriffe oder konkrete Gestaltungen. ... Wir sind der Meinung, daß ein solcher abstrakter Begriff[107] höchstens dazu taugt, die Mannigfaltigkeit des völkischen Lebens zu vergewaltigen. Doch wir sprechen offensichtlich verschiedene Sprachen.»[108]

«Alle diese gekünstelten Oberbegriffe, ... müssen fallen.»[109]

Die Logik der Sätze v. Gierkes zu dem unleugbaren Zusammenhang der Begriffe «Mensch» und «Volksgenosse» wird besonders bitter vermerkt. Daß dieser nicht den Nationalsozialismus insgesamt angreifen wollte, wird in einer Formulierung festgehalten, welche die Schärfe des Freund-Feind-Denkens unter den Fachkollegen damals andeutet:

«Also geschrieben im Jahre 1936 und – dafür bürgt die Persönlichkeit Julius v. Gierkes – keineswegs als Verhöhnung der nationalsozialistischen Rechtslehre gedacht!»[110]

Insgesamt verstand sich die «Kieler Schule» und der Kreis um das Kitzeberger Lager als die kämpferische akademische Vorhut der völkischen Rechtserneuerung. Sie wollte für den Kampf um die neue, von nationalsozialistischem Geist getragene Rechtswissenschaft durch eine neue, in der Erfahrung der Lagergemeinschaft gewonnene und bewährte Rechtsanschauung vorantreiben. Jeder sollte dabei «das letzte hergeben».[111]

Das «Kitzeberger Lager für junge Rechtslehrer» war nicht die erste und einzige Lagerveranstaltung im Dienste der Rechtserneuerung. Schon

---

[106] J. v. Gierke, im Rahmen einer Besprechung der neuen Zeitschrift: Deutsche Rechtswissenschaft, ZHR 102 (1936), 348 (362 m. Anm. 24).
[107] Gemeint sind etwa Mensch, Eigentum, subjektives Recht, juristische Person.
[108] K. A. Eckhardt, Zum Begriff des subjektiven Rechts, DRW I (1936), 352 (354 f.).
[109] K. A. Eckhardt, a. a. O., 356.
[110] K. A. Eckhardt, a. a. O., 355.
[111] Vgl. K. A. Eckhardt, Zum Geleit, DRW I (1936), 3.

1933 war vom damaligen Justizminister Hanns Kerrl ein Gemeinschaftslager für Justizreferendare in Jüterbog eingerichtet worden. Es sollte dazu dienen, Referendare aus allen deutschen Gauen zu enger Kameradschaft zusammenzuführen und die «weltanschauliche Grundlage ihres Wissens» zu vertiefen. Eine «soldatige Haltung» der Referendare wurde vorausgesetzt. Besondere Aufmerksamkeit in der Lagerausbildung galt dem «Rasse- und Erbgesundheitsrecht», dem «Bauernrecht» und dem Arbeitsrecht. Außerdem sollte Sinn und Verständnis der Teilnehmer «für das politische Geschehen der Zeit» vertieft werden.[112]

Die Erfahrungen dieser «Lagergemeinschaften» in der Referendarausbildung sollten jetzt verstärkt auch für die Universitätsausbildung nutzbar gemacht werden. Der «Geist» der Referendar-Gemeinschaftslager wird durch ein Bild vom August 1933 symbolisiert: Es zeigt in der Mitte einer Gruppe von Ausbildern und Referendaren den Reichsjustizminister Hans Kerrl unter einem Galgen, an dem ein §-Zeichen baumelt: Das Gesetz am Galgen. Die Juristen darunter lachen.[113]

Die Form juristischer Fachkongresse hatte sich ebenfalls gewandelt. Beim Deutschen Juristentag 1936 kam es zu einer «Kundgebung» in der Form eines «Aufmarsches» der Teilnehmer auf dem Platz vor dem Reichsgericht. Das den Platz beherrschende Transparent trug die Inschrift:
«Des Führers Wille ist des Volkes Gesetz.»[114]

(3) Die neue Zeitschrift: Deutsche Rechtswissenschaft

Diesen Zielen sollte auch die dazu eigens gegründete neue Zeitschrift «Deutsche Rechtswissenschaft» (DRW) dienen, die K. A. Eckhardt im Auftrag der Minister Rust und Frank herausgab. Kämpferische Durchsetzung der NS-Weltanschauung auf allen Rechtsgebieten und kämpferische Ab- und Ausgrenzung aller Skeptiker, Kritiker, Abweichler und Feinde des Nationalsozialismus unter den Juristen waren die beherrschenden Programmpunkte der neuen Zeitschrift.

Mit einem lesenswerten Geleitwort vom Oktober 1935 aus der Feder des Herausgebers Eckhardt erschien das erste Heft der Zeitschrift 1936 mit sechs Beiträgen aus dem Kitzeberger Lager.

Daß es zu dieser Neugründung kam, ist auf den ersten Blick überraschend. An Bereitschaftserklärungen aus den Redaktionen der traditionellen juristischen Fachzeitschriften hatte es nach der Machtergreifung

---

[112] Vgl. I. Staff (Hrsg.), Justiz im Dritten Reich, 2. Aufl., Frankfurt a. M. 1978, S. 118 ff.

[113] Siehe Einbandrückseite dieses Buches. Das Bild ist im übrigen abgedruckt in dem Ausstellungskatalog «Renzo Vespignani, Faschismus», Elefantenpress Verlag, Berlin und Hamburg 1976, S. 49.

[114] Bildnachweis a. a. O., S. 48.

nicht gefehlt. So schrieb etwa der Herausgeber der altehrwürdigen und hochangesehenen «Deutschen Juristenzeitung» (DJZ) O. Liebmann im ersten Heft danach (1. 4. 1933) auf der ersten Seite:

«Der 21. März 1933, der Tag des Frühlingserwachens ...
Auch das Recht wird gemäß der programmatischen Rede des Herrn Reichskanzlers am 23. März im Reichstage durchgreifende Aenderungen erfahren. An dieser Neu- und Umgestaltung mitzuwirken ist Pflicht und Aufgabe der DJZ».[114a]

Dieses Heft enthält eine ganze Reihe von Grußadressen und Huldigungserklärungen bedeutender juristischer Vereinigungen an den neuen nationalen Führerstaat. So heißt es, ebenfalls auf der ersten Seite dieses Heftes in einer Erklärung des Vorstandes des Deutschen Richterbundes:

«Der Deutsche Richterbund bringt der neuen Regierung volles Vertrauen entgegen.»

Dabei ist anzumerken, daß die bisherigen Regierungswechsel in der Weimarer Republik keine vergleichbaren Verlautbarungen ausgelöst hatten. Vor allem das deutsch-nationale Pathos dieser Proklamationen in fast allen juristischen Fachblättern nach dem 30. 1. 1933 verdient Beachtung. Die DJZ bietet insoweit ein repräsentatives Beispiel. Der von den NS-Machthabern versprochene Aufbau eines starken deutschen Reiches fand nach den Demütigungen des Versailler Vertrages in Juristenkreisen ein begeistertes Echo.

Über die Grußworte hinaus wurden in der DJZ bereits von Anfang an Beiträge zur Rechtfertigung der Maßnahmen des neuen Staates veröffentlicht. Der erste Aufsatz stammte aus der Feder von Carl Schmitt und trug den Titel «Das Gesetz zur Behebung der Not von Volk und Reich»[114b]. Damit begann der Autor eine Phase seines Werkes, die er ganz der Rechtfertigung und Förderung des totalen Führerstaates widmete. Auch der nächste Beitrag dieses Heftes war auf die dogmatische Festigung der neuen Rechtslage ausgerichtet.[114c] Bedenkt man die unerläßliche drucktechnische Vorlaufzeit einer Fachzeitschrift, so müssen sich die Autoren dieses Heftes unmittelbar nach der Machtergreifung an die Arbeit gemacht haben.

Von da an ging die DJZ konsequent auf den Kurs der neuen Machthaber. In Heft 8/1933 schrieb Otto Koellreutter, Kollege und Konkurrent von C. Schmitt im Wettlauf um die Gunst der NS-Führung, über «Der nationale Rechtsstaat».[114d] Die weiteren Hefte des Jahres berichteten ausführlich und zustimmend über die «Gleichschaltung» der Justiz und der

---

[114a] DJZ 1933, Sp. 453.
[114b] DJZ 1933, Sp. 455.
[114c] Kaisenberg, Das Ermächtigungsgesetz, DJZ 1933, Sp. 458.
[114d] DJZ 1933, Sp. 517.

juristischen Vereinigungen, insbesondere über den Deutschen Juristentag in Leipzig am 15. Oktober 1933.[114e]

Als O. Liebmann, Mitbegründer der DJZ im Dezember 1933 mit 69 Jahren die Herausgeberschaft abgab, versuchte sein Nachfolger, der bedeutende Adolf Baumbach, noch einmal, wissenschaftliche Maßstäbe zu wahren, indem er erklärte:

«Ich werde mich bemühen, die DJZ als eine völlig unabhängige Fachzeitschrift auf der jetzigen Höhe zu erhalten ...»[114f]

Diesem Bemühen war eine kurze Frist beschieden. Am 1. Juni 1934 mußte Baumbach die Herausgeberschaft der DJZ an C. Schmitt abgeben, der diese Rolle ausdrücklich im Auftrage des Staatsministers und «Reichsrechtsführers» Hans Frank und im Dienst am neuen Staat übernahm. Auch ihm war dann, allerdings aus Gründen, die noch darzulegen sind, nur eine Frist von 3 Jahren bestimmt.

Die Deutsche Juristenzeitung stand mit ihrer Dienstbereitschaft gegenüber dem NS-Regime nicht allein. Auch die angesehene Juristische Wochenschrift (JW), herausgegeben vom Deutschen Anwaltverein und bis 1933 als liberal geltend, blieb vom Umschwung zum Führerstaat nicht unberührt. In ihrer Ausgabe vom 8. April 1933 ist zu lesen:

«Der Vorstand des Deutschen Anwaltsvereins begrüßt die Erstarkung nationalen Denkens und Wollens, die sich im deutschen Volke vollzogen hat.»[114g]

Nach der Gleichschaltung des Deutschen Anwaltsvereins im «Bund Nationalsozialistischer Deutscher Juristen» und nach personellen Veränderungen in der Schriftleitung erschienen am 5. September 1933 «Richtlinien der Schriftleitung», in denen es gleich am Anfang heißt:

«1. Die Juristische Wochenschrift als Zeitschrift des *Deutschen Anwaltsvereins im Bund Nationalsozialistischer Deutscher Juristen* kann nur Beiträge von Personen veröffentlichen, die *Arier sind* ...»[114h]

Wenig später liest man es noch genereller:

«Daß die Juristische Wochenschrift nur Beiträge veröffentlicht und nur Verfasser zu Wort kommen läßt, die unbedingt *auf dem Boden der nationalsozialistischen Weltanschauung* stehen, ist selbstverständlich.»[114i]

DJZ und JW stehen insoweit für die meisten juristischen Fachzeitschriften. Bereits seit 1931 gab es zudem eine eigene Zeitschrift des Bundes Nationalsozialistischer Deutscher Juristen mit dem Titel «Deutsches Recht», die von Hans Frank selbst herausgegeben wurde. Sie war ganz

---

[114e] DJZ 1933, Sp. 1313.
[114f] DJZ 1933, Sp. 1585f.
[114g] JW 1933, 937.
[114h] JW 1933, 1689.
[114i] JW 1933, 1690.

der NS-Rassenideologie verschworen. So stand bereits zur Einführung des ersten Heftes 1931 zu lesen:

«Nur der Deutsche, der sich zur deutschen Kultur- und Schicksalsgemeinschaft bekennt, kann staatsbürgerliche Rechte ausüben. Wer nicht Deutscher ist, kann nur als Gast im deutschen Staat leben und steht unter Fremdenrecht.»[114j]

Das Parteiprogramm der NSDAP wurde so zum juristischen Programm erhoben.

Aber das alles genügte den überzeugten Vertretern der rassisch-völkischen Rechtserneuerung noch nicht. Sie wollten ein eigenes Organ für eine forschere publizistische Gangart im Dienste der neuen Rechts-, Justiz- und Ausbildungspolitik. So kam es 1935 zur Gründung der Zeitschrift «Deutsche Rechtswissenschaft».

Für die Art und Weise, in der der Kampf um die NS-Rechtserneuerung und gegen wissenschaftliche Gegner geführt wurde, gibt es eindrucksvolle Beispiele. Die Wissenschaft wurde zu einer Magd der Weltanschauung umdefiniert. Augenfällig wird das an Aussagen zu dem neuen Wissenschaftsverständnis, die sich in einer kritischen Rezension zu dem Gesamtwerk des Rechtsphilosophen Wilhelm Sauer im ersten Band der «Deutschen Rechtswissenschaft» findet.[115] Es heißt dort:

«Die Frage: ‹Wie ist Erkenntnis möglich›, ist zugleich die Frage nach den letzten Grundlagen unserer Existenz überhaupt. Diese Frage beantwortet jede Weltanschauung verschieden.

So steht am Anfang der Wissenschaft nicht die Erkenntnistheorie, sondern die weltanschauliche Überzeugung, der Glaube als letzte Gewißheit... Alle Wissenschaft ist bewußtseinsmäßige Ausfaltung einer Weltanschauung. Wissenschaftliche Erkenntnis reicht so weit wie die metaphysische Grundlage, auf der sie beruht.»[116]

Die damit postulierte Einheit von Weltanschauung und Wissenschaft ist Kennzeichen aller totalitären Systeme. Sie ermöglicht es, jeden Vertreter abweichender wissenschaftlicher Meinungen, vor allem in Grundsatzfragen, als – gefährlichen – Feind der Weltanschauung abzustempeln. Die Freund-Feind-Lehre Carl Schmitts[117] gewann für wissenschaftliche Kontroversen eine bedrohliche, die Existenz des Andersdenkenden betreffende Aktualität. Sätze wie «Der individualistisch-universalistische Grund-

---

[114j] DR 1931, 2.

[115] G. Hahn, Transzendentaler Idealrealismus – Eine Auseinandersetzung mit dem Werk Wilhelm Sauers, DRW I (1936), 330.

[116] G. Hahn, a. a. O., 340; Hahn beruft sich für seine These, wissenschaftliche Erkenntnis sei «in Wahrheit die bewußtseinsmäßige Entfaltung einer Weltanschauung im Leben», auf K. Larenz, Rechts- und Staatsphilosophie der Gegenwart, 2. Aufl., Berlin 1935, Einl. S. 1 ff. u. S. 150 ff. (vgl. Hahn, a. a. O., S. 343 mit Fn. 1).

[117] C. Schmitt, Der Begriff des Politischen, München und Leipzig 1932.

zug in der Philosophie des Verfassers ist unverkennbar»[118] oder «Dem Grundwert der nationalsozialistischen Weltanschauung, dem Volk als Blutsgemeinschaft, wird der Verfasser in keiner Weise gerecht», zusammen mit der Feststellung, «... wie wenig der Verfasser vom Hauch eines neuen Geistes verspürt»,[119] konnten damals das wissenschaftliche Lebenswerk eines verdienten Forschers und Lehrers in Frage stellen, auch wenn sie aus der Feder eines eher durch politischen Ehrgeiz als durch Sachkenntnis ausgewiesenen fanatischen Referendars stammten. Kennzeichnend ist der Umstand, daß der Herausgeber (K. A. Eckhardt) diesen Beitrag drucken ließ, in welchem dem kritisierten Kollegen praktisch die wissenschaftliche Daseinsberechtigung im neuen Staat abgesprochen wurde:

«Der Nationalsozialismus ... steht als gültiger Geist in unserer Zeit und bildet die Grundlage alles Lebens, auch der Wissenschaft. Nur wer lebendig in ihm steht, vermag heute wissenschaftlich irgend etwas Erhebliches auszusagen.

Sauer steht nicht in diesem Geist ... Sauer sieht die Probleme unserer Gegenwart aus einem Geist, den der Nationalsozialismus überwunden hat. Seine Lehre ist daher keine ‹Philosophie der Zukunft›, sondern eine ‹Philosophie der Vergangenheit›.[120]

Der Beitrag zeigt, daß und wie der Auftrag des Kitzeberger Lagers und der neuen Zeitschrift erfüllt wurde, «... zu klären, wer zu uns gehört und wer nicht».[121]

3. Methodenstreit und Gerichtspraxis

Der Streit über die richtige juristische Methode bei der völkischen Rechtserneuerung blieb in seinen Wirkungen weitgehend eine akademische Angelegenheit. Die Gerichtspraxis hantierte mit wenigen, handgreiflichen Formeln, etwa mit «Leitsätze(n) über Stellung und Aufgaben des Richters», die von verschiedenen Seiten angeboten wurden.[122] Die danach aus dem «Geist des Nationalsozialismus» angewendeten Generalklauseln ermöglichten nahezu jedes erwünschte, auch gesetzesabweichende Rechtsprechungsergebnis.

---

[118] G. Hahn, Transzendentaler Idealrealismus – Eine Auseinandersetzung mit dem Werk Wilhelm Sauers, DRW I (1936), 330 (344).

[119] G. Hahn, a. a. O., 347.

[120] G. Hahn, a. a. O., 352.

[121] K. A. Eckhardt, Zum Geleit, DRW I (1936), 3 (4).

[122] Vgl. G. Dahm, K. A. Eckhardt, R. Höhn, P. Ritterbusch, W. Siebert, DRW I (1936), 123; vorher schon C. Schmitt, Neue Leitsätze für die Rechtspraxis, JW 1933, 2793, in DR 1933, 201 unter dem Titel: Fünf Leitsätze für die Rechtspraxis.

Verbleibende Problemfälle der direkten Gesetzesablehnung wurden mit dem Rückgriff auf die neue Rechtsidee des Nationalsozialismus, auf einschlägige Punkte des Parteiprogramms, auf die «völkische Gesamtordnung» oder auf den «Vorrang der Führerentscheidungen» gelöst. Auch dafür gab es Anleitungen, etwa Gemeinschaftsveranstaltungen der Referendare (Jüterbog, «Kitzeberger Lager») oder der Gemeinschaftsleiter in Schulungslagern des NS-Rechtswahrerbundes.[123]

In dem Maße, in dem die Gerichtspraxis durch solche und vielfältige weitere gezielte Einflußnahmen der staatlichen Instanzen («Richterbriefe», Beförderungspraxis, Entfernung politischer Gegner aus dem Dienst etc.) die gesamte Rechtsprechung auf den Kurs der NS-Weltanschauung und der Rassenpolitik gebracht hatte, wurde der Methodenstreit außerhalb der akademischen Streitparteien uninteressant. Selbst die erneuerte Debatte über Vor- und Nachteile der «subjektiven» und «objektiven» Gesetzesauslegung[124] blieb in der Praxis weitgehend ohne Echo, weil die angestrebten Rechtsprechungsergebnisse ohne solche methodischen Festlegungen begründet werden konnten.

So blieben die streitenden Professoren weitgehend unter sich. Die Übereinstimmung der Richtersprüche mit den Forderungen der NS-Rechtserneuerung hatte bei weitem Vorrang vor strenger Methodeneinheit oder Methodentreue.[125]

Immerhin war nach 1933 bei den führenden Autoren der völkischen Rechtserneuerung (Koellreutter, Küchenhoff, Lange, Larenz, Michaelis, Schmitt, Siebert u. a.) ein deutlicher Trend zur «objektiven» Auslegungsmethode festzustellen.

Es komme darauf an, so hieß es, «dem Rechtswillen der Gegenwart» ungeschmälert Geltung zu verschaffen. Der Richter habe dabei mitzuwirken, daß – nach der siegreichen nationalen Revolution – keine Kluft zwischen dem Volk und seinem Recht entstehe.[126]

---

[123] Vgl. dazu K. Larenz (Hrsg.), Grundfragen der neuen Rechtswissenschaft, Berlin 1935; ders., Über Gegenstand und Methode des völkischen Rechtsdenkens, Berlin 1938; beide Publikationen sind aus solchen Gemeinschaftslagern der «Kieler Schule» hervorgegangen.

[124] Vgl. einerseits K. Engisch, Die Einheit der Rechtsordnung, Heidelberg 1935, S. 87; Ph. Heck, Rechtserneuerung und juristische Methodenlehre, Tübingen 1936, S. 12 ff.; andererseits K. Larenz, Deutsche Rechtserneuerung und Rechtsphilosophie, Tübingen 1934, S. 31 ff.; ders., Vertrag und Unrecht, Zweiter Teil: Die Haftung für Schaden und Bereicherung, Hamburg 1937, S. 138 ff.; C. Schmitt, Der Weg des deutschen Juristen, DJZ 1934, Sp. 691 (694 f.); ders., Nationalsozialismus und Rechtsstaat, JW 1934, 713 (717).

[125] Zur Vielfalt und zur Elastizität der damaligen Gerichtspraxis in Fragen der Auslegungstechnik vgl. B. Rüthers, Die unbegrenzte Auslegung – Zum Wandel der Privatrechtsordnung im Nationalsozialismus, 2. Aufl., Frankfurt a. M. 1973, S. 183 ff., 322 ff.

[126] K. Larenz, Deutsche Rechtserneuerung und Rechtsphilosophie, Tübingen 1934, S. 33.

Die sog. *objektive* Methode trägt ein falsches Namensetikett. Sie gibt es dem Rechtsanwender in die Hand, das für Recht zu erklären, was er als den «Rechtswillen der Gegenwart» ansieht. Sie leistet also der Durchsetzung sehr subjektiver Rechtsansichten der jeweiligen Richter Vorschub, will sie das vermeiden, so muß sie den Richter an präzise angebbare Rechtsquellen binden. Das war die Funktion der neuen Rechtsquellen im NS-Staat, also Rasse, Führertum und Parteiprogramm. Zusätzlich wurden Gesetzesvorsprüche («Präambeln»),[127] amtliche Gesetzeseinleitungen und allgemeine Auslegungsregeln häufig dazu verwendet, den sich oft erst entwickelnden und oft verschärften (z. B. rassepolitischen) Anschauungen der NS-Führungsinstanzen unmittelbare Rechtsgeltung zu verschaffen.[128] Im übrigen wurde dort, wo das «alte» Gesetz zu mißliebigen Urteilsergebnissen geführt hätte, regelmäßig unter Rückgriff auf die «neue völkische Rechtsidee» eine Gesetzeslücke festgestellt, die dann unter Bezugnahme auf die «völkische Gesamtordnung» weltanschauungskonform ausgefüllt werden konnte.[129]

C. Die unbegrenzte Einlegung –
Zum Rechtsdenken in «konkreten Ordnungen» und «konkret-allgemeinen Begriffen»

I. Zur Notwendigkeit einer rechtsmethodisch-historischen Besinnung heute

In den vergangenen 25 Jahren ist – teilweise ausgehend von soziologischen Arbeiten zum Begriff der «Institution» – in der Jurisprudenz eine dauerhafte Renaissance des Denkens in institutionellen Ordnungsvorstellungen und Rechtsfiguren zu beobachten. Der Vorgang ist erstaunlich, weil dieses «institutionelle Rechtsdenken» nach 1933 bei der Umwertung

---

[127] Vgl. § 1 Steueranpassungsgesetz v. 16. 10. 1934 (RGBl I 925), wonach alle Steuergesetze nach der nationalsozialistischen Weltanschauung auszulegen waren. Dazu sagte das Sächs. OVG, Urt. v. 18. 1. 1935 (JW 1935, 886), die Vorschrift enthalte einen allgemeinen Rechtsgrundsatz, der für alle Rechtsgebiete verbindlich sei. Ebenso W. Siebert, Vom Wesen des Rechtsmißbrauchs – Über die konkrete Gestaltung der Rechte, in: K. Larenz (Hrsg.), Grundfragen der neuen Rechtswissenschaft, Berlin 1935, S. 189 (211 mit Fn. 50a); F. Brändl, in: J. v. Staudingers Kommentar zum Bürgerlichen Gesetzbuch und dem Einführungsgesetz, Allgemeiner Teil, 10. Aufl., Einl. Rdnr. 37 Fn. 38.
[128] Nachweise bei B. Rüthers, Die unbegrenzte Auslegung – Zum Wandel der Privatrechtsordnung im Nationalsozialismus, 2. Aufl., Frankfurt a. M. 1973, S. 183–189.
[129] Nachweise bei B. Rüthers, Die unbegrenzte Auslegung – Zum Wandel der Privatrechtsordnung im Nationalsozialismus, 2. Aufl., Frankfurt a. M. 1973, S. 189–210.

der aus der Weimarer Zeit überkommenen Rechtsordnung im Sinne der Ziele des Nationalsozialismus eine maßgebliche Rolle gespielt hat. Der große Anteil dieses Denkschemas an der völkischen Rechtserneuerung aus der NS-Weltanschauung ist seit langem durch wissenschaftliche Untersuchungen belegt.[130]

Solche Arbeiten blieben aber, aus den unterschiedlichsten Gründen, in der juristischen Lehr- und Handbuchliteratur weitestgehend unbeachtet, wurden meist, insbesondere von den Autoren der Jahre zwischen 1933 und 1945, nicht einmal zitiert. Das hat bis heute zu einer verbreiteten Unkenntnis über die Multivalenz dieser Rechtsfiguren geführt. So ist es zu erklären, daß seit etwa 1960 über die Jahrzehnte hin unter (bewußtem?) Verzicht auf die notwendige historische Besinnung einige Methodeninstrumente der völkischen Rechtserneuerung teils unter den alten, teils unter neuen Namen wiederbelebt und gepflegt worden sind. Insgesamt muß man geradezu eine Renaissance des institutionellen Rechtsdenkens konstatieren.[131] Das mag seiner rechtstheoretischen oder – mehr noch – rechtspolitischen Fruchtbarkeit und Eignung für nahezu beliebige normative Zwecke zu verdanken sein. Gefährlich wird es dort, wo die Auslassung der Geschichte dieser Rechtsfiguren im Nationalsozialismus zu einer nicht verantwortbaren Naivität bei der Fortführung und rechtspädagogischen Weitervermittlung solcher Denkformen führt.

II. Der Institutionsbegriff als rechtspolitisches Instrument

«Institution» und «institutionelles Rechtsdenken» sind für den Juristen Hilfsbegriffe bei der Erfassung des sozialen «Stoffes», also der vom Recht zu ordnenden Lebenswirklichkeit, aber auch bei der Anwendung der vorhandenen Rechtsordnung auf Problemlagen und Interessenkonflikte, die vom Gesetz gar nicht oder nicht vollständig geregelt sind. Es geht bei diesen Begriffen in verschiedenen Varianten immer um Rechtsfindungs-,

---

[130] Vgl. statt vieler J. Gernhuber, Das völkische Recht – Ein Beitrag zur Rechtstheorie im Nationalsozialismus, in: Tübinger Festschrift für E. Kern, Tübingen 1968, S. 167; B. Rüthers, Die unbegrenzte Auslegung – Zum Wandel der Privatrechtsordnung im Nationalsozialismus, 2. Aufl., Frankfurt a. M. 1973, bes. S. 270–430; ders., Institutionelles Rechtsdenken im Wandel der Verfassungsepochen, Bad Homburg v. d. H./Berlin/Zürich 1970; K. Anderbrügge, Völkisches Rechtsdenken – Zur Rechtslehre in der Zeit des Nationalsozialismus, Berlin 1978.

[131] Vgl. nur aus jüngster Zeit die Publikationen: Recht und Institution, Helmut Schlesky-Gedächtnissymposion Münster 1985, hrsg. von der Rechtswissenschaftlichen Fakultät der Universität Münster, Berlin 1985; D. N. MacCormick/O. Weinberger, Grundlagen des institutionalistischen Rechtspositivismus. Schriften zur Rechtstheorie, Heft 113, Berlin 1985; J. A. Schülein, Theorie der Institution – Eine dogmengeschichtliche und konzeptionelle Analyse, Opladen 1987.

Rechtsanwendungs- oder Rechtsfortbildungs-, d.h. auch um Normsetzungsprobleme.

Die Begriffe Institution und institutionelles Rechtsdenken haben ihre jeweilige Hochkonjunktur in Wissenschaft und Praxis in der Regel dann, wenn das staatlich gesetzte («positive») Recht entweder unvollständig ist oder aus anderen Gründen als unbefriedigend empfunden wird. Beide Begriffe kennzeichnen ein Spannungsverhältnis zur gesetzlichen Rechtsordnung. Die Unzufriedenheit der Rechtsanwender mit dem gesetzten Recht kann verschiedene Gründe haben, etwa

– der Wandel technischer oder ökonomischer Sachverhalte, z. B. die Einführung neuer Technologien in Produktion, Dienstleistung und Bürokratie oder neue Vertriebswege und Methoden,
– der Wandel sozialer Wertvorstellungen und Verhaltensweisen,
– der Wandel des politischen Systems, des Verfassungsrechts oder des Herrschaftsverständnisses,
– das abweichende Gerechtigkeitsempfinden des Rechtsanwenders, der eine gesetzliche Wertung für überholt oder für grundsätzlich verfehlt hält.

In solchen oder ähnlichen Fällen vermeintlichen oder wirklichen neuen juristischen Regelungsbedarfs geht es um die Spannung zwischen gewandelten Realitäten oder Wertvorstellungen einerseits und dem überkommenen Normensystem andererseits, zwischen Wirklichkeit und Recht, zwischen Norm und Normsituation. Es handelt sich bei genauem Hinsehen um ein allgemeines und überzeitliches Problem der Jurisprudenz und der Gerichtspraxis. Jedes Gesetz ist, bereits wenn es in Kraft tritt, lückenhaft und unvollständig.

Das hat u. a. zwei Gründe. Die Vielfalt und Komplexität der Lebenswirklichkeit ist immer wesentlich größer als die in der Gesetzgebung maßgebliche, sehr begrenzte menschliche Phantasie. Zudem unterliegt jedes Gesetz vom Zeitpunkt seines Erlasses an einem unvermeidbaren Alterungsprozeß. Seine Regelungen sind schriflich fixiert. Der zu regelnde Stoff, die gesellschaftliche und politische Wirklichkeit hingegen entwickelt sich unaufhörlich weiter, sei es in kleinen, sei es in großen, die bisherige Ordnung umgestaltenden Schritten. Es entsteht mit dem wachsenden Alter einer Kodifikation eine wachsende Kluft zwischen geschriebener Rechtsordnung und Lebenswirklichkeit. Das über Jahrhunderte hin geltende, auf die jeweiligen Zeitumstände hin durch Auslegung konkretisierte römische Recht ist ein besonders anschauliches Beispiel für die durchgehende Aktualität dieser Problematik in der Rechtswissenschaft.

III. Neue Wirklichkeit und altes Recht –
Rechtstheoretische Ansätze zur völkischen Rechtserneuerung

Die lebhafte Renaissance aller rechtsmethodischen Hilfsmittel zur Bewältigung solcher Differenzen zwischen dem geschriebenen Recht und den neuen «völkischen Rechtsidealen» nach der «Machtergreifung» des Nationalsozialismus ergab sich folgerichtig aus der besonderen Spannungslage zwischen der aus der Weimarer Zeit überkommenen geschriebenen Rechtsordnung und den politischen Gestaltungszielen der NS-Machthaber.

Außer den bereits geschilderten methodischen Instrumenten und Rechtsfiguren bekam damals das Denken in und das Judizieren aus sog. Institutionen eine besondere, zunächst theoretische Bedeutung, bald darauf eine die Gerichtspraxis beeinflussende Wirkungsmacht. Vor allem zwei Begriffe erlangten eine fast magische Strahlkraft in der Diskussion um die völkische Rechtserneuerung:
– das «konkrete Ordnungsdenken» (kOD) von Carl Schmitt
– das Denken in «konkret-allgemeinen Begriffen» von Karl Larenz (kaB).

Die beiden wichtigsten Konstrukteure der neuen, polemischen Denkfiguren zur begrifflichen Instrumentalisierung der beabsichtigten «völkischen Rechtserneuerung» waren in ihren Perönlichkeitsprofilen wie in ihren politischen Ambitionen äußerst verschieden. Der wesentlich ältere Carl Schmitt war bei der Machtergreifung der Nationalsozialisten 45 Jahre alt und strebte mit seinem Einsatz für den NS-Staat danach, seine Rolle des führenden Theoretikers und Juristen der Präsidialdiktatur in der Endphase der Weimarer Republik fortzusetzen, als «Kronjurist des Dritten Reiches».[132]

Karl Larenz, damals ca. 30 Jahre alt, durch keinerlei politische Schriften oder Ambitionen hervorgetreten oder belastet, wurde wohl eher von der an den Universitäten verbreiteten Begeisterung für den «Aufbruch» im Geistes des Nationalsozialismus mitgerissen. Auch er stellte seine brillante Formulierungsgabe ganz in den Dienst der Rechtserneuerung, war Mitglied der Kieler «Stoßtrupp-Fakultät», engagierter Teilnehmer des «Kitzeberger Lagers junger Rechtslehrer», dessen Vorträge er teilweise herausgab[133] und trat begeistert für die Einheit von Weltanschauung und Rechtsordnung ein.[134]

---

[132] Vgl. J. W. Bendersky, Carl Schmitt, Theorist for the Reich, Princeton University Press, 1983, S. 105 ff., 195 ff.; G. Schwab, The Challenge of the Exception, An Introduction to the Political Ideas of Carl Schmitt between 1921 and 1936, Berlin 1970.

[133] K. Larenz (Hrsg.) Grundfragen der neuen Rechtswissenschaft, Berlin 1935

[134] K. Larenz, Rechts- und Staatsphilosophie der Gegenwart, 2. Aufl., Berlin 1935, S. 1 ff., 150 ff.

Aber Larenz blieb Hochschullehrer ohne jedes Streben nach einem darüber hinausreichenden politischen Einfluß. Machtpolitische Ambitionen, wie sie bei C. Schmitt, R. Höhn, wohl auch K. A. Eckhardt erkennbar waren, blieben ihm fremd. Es wäre kaum verwunderlich, wenn er selbst sein Wirken als «unpolitisch» einordnen würde. Persönliche Kontakte oder gar Sympathien zwischen den beiden Autoren bestanden nach einer mündlichen Auskunft von Larenz an den Verfasser nicht.

Carl Schmitt verkündete die These, daß alles Recht sich nicht in geschriebenen Normen («Normativismus») oder in isolierten Entscheidungen einer letzten Instanz («Dezisionismus») erschöpfe, sondern seine Wurzeln in den «konkreten Ordnungen» des Lebens habe. Seine Programmschrift über dieses Rechtsdenken in konkreten Ordnungen hatte den Titel: «Über die drei Arten des rechtswissenschaftlichen Denkens».[135] Als «konkretes Ordnungsdenken» (kOD) ist dieser Denkansatz bis heute in der rechtswissenschaftlichen Literatur erhalten geblieben und wird von einigen Autoren sonst eher unterschiedlicher Positionen als ein anerkanntes Mittel der Rechtsbegründung und Rechtsfindung vor neuen, regelungsbedürftigen Situationen der Lebenswirklichkeit fortgeführt.[136]

Karl Larenz trat für die Bildung «konkret-allgemeiner Grundbegriffe» ein, die er – in Anlehnung an die «konkreten Ordnungen» Carl Schmitts – abkürzend gelegentlich auch als «konkrete Begriffe» bezeichnete.[137] Die neue Begriffsbildung sollte dazu dienen, sich von den «abstrakt-allgemeinen Begriffen» der bisherigen Rechtswissenschaft zu lösen. Das Recht wurde als «die völkische Lebensordnung" verstanden. Die juristische Begriffsbildung bekam eine Dienstfunktion für die Verwirklichung der Weltanschauung:

«Das völkische Rechtsdenken bekennt sich zu seinen weltanschauli-

---

[135] Hamburg 1934 (künftig zitiert: Drei Arten); Ansätze zu diesem rechtstheoretischen Denkmodell waren bereits in der Schrift von Schmitt: Staat, Bewegung, Volk – Die Dreigliederung der politischen Einheit, Hamburg 1933 (3. Aufl., 1935) enthalten.
[136] Vgl. E.-W. Böckenförde, Stichworte: «Normativismus» und «Ordnungsdenken, konkretes», in: J. Ritter/K. Gründer (Hrsg.), Historisches Wörterbuch der Philosophie, Bd. 6, Basel und Stuttgart 1984, Sp. 932 f. und 1312 ff.; J. H. Kaiser, Die Parität der Sozialpartner, Karlsruhe 1973, S. 24 ff.; A. Kaufmann, Analogie und «Natur der Sache» – Zugleich ein Beitrag zur Lehre vom Typus, 2. Aufl., Heidelberg 1982, S. 12 ff.; ders., Rechtsphilosophie im Wandel – Stationen eines Weges, 1. Aufl. Frankfurt a. M. 1972, S. 283 Fn. 29.
[137] K. Larenz, Über Gegenstand und Methode des völkischen Rechtsdenkens, Berlin 1938, S. 43 ff., 52. Die Schrift ist aus einem Vortrag entstanden, den Larenz vor den Gemeinschaftsleitern der Referendarausbildung in Jüterbog und in einem «Schulungslager» des «Gaues Hamburg» des NS-Rechtswahrerbundes im September und Oktober 1937 gehalten hat.

chen Grundlagen gerade auch in seinen konkret-allgemeinen Grundbe-griffen.»[138]

Die Wandlung des Staates und des Rechtes durch die Machtergreifung des Nationalsozialismus betraf nach Larenz

«... nicht etwa nur einzelne Rechtssätze oder Institutionen, sondern *den Sinn und die Funktion des Rechts* im Ganzen des Lebens.»[139]

Bei der Benennung der Einzelaufgaben der angestrebten völkischen Rechtserneuerung geht es danach um drei wichtige Fragen:

«...: das Problem der Gesetzeslücken und der Lückenergänzung, das sogenannte konkrete Ordnungsdenken und die Möglichkeit der Bil-dung konkreter Rechtsbegriffe. Die eigentliche Gesetzes*auslegung* wird dabei in den Hintergrund treten. Lückenergänzung und Begriffs-bildung sind diejenigen methodischen Probleme, für die sich das neue Rechtsdenken am stärksten auswirkt ... Worauf es uns ankommt, ist, die Lückenergänzung durch ‹Konkretisierung› tragender Rechtsgedan-ken, das ‹konkrete Ordnungsdenken› und die Bildung konkreter Rechtsbegriffe als den folgegerechten methodischen Ausdruck der völ-kischen Rechtsauffassung zu erkennen ...»[140]

Beide Denkfiguren brachten unter neuen Bezeichnungen ein altbekann-tes, durch Epochen der Rechtsgeschichte tradiertes Gedankengut neu in die rechtswissenschaftliche Diskussion. Es geht in beiden Formulierun-gen um das Problem eines Brückenschlages zwischen der abstrakt-gene-rellen Normordnung, dem gesetzlichen Recht einerseits und der konkre-ten Lebenswirklichkeit («Lebensordnung») andererseits.

IV. Das Denken in konkreten Ordnungen
und Gestaltungen (kOD)

1. Die Ausgangslage

Für das Verständnis der von Anfang an politisch zweckgerichteten Be-griffsbildung Carl Schmitts ist es wichtig, die Ausgangslage seiner Be-griffsbildung und seiner literarischen Beiträge nach 1933 zutreffend zu erfassen.

Seine Bestrebungen gingen wie ähnliche Aktivitäten zahlreicher Zeit- und Weggenossen dahin, für den Nationalsozialismus und seine zustim-mend aufgenommenen rechtspolitischen Ziele eine eigene, artgemäße Methode des neuen, völkischen Rechtsdenkens zu begründen und zu

---

[138] K. Larenz, Über Gegenstand und Methode des völkischen Rechtsdenkens, Berlin 1938, S. 52.
[139] K. Larenz, a. a. O., S. 9.
[140] K. Larenz, a. a. O., S. 9.

entwickeln. Sie sollte, wie der Methodenstreit nach 1933, insbesondere der Kampf der völkisch orientierten Autoren gezeigt hatte, von der alles beherrschenden Idee der artgleichen Volksgemeinschaft, von der «inneren Totalität des völkischen Lebens» ausgehen.[141]

Weil jede Weltanschauung ihre eigenen, ihr allein gemäßen Rechtsmethoden haben sollte, mußte sich folgerichtig das Bemühen auf eine spezifisch nationalsozialistische Methode richten. Von der Übernahme traditioneller Methodenlehren fürchtete man eine Verbiegung und Verfälschung der reinen Idee des Nationalsozialismus, einen Eingriff in die Substanz der Weltanschauung. Dafür gab es nach der Auffassung der völkischen Autoren in der neueren Geistesgeschichte «tragische» Beispiele.[142]

Beklagt wurde zudem der Zustand der Rechtsphilosophie im Zeitpunkt der Machtergreifung:

»Eine chaotisch zersplitterte Rechtsphilosophie! Da der Universitätslehrer seit 100 Jahren Rechtsphilosophie (bei uns: dem Heimatland dieses philosophischen Zweiges!) nur nebenher betreiben konnte, wurde er zum bloßen *Aus*denker entweder von früheren Philosophen, z. B. Neukantianer, Neuhegelianer, Neufriesianer usw., oder von gerade in Mode stehenden lebenden, z. B. Rickert, Cohen usw., Ansätze zu eigentümlicher Rechtsphilosophie haben wir daher nur ganz vereinzelt. Sie sind, da es nicht anders möglich war, in Isolierung entstanden (Nicolai; wir selbst seit 1916).»[143]

An die Stelle der Zersplitterung sollte die Einheit treten.

«Es muß gebrochen werden mit der liberalen Gewohnheit, daß jeder seine eigene Rechtsphilosophie schreibt und auf ihre Eigenheiten stolz ist.»[144]

Besondere Bedeutung kam bei diesem Ziel folgerichtig der personellen Auswahl der künftigen Lehrstuhlinhaber zu. Zahlreiche Professoren- und Dozentenstellen waren dadurch freigeworden, daß das «Gesetz zur Wiederherstellung des Berufsbeamtentums» (GWBB) vom *7. 4. 1933*

---

[141] K. Larenz, a. a. O., S. 39.

[142] E. Forsthoff, Zur Rechtsfindungslehre im 19. Jahrhundert, ZgS 96 (1936), 49 (70). Diese Warnungen richteten sich, wie bereits dargelegt, vor allem gegen Ph. Heck und seine Interessenjurisprudenz. Sie zeigen zugleich die Härte und die Rücksichtslosigkeit gegenüber Kollegen, mit denen dieser Kampf um die beste nationalsozialistische Methodenlehre geführt wurde.

[143] C. A. Emge, Über die Beziehungen der nationalsozialistischen Bewegung zu Rechtswissenschaft und Recht, DR 1934, 31 (32); der für «Ansätze zu eigentümlicher Rechtsphilosophie» neben dem Verfasser selbst zitierte H. Nicolai war Autor des Buches: Die Rassengesetzliche Rechtslehre – Grundzüge einer nationalsozialistischen Rechtsphilosophie, 1. Aufl., München 1932.

[144] C. A. Emge, a. a. O., 33.

(RGBl. I 175)[145] (der Titel war eine dreiste Lüge) die rassisch oder politisch mißliebigen Professoren in großer Zahl aus ihren beamtenrechtlichen Positionen verstoßen hatte. Für die Neubesetzung erteilte C. A. Emge diesen Rat:

«Anstatt wie früher, ängstlich freigewordene Lehrstühle durch Dozenten zu besetzen, die ‹noch da› und ‹noch möglich› sind, müßte man sich bei unentbehrlich positiven Fächern mit vorläufiger Vertretung begnügen, für unsere Aufgabe aber aus dem ganzen Reich die Besten sammeln, *damit sie schleunigst zur Bildung der nationalsozialistischen Rechtsschule an die aufgezeigte Arbeit gehen.*»[146]

Das Ziel war,

«... bewußt eine einheitlich geistige Struktur in Begriffen von neuer Tragweite zu schaffen. Durch diese gemeinschaftliche Arbeit – ein Analogon der Lager! – gewönnen wir sowohl die gemäße wissenschaftliche Grundlegung, als auch die neuen Dozenten der Fakultäten, die wahren (!) Dekane, von denen eine neue Sinnfindung, Ausgliederung der juristischen Fächer ausgehen müßte.»[147]

Der Weg dahin wurde als weit, mühsam, aber verheißungsvoll angesehen.

«Wir sehen nun, wie sehr wir hier noch am *Anfang* stehen. Das Rechtsgefühl ist zweifellos noch zersplittert. Es erweist sich noch von der früheren Isolierung her als das Gefühl Vereinzelter. Es kann *noch gar nicht* reiner Ausdruck der nationalsozialistischen Bewegung sein. Sätze wie ‹Gemeinnutz geht vor Eigennutz›, Worte wie solche von ‹Blut›, ‹Boden› und ‹Rasse› usw. sind unter der gewonnenen Einsicht erste Schreie nach Substantiellem dieser Art.»[148]

Aus der Sicht der Verfasser solcher Beiträge war das «praktische Rechtsphilosophie im Dienste unseres Volkes»! Ihr Lebensgefühl wallte auf: «Es ist eine Freude zu leben!»[149]

Vor dem Hintergrund dieses verbreiteten neuen Lebensgefühls, aufwallend in verbreiteten emotional gefärbten, oft schwülstig formulierten Akklamationen zum neuen Staat, mit denen die juristische Literatur jener

---

[145] Als Beamte im Sinne des Gesetzes, «das der ideologischen Säuberung» dienen sollte, galten auch Lehrer an wissenschaftlichen Hochschulen, Honorarprofessoren, nicht beamtete außerordentliche Professoren und Privatdozenten. 3. DVO zu dem GWBB v. 6. 5. 1933, Nr. 2 zu § 1 (RGBl I 245).

[146] C. A. Emge, Über die Beziehungen der nationalsozialistischen Bwegung zur Rechtswissenschaft und Recht, DR 1934, 31 (33).

[147] C. A. Emge, a. a. O., 33; mit dem «Analogon» der Lager wird wohl auf die damals übliche Einübung der nationalsozialistischen Weltanschauung der Juristen in speziellen Schulungslagern «(Kitzeberger Lager», Referendar-Gemeinschaftslager «Hanns Kerrl» in Jüterbog) angespielt.

[148] C. A. Emge, a. a. O., 33.

[149] C. A. Emge, a. a. O., 34.

Jahre durchsetzt ist, muß auch die Suche nach der einen, artgemäßen, weltanschauungsbezogenen Methodenlehre gesehen werden.

2. Der Anspruch: Die Einheit von Weltanschauung und Recht – Die Theorie der neuen Ordnung

Carl Schmitt reklamierte für seine Vorstellung vom Denken in konkreten Ordnungen im Kampf gegen den Normativismus, gegen das römische Recht und gegen die Interessenjurisprudenz die Verwurzelung seiner Lehren in der nationalsozialistischen Weltanschauung:

> «Unser nationalsozialistischer Kampf um das konkrete juristische Ordnungsdenken ist heute ein Kampf, der alle guten Geister aller Völker auf seiner Seite hat.»[150]

Wer wollte da widerstehen, sich also auf die Seite der bösen Geister aller Völker stellen? Jetzt war endlich die Einheit der Lebenserscheinungen und Lebensgesetze in der einen Weltanschauung des Führers verbürgt:

> *«Es ist ein Irrtum, wenn nicht etwas Schlimmeres (!), heute noch gegenüber einem konkreten Tatbestand des Rechtslebens die Auseinanderreißungen von juristisch und politisch, juristisch und weltanschaulich, juristisch und moralisch vornehmen zu wollen.»*[151]

Recht und Politik, Recht und Weltanschauung, Recht und Moral wurden jetzt als untrennbare Einheit gehandelt. Wehe dem, der anders dachte:

> »Daß jeder Reaktionär oder Typus vergangener Zeit an solchen Antithesen festhält, ist nicht verwunderlich.«[152]

Der Sieg der neu proklamierten, aus diesen Bausteinen zusammengefügten Methode des konkreten Ordnungsdenkens war bereits programmiert:

> «Die heranwachsenden Generationen – dessen können alle Jahrgänge der deutschen Juristen gewiß sein[153] – werden durch eine andere Schule gehen als die eines abstrakten Normativismus.»[154]

Für die abseits stehenden Skeptiker und Andersdenkenden hatte der siegesgewisse Präzeptor der neuen Methode nur Herablassung, Verachtung und eine Untergangsprognose:

> «... und wenn ein Teil der deutschen Juristen das nicht versteht, auch als rechtswissenschaftliches Problem nicht versteht, wird es ihm nichts

---

150 C. Schmitt, Nationalsozialistisches Rechtsdenken, DR 1934, 225 (228).
151 C. Schmitt, a. a. O., 225.
152 C. Schmitt, a. a. O., 225.
153 Geplant war immerhin ein tausendjähriges Reich, also eine Methode für ein Jahrtausend!
154 C. Schmitt, Nationalsozialistisches Rechtsdenken, DR 1934, 225 (228); für zwölf Jahre behielt Schmitt recht, wenn auch auf eine von ihm kaum geahnte Weise.

nützen, sich auf die zusammenschmelzende Eisscholle eines krampf-
haften Normativismus und Positivismus alter Art zurückzuziehen. Er
wird untersinken im Strom der Geschichte . . .»
«Je mehr sich die alte abstrakte Gesetzes-Jurisprudenz selbst ad ab-
surdum führt, mag sie sich nun positivistisch oder rein wissenschaftlich
gebärden, um so freier wird unsere neue Ordnung wachsen.»[155]
Später hat C. Schmitt, als er selber betroffen war, eine andere Art von
Empfindlichkeit für Angriffe auf wissenschaftliche Positionen und ihre
Vertreter entwickelt.[156]

3. Die Inhalte des «konkreten Ordnungsdenkens» (kOD)

a) Die Unschärfe des Begriffs

Versucht man den genauen Gehalt des auf den ersten Blick unbestimmten
Begriffs «konkretes Ordnungsdenken» zu ergründen, so fällt zuerst auf,
daß sein Erfinder oder Autor, Carl Schmitt, seiner Denkfigur weder eine
klare Definition mit präzisen Merkmalen noch genaue Konturen auf den
Weg gab, sondern sie in ihren Verschiedenen Aspekten und Funktionen,
die sie aus seiner Sicht hatte oder erfüllte, teilweise metaphorisch mehr
skizzierte als umschrieb. Es ist selbst heute noch schwierig, das kOD
inhaltlich verläßlich zu bestimmen. Vor diesem Hintergrund sind die
folgenden Hinweise und Deutungsversuche zu sehen. Die «konkrete
Ordnung» ist in der Darstellung ihres Autors im Wortsinne weder «konkret» noch als ein materiales Ordnungskonzept mit bestimmbaren Inhal-
ten zu erkennen. Schmitt hat sein damals trotz aller historischer Bezüge
scheinbar neues, jedenfalls mit einem neuen Namen belegtes rechtstheoretisches und rechtsmethodisches Konzept vom kOD unmittelbar nach
der Machtergreifung in zwei Monographien sowie in zahlreichen weiteren Beiträgen der Jahre 1933 bis 1936 dargelegt.[157] Die eigentliche Programmschrift zum kOD trug den Titel «Über die drei Arten des rechtswissenschaftlichen Denkens».[158] Eine Vorstudie zu Schmitts neuer, nicht
nur rechtstheoretischen und methodischen, sondern vor allem politischen
Standortwahl ist seiner bereits 1933 erschienenen Schrift «Staat, Bewe-

---

[155] C. Schmitt, a. a. O., 228 f. Auch hier ist der Ton der Auseinandersetzung Schmitts
mit anderen rechtstheoretischen Denkschulen – etwa mit den Vertretern der Interessenjurisprudenz – zu beachten.

[156] Vgl. etwa C. Schmitt, Ex Captivitate Salus, Köln 1950, S. 60, 70 u. 92.

[157] Vgl. die «Carl-Schmitt-Bibliographie» von P. Tommissen, in: H. Barion/E. Forst-
hoff/W. Weber (Hrsg.), Festschrift für Carl Schmitt zum 70. Geburtstag, Berlin 1959,
S. 273 ff.; ferner die Übersicht bei J. W. Bendersky, Carl Schmitt, Theorist for the
Reich, Princeton University Press 1983, S. 301–304.

[158] Hamburg 1934.

gung, Volk – Die Dreigliederung der politischen Einheit» zu entneh-men.[159]

Das kOD muß als ein Produkt der historischen, philosophischen und – vor allem – politischen Zeitumstände seiner Entstehung verstanden wer-den. Maßgeblich war die politische Entscheidung des Autors, bei der staatstheoretischen Legitimation der damals entscheidenden «konkreten Ordnung» des nationalsozialistischen autoritären Führerstaates aktiv mitzuarbeiten.

Von diesem Ausgangspunkt her war das kOD ein zu allererst politi-scher Begriff, der ganz bestimmten politischen Zwecken dienen sollte. Diese Funktion politischer Begriffe hatte Schmitt in seiner Schrift «Der Begriff des Politischen» dahin beschrieben, daß allen politischen Begrif-fen, Vorstellungen und Worten ein «polemischer Sinn» eigen sei: «... sie haben eine konkrete Gegensätzlichkeit im Auge, sind an eine konkrete Situation gebunden ...»[160]

In dieser Feststellung deutet sich die außerordentliche, situationsge-bundene Flexibilität des politischen und juristischen Denkens an, das für die meisten Schriften Schmitts, besonders aber für die Rechtsfigur des kOD kennzeichnend ist. Das kOD war im Zeitpunkt seiner ersten Ver-wendung, 1934, eng an die politische Situation nach der Machtergreifung gebunden. Seine Einführung in die juristische Terminologie verfolgte den (rechts-)politischen Zweck, die von den NS-Machthabern gewünschte völkisch-rassische Rechtserneuerung durch eine rechtstheoretische und rechtsmethodische Ablösung der geltenden Rechtsordnung von den ge-schriebenen Gesetzen zu ermöglichen.

Das läßt sich an einzelnen Aussagen Schmitts zum «institutionellen Denktypus» des kOD nachweisen.

b) Wirklichkeit und Recht

Die reale («konkrete») Lebensordnung der Gemeinschaften und Einrich-tungen sollte den Vorrang haben vor den Rechtsnormen, die in ihrer Abstraktheit und Generalisierung immer in einem Spannungsverhältnis zur Lebenswirklichkeit gesehen wurden:

«Die Norm oder Regel schafft nicht die Ordnung; sie hat vielmehr nur auf dem Boden und im Rahmen einer gegebenen Ordnung eine gewisse (!) regulierende Funktion mit einem relativ kleinen Maß in sich selbständi-gen, von der Sache her unabhängigen Geltens.»[161]

Die Grundidee dieser normativen Deutung der realen Lebenswirklichkeit

---

[159] Hamburg 1933.
[160] C. Schmitt, der Begriff des Politischen, 2. Aufl., München und Leipzig 1932, S. 18.
[161] C. Schmitt, Drei Arten, S. 13.

hatte gleichsam neo-naturrechtliche Elemente, wie sie in gleicher Weise übrigens der marxistischen Rechtslehre von der «Basis» der Produktionsverhältnisse in ihrer Beziehung zum «Überbau» der Rechtsordnung eigentümlich sind: Die gegebene materiale, soziale und politische Wirklichkeit trägt ihre Ordnung, auch ihre rechtlich verbindliche Ordnung in sich selbst. Das in der Lebensordnung liegende, verbindliche Recht geht der geschriebenen Rechtsnorm nicht nur zeitlich voraus.

Mit der Orientierung *an* und der untrennbaren Verwurzelung des Rechts *in* der Wirklichkeit wird ein bestimmtes Rangverhältnis zwischen Wirklichkeit und Recht vorausgesetzt: Alles *gesetzte* Recht muß, um wirklich gerechtes und verbindliches *Recht* zu sein, sich in die «konkrete Lebensordnung» des Volkes einfügen. Die Wirklichkeit bekommt eine Recht-*setzende* Funktion. Die «normative Kraft des Faktischen», so schien es, sollte neu aufstehen.

Aber es schien nur so. Da war noch ein anderes, ideologisches Element. Die «völkische Gesamtordnung» ist jetzt mehr als die bloße Summe aller Rechtssätze.[162] Sie ist erst recht mehr als bloße Faktizität:

«Die Lebensverhältnisse sind daher, *sofern sie Gemeinschaftscharakter tragen*, schon mehr als ‹bloße Faktizität›; sie enthalten insofern bereits einen Maßstab für das Verhalten des Einzelnen, der sich in diesen Lebensverhältnissen befindet.»[163]

Hier zeichnet sich bereits die Normativität des Ideologischen ab. Die NS-Weltanschauung wird zum alles beherrschenden Rechtsprinzip.

Dieser materiell naturrechtsähnliche Denkansatz war damals quer durch die verschiedensten Rechtsdisziplinen weit verbreitet.[164]

Das Recht wurde nicht mehr als ein Produkt eines verfassungsgesetzlich festgelegten Prozesses der normativ verbindlichen politischen Willensbildung und Entscheidungsfindung begriffen. Es galt vielmehr als eine der sozialen Lebenswirklichkeit innewohnende, substanzhafte innere Ordnung. Die Anhänger des kOD gingen davon aus, daß bestimmte, gestalthaft geformte Lebensbereiche wie z.B. Familie, Sippe, Stand, Beamtenschaft, Heer, Arbeitsdienstlager, Betrieb u.ä. eine eige-

---

[162] K. Larenz, Über Gegenstand und Methode des völkischen Rechtsdenkens, Berlin 1938, S. 10f., 27.

[163] K. Larenz, a.a.O., S. 28.

[164] Vgl. etwa K. Larenz, Deutsche Rechtserneuerung und Rechtsphilosophie, Tübingen 1934, S. 26; ders., Über Gegenstand und Methode des völkischen Rechtsdenkens, Berlin 1938, S. 27ff., 37ff.; H. Welzel, Naturalismus und Wertphilosophie im Strafrecht – Untersuchungen über die ideologischen Grundlagen der Strafrechtswissenschaft, Mannheim/Berlin/Leipzig 1935, S. 70ff.; G. Dahm, Verbrechen und Tatbestand, in: K. Larenz (Hrsg.), Grundfragen der neuen Rechtswissenschaft, Berlin 1935, S. 62 (85ff.); E. R. Huber, Verfassung, 1. Aufl., Hamburg 1937, S. 286; E. Mezger, Tatstrafe und Täterstrafe, insbesondere im Kriegsstrafrecht, ZStW 60 (1940/41), 353 (361).

ne innere Ordnung und rechtlich erhebliche Substanz und Struktur hätten.[165]

Die Wirklichkeit sollte die Rechtsordnung prägen und binden. Das Recht wurde zur Magd der (neuen!) politischen Realitäten, auch wo die Gesetze anderes besagten.

c) Die Umwälzung des geschriebenen Rechts – Normsetzung als Hauptaufgabe des kOD

Wenn die «wirkliche Lebensordnung des Volkes» als Kernsubstanz des Rechts definiert wird,[166] ist es folgerichtig, den Wandel dieser «wirklichen Lebensordnung», etwa durch die Machtergreifung der Nationalsozialisten, als ein rechtsänderndes Ereignis zu begreifen.

Das kOD bedeutete die rechtstheoretisch wie rechtsmethodisch uneingeschränkte Annahme der nationalsozialistischen Wirklichkeiten und Wertvorstellungen und ihre Transformation in ungeschriebene Leitprinzipien des geltenden Rechts. Wiederum verdient der Tonfall begeisterter Akklamation, der offenbar für viele juristische Autoren in Zeiten von «Bewegungen» aller Art kennzeichnend ist, besondere Beachtung:

«Überall schafft der Nationalsozialismus eine andere Art Ordnung, von der Nationalsozialistischen Deutschen Arbeiterpartei angefangen bis zu den zahlreichen neuen Ordnungen, die wir vor uns wachsen sehen: ... Alle diese Ordnungen bringen ihr inneres Recht mit sich ... Unser Streben aber hat die Richtung des lebendigen Wachstums auf seiner Seite und unsere neue Ordnung kommt aus uns selbst.»[167]

Das neue Rechtsdenken war also ganz auf die Zukunft des NS-Staates ausgerichtet. Das ihr entgegenstehende alte Gesetzesrecht sollte, ja mußte weichen. Allein das kOD vermochte «den werdenden Gemeinschaften, Ordnungen und Gestaltungen eines neuen Jahrhunderts» (!) gerecht zu werden.[168]

Die Stoßrichtung des kOD zielte auf die Beseitigung des «Normativismus», also der Gesetzestreue der Gerichte bei der Rechtsanwendung.

«Unterschätzen wir ... die ungeheure Aufgabe nicht, die uns als deutschen nationalsozialistischen Juristen obliegt, wenn wir diesen norma-

---

[165] C. Schmitt, Drei Arten, S. 20; K. Larenz, Über Gegenstand und Methode des völkischen Rechtsdenkens, Berlin 1938, S. 29f.; W. Reuß/W. Siebert, Die konkrete Ordnung des Betriebes, 1. Aufl., Berlin/Leipzig/Wien, 1941; W. Siebert, BGB – System und völkische Ordnung, DRW I (1936), 204 (247); ders., Das Arbeitsverhältnis in der Ordnung der nationalen Arbeit, Hamburg 1935, S. 60ff.

[166] K. Larenz, Über Gegenstand und Methode des völkischen Rechtsdenkens, Berlin 1938, S. 10f., 27.

[167] C. Schmitt, Nationalsozialistisches Rechtsdenken, DR 1934, 225 (228).

[168] C. Schmitt, Drei Arten, S. 62.

tivistischen Turmbau zu Babel abreißen und ein gesundes (!) konkretes Ordnungsdenken an seine Stelle setzen wollen.

...

Diese Methode ist bei allen Völkern, die überhaupt noch Leben haben, bankerott. Sie hat kein wirkliches Leben und ist keine wirkliche Rechtswissenschaft mehr.»[169]

Der Normativismus mit seiner Gesetzesbindung der Gerichte wird von Schmitt als Folge der Rezeption des römischen Rechts beklagt.

«Ganze Generationen hindurch ist dieser abstrakte Normativismus als juristische Wissenschaft in gesunde (!) deutsche Gehirne hineingetrieben worden.»[170]

Interessant ist noch, daß hier zum ersten Mal rassistische Töne in der Argumentation Schmitts auftauchen.

«Der normativistische Denktypus, der dadurch[171] bei uns entstand, wurde im 19. Jahrhundert dadurch weiter gefördert, daß das *Einströmen des jüdischen Gastvolkes* die Entwicklung weiter in die Richtung eines normativistischen Gesetzesdenkens trieb. Erstens wegen der Eigenart des jüdischen Volkes, das seit Jahrtausenden nicht als Staat und auf einem Boden, sondern nur im Gesetz und in der Norm lebt, also im wahrsten Sinne des Wortes ‹existentiell normativistisch› ist. Zweitens aber versteht es sich von selbst, daß ein Fremder, ein Gast, ein Metöke (!), das Recht des Volkes, bei dem er zu Gast ist, normativistisch und nur unter dem Gesichtspunkt der Rechtssicherheit sieht. Er gehört ja nicht zu der Wirklichkeit des Volkes, in der er lebt.»[172]

Vor diesem weltanschaulichen, völkisch-rassisch gedeuteten Hintergrund wurde der Kampf gegen die «Gespensterwelt von Allgemeinbegriffen»[173] und gegen den «geradezu fetischistischen Fanatismus» geführt, mit dem das «normativistische Dogma des Satzes ‹nulla poena sine lege› von manchen Juristen vertreten worden ist».[174] Die moralisch überhöhte Wahrheits- und Siegesgewißheit der Kämpfer für den neuen Staat ist eindrucksvoll:

«Unser nationalsozialistischer Kampf um das konkrete juristische Ordnungsdenken ist heute ein Kampf, der alle guten Geister aller Völker auf seiner Seite hat.» ...

«Es kommt für uns heute nicht darauf an, die alte normativistische Methode zu korrigieren, sie elastischer zu machen, um sie dadurch womöglich zu retten und sie noch eine Zeitlang am Leben zu erhalten,

---

[169] C. Schmitt, Nationalsozialistisches Rechtsdenken, DR 1934, 225 (226).
[170] C. Schmitt, a. a. O., 225 (226).
[171] Lies: durch die Rezeption des römischen Rechts.
[172] C. Schmitt, Nationalsozialistisches Rechtsdenken, DR 1934, 225 (226).
[173] C. Schmitt, a. a. O., 225.
[174] C. Schmitt, a. a. O., 225 (228).

sondern wir kämpfen für einen neuen Typus des deutschen Juristen. . . .
Der Radikalismus, die Totalität des Denkens und der Ansprüche, die
den Nationalsozialismus auszeichnen, gilt auch auf diesem Gebiet. Wir
geben uns mit bloßen Anpassungen, Gleichschaltungen, Reformen,
Korrekturen und Ventilen, die das alte System jetzt versucht, nicht
zufrieden. In der neuen Situation eines Volkes müssen wird den neuen
Typus des deutschen Juristen durchsetzen.»[175]
Aus einer solchen, gleichsam transzendentalen Geschichtsdeutung nach
der NS-Weltanschauung erwächst dann folgerichtig der Aufbruch zu
einem (vermeintlich) ganz neuen Rechtsdenken:
  «Je mehr sich die alte, abstrakte Gesetzes-Jurisprudenz selbst ad ab-
surdum führt, . . . um so freier wird unsere neue Ordnung wachsen . . .
In diesem großartigen, die ganze Welt umfassenden Erneuerungs-
prozeß steht führend unsere nationalsozialistische Bemühung um
das deutsche Recht und die deutsche Rechtswissenschaft. *Wir denken die Rechtsbegriffe um . . . wir sind auf der Seite der kommenden
Dinge.*»[176]
Damit war ein Programm der theoretischen und methodischen Bewältigung der «völkischen Rechtserneuerung» verkündet, das eine begeisterte
Aufnahme und Verwirklichung in Wissenschaft und Praxis fand. «Wir
denken die Rechtsbegriffe um», das bedeutete im Ergebnis: Rechtserneuerung durch Begriffsveränderung: Wir geben den überkommenen
Rechtsbegriffen, die wir als Worthülsen verstehen, neue Inhalte, indem
wir sie aus der NS-Weltanschauung verstehen und ausfüllen. Das Kon-
zept einer einschneidenden Veränderung der Rechtsordnung ohne not-
wendiges Zutun der Gesetzgebung war geboren.
  Es wurde in der rechtstheoretischen Literatur bereitwillig aufgegriffen:
«Gemeinschaften wie Familie und Betrieb haben als Gliederungen der
Volksgemeinschaft unmittelbar die Bedeutung *rechtlicher* Ordnungen
. . . Sie haben die Kraft, ihnen entgegenstehende abstrakt-allgemeine
Gesetzesnormen . . . insoweit zurückzudrängen, als ihre besondere Art
und völkische Aufgabe das zwingend erfordert.»[177]
Die Hauptaufgabe dieses kOD wird hier treffend beschrieben. Es hatte
die rechtspolitische Funktion, die zwingende Geltung des positiven Gesetzes überall dort zu relativieren, einzuschränken, notfalls aufzuheben,
wo das aus weltanschaulichen Gründen erwünscht erschien.[178] Die posi-
tivrechtlichen Vorschriften wurden nicht mehr als ein in sich geschlosse-

---

[175] C. Schmitt, a. a. O., 225 (228).
[176] C. Schmitt, a. a. O., 225 (229).
[177] K. Larenz, Über Gegenstand und Methode des völkischen Rechtsdenkens, Berlin
1938, S. 31.
[178] K. Larenz, a. a. O., S. 30.

nes und aus sich selbst verständliches Ordnungssystem aufgefaßt. Sie galten vielmehr nur als Ausfluß der rechtlichen Substanz vorrechtlich vorgegebener, zu «Lebensordnungen» verfestigter Strukturen. In diesem Sinne hatten Gesetze jetzt nur noch eine sehr beschränkte normative Bindungswirkung für den Rechtsanwender mit «einem relativ kleinen Maß an sich selbständigen, von der Lage der Sache unabhängigen Geltens».[179]

Die konkrete Lebensordnung hatte Vorrang vor der «abstrakt-allgemeinen» Rechtsnorm:

«Die konkrete innere Ordnung, Disziplin und Ehre jeder Institution widersteht, solange die Institution andauert, jedem Versuch restloser Normierung und Regelung.»[180]

Der spannungsvolle Dualismus und der mögliche Gegensatz zwischen den überpositiven «konkreten Ordnungen» und den positiven Rechtsnormen ist damit von vornherein zugunsten der ersteren vorentschieden. Die «konkreten Ordnungen» werden zu beliebig einsetzbaren Korrekturinstrumenten gegenüber der gesamten gesetzten Rechtsordnung. Das «Wir denken die Rechtsbegriffe um» heißt im Ergebnis, die gesamte Rechtsordnung gilt nur noch insoweit, als sie den Zielen der nationalsozialistischen Weltanschauung (= Rechtserneuerung) zu dienen geeignet ist. Entgegenstehende Vorschriften sind nicht mehr anwendbar.

Die neue Methode trat folgerichtig mit dem Anspruch auf, die aus der Struktur und dem Sinnzusammenhang der Lebensverhältnisse («Ordnungen») erfaßte innere Rationalität des Seins in einer angestrebten völkischen Rechtsordnung zu entfalten.[181] Für Schmitt war die politische Einheit des Volkes in der Weltanschauung des Nationalsozialismus die selbstverständliche Voraussetzung und Grundlage des kOD. Auf dieser Grundlage konnte sich das Recht – notfalls gegen das normativistische Gesetz – frei entfalten.[182] Konkretes Ordnungsdenken war für Schmitt die notwendige Theorie und Methode des nationalsozialistischen Rechtsdenkens.[183] Die Basis dieser Denkfigur, die als geradezu magische Formel die Literatur jener Jahre durchzieht, war die Artgleichheit der Rechtsgenossen im Sinne der NS-Rassenlehre.[184]

---

[179] C. Schmitt, Drei Arten, S. 13; vgl. oben unter b).

[180] C. Schmitt, a. a. O., S. 20.

[181] K. Larenz, Unter der Rubrik «Notizen», Besprechung von C. Schmitt, Über die drei Arten rechtswissenschaftlichen Denkens, Hamburg 1934, Zeitschrift für deutsche Kulturphilosophie, Bd. I, (1934/35), 112 (117 f.).

[182] C. Schmitt, Staat, Bewegung, Volk – Die Dreigliederung der politischen Einheit, Hamburg 1933, S. 15.

[183] C. Schmitt, Nationalsozialistisches Rechtsdenken, DR 1934, 225 (228).

[184] C. Schmitt, Staat, Bewegung, Volk – Die Dreigliederung der politischen Einheit, Hamburg 1933, S. 44 f.; E. Forsthoff, der totale Staat, Hamburg 1933, S. 37 ff.; R. Höhn, Rechtsgemeinschaft und Volksgemeinschaft, Hamburg 1935, S. 78.

«Der Ausspruch, Recht ist, was arische Menschen für Recht empfin-
den, birgt in sich das Wissen, daß das Recht seinem Wesen nach unmit-
telbarer Ausdruck der Blutsgemeinschaft eines Volkes und nicht individueller Satzung ist . . .[185]
Betrachtet man die Aussagen zur Funktion des kOD im Zusammenhang,
so erweist sich die außerordentliche Geschmeidigkeit und die rechtspolitische Produktivitätskraft dieser Denkfigur. Sie erweist sich als eine Art
Wunderwaffe der Rechtsänderung und/oder Rechtsergänzung beim Auftreten neuer faktischer Problemlagen, veränderter politischer Umstände
oder Wertvorstellungen. Normsetzung ohne Gesetzgebung, nämlich
durch Gerichtspraxis und Jurisprudenz, das ist die Hauptaufgabe des
kOD.

d) Die orakelhafte Vieldeutigkeit des kOD

Eine klare Definition der von ihm so benannten Denkfigur «konkretes
Ordnungsdenken» hatte ihr Autor Carl Schmitt wohl nicht beabsichtigt.
Sie findet sich jedenfalls in keinem seiner Beiträge zu diesem Thema. Die
polemische Abgrenzung der neu vorgestellten juristischen Denkart gegen
Normativismus und Dezisionismus, die er in seiner Programmschrift
«Über die drei Arten des rechtswissenschaftlichen Denkens»[186] vor-
nimmt, ergibt nur Hinweise darauf, was das konkrete Ordnungsdenken
nicht sein soll. Die darin angeführten Beispiele für «konkrete Ordnungen» (Ehe, Familie, Beamtenschaft, Heer) waren für eine inhaltliche Bestimmung seiner neuen Denkfigur weitgehend unergiebig und vage. Bei
unbefangener Betrachtung scheint es so, daß diese Denkart von Schmitt
wohl bewußt nur skizziert wurde und der weiteren Verdeutlichung und
Entfaltung bedürftig und fähig sein sollte.

Die Unbestimmtheit des Denkschemas in konkreten Ordnungen ist
auch vor dem zeitgeschichtlichen Hintergrund seiner (Wieder-) Einführung (unter neuem Namen) in die juristische Terminologie 1933/34, also
nach der Machtergreifung zu sehen. Carl Schmitt dachte, wie er selbst
immer wieder betont hat, situativ, aus «konkreten Situationen» heraus.
Alle wichtigen Begriffsbildungen Schmitts sind Antworten auf konkrete
historisch-politische Problemlagen und sollten es sein.

Im fraglichen Zeitpunkt 1933/34 konnte eine beabsichtigte und kalku-
lierte Unschärfe und der dadurch vorgegebene Interpretationsspielraum
im Sinne der mit der Begriffsschöpfung beabsichtigten rechtspolitischen
Ziele («Rechtserneuerung») nützlich sein. Die Offenheit und Unsicherheit der politischen Lage und Entwicklung unmittelbar nach der Macht-

---

[185] R. Höhn, a. a. O., S. 78.
[186] Hamburg 1934.

ergreifung verlangte geradezu – ganz im Sinne des «situativen» Denkens und Entscheidens von Schmitt – nach offenen, entwicklungsfähigen Begriffen.

Mit vergleichbar vagen Umschreibungen hatte derselbe Autor bereits bei anderen wichtigen Begriffsbildungen Erfahrungen und Erfolge gesammelt, etwa beim Begriff des «Politischen», der «Legitimität», des «Reiches», des «Großraumes» u. a. Hasso Hofmann spricht insoweit zutreffend von einer Zwiegesichtigkeit bedeutender Begriffe bei C. Schmitt.[187]

Der bereitwilligen Aufnahme und der nachhaltigen Wirkung in Wissenschaft und Gerichtspraxis ist die schillernde Unbestimmtheit und Vieldeutigkeit des Begriffs kOD durchaus nicht abträglich gewesen. Er wird, abgesehen von seinen Erfolgen während der NS-Zeit, bis heute – wenn auch eher vereinzelt – in der juristischen Literatur zustimmend verwendet.[188]

Gerade deshalb ist eine kritische Bestandsaufnahme der Leistungsfähigkeit, auch der Fehlleistungsfähigkeit und der Risiken dieser Denkfigur für eine verantwortungsbewußt betriebene Rechtstheorie unerläßlich. Das nebelhafte Halbdunkel des kOD blieb den Zeitgenossen Schmitts nicht verborgen und fand sogleich vielfach Kritik.[189]

Der Vorwurf wird den Autor weder überrascht noch betroffen gemacht haben. Er sagt selbst, daß konkrete Ordnungen jedem Versuch restloser Normierung wiederstehen.[190] Das muß folgerichtig auch für die klare Definition ihrer Inhalte gelten. Wenn Schmitt normative Folgerungen aus bestimmten konkreten Ordnungen ableiten will, bedient er sich des Argumentes aus dem «Wesen» des jeweiligen Lebensbereiches. Dieses Wesen beschreibt er dahin, daß die Gewohnheiten, Regelmäßigkeiten und Berechenbarkeiten es weder erfassen noch erschöpfen können.[191] In ähnlicher Weise argumentieren die Nachfolger in den Bahnen des kOD.

---

[187] H. Hofmann, Legitimität gegen Legalität, Der Weg der politischen Philosophie Carl Schmitts, Neuwied u. Berlin 1964, S. 224 f.

[188] Vgl. etwa E.-W. Böckenförde, Stichwort: «Ordnungsdenken, konkretes», in: J. Ritter/K. Gründer (Hrsg.), Historisches Wörterbuch der Philosophie, Bd. 6, Basel und Stuttgart, 1984, Sp. 1312 f.; J. H. Kaiser, Die Parität der Sozialpartner, Karlsruhe 1973, S. 31 f. m. Fn. 73 u. 74; A. Kaufmann, Analogie und «Natur der Sache» – Zugleich ein Beitrag zur Lehre vom Typus, 2. Aufl., Heidelberg 1982, S. 13 m. Fn. 29.

[189] G. Dahm, die drei Arten des rechtswissenschaftlichen Denkens, ZgS 95 (1935), 181; S. Dannbeck, Konkretes Ordnungsdenken und steuerrechtliche Typenlehre, ZAkDR 1938, 808; Ph. Heck, Rechtserneuerung und juristische Methodenlehre, Tübingen 1936, S. 29 ff.; H. Lange im Rahmen der Besprechung von C. Schmitt, Über die drei Arten rechtswissenschaftlichen Denkens, Hamburg 1934, JW 1934, 1896; W. Weber, in: J. v. Staudingers Kommentar zum Bürgerlichen Gesetzbuch und dem Einführungsgesetz, Schuldverhältnisse 1. Teil, 10. Aufl., Einl. zu § 241 Rdnr. 265 ff., 272 ff.

[190] C. Schmitt, Drei Arten, S. 20.

[191] C. Schmitt, a. a. O. S. 20.

Siebert[192] etwa beschwört das «Wesen» der Arbeit oder der Betriebsgemeinschaft, wenn er neue Rechtsregeln für das Arbeitsverhältnis begründen will. Nach Larenz[193] ist es kennzeichnend für das gesamte «völkische Rechtsdenken», daß es dem «Wesen» der engeren Gemeinschaften (Familie, Betriebsgemeinschaft, Arbeitsdienst, Berufsstände, Gliederungen der NS-Bewegung) gerecht zu werden versucht. Die «wesenhafte» Betrachtung der einzelnen «konkreten Ordnungen» im Hinblick auf ihren Sinn und ihre Funktion in der völkischen Gemeinschaft wird schließlich zum Kerngehalt und zur Hauptforderung des kOD.[194] Die Eigenart des kOD soll in der Besinnung auf das «Wesen der Dinge» und auf ihren «ganzheitlichen Sinnzusammenhang» liegen.[195] Aus dem «Wesen» der einzelnen konkreten Ordnungen sollen dann die normativ verbindlichen «Leitbilder» entwickelt werden, in denen sich die «wesensgemäße» Haltung der Menschen verkörpert, etwa der «ehrbare Bauer», der «tapfere Soldat», der «pflichtbewußte» Beamte etc.[196]

Solche Formeln zur Umschreibung von Pflichtbindungen sind nun alles andere als neu. Sie kennzeichnen mit ihrer Weite, Auslegungsfähigkeit und -bedürftigkeit gerade die Unbestimmtheit und Wandelbarkeit der umschriebenen normativen Gehalte. Verwendet sie der Gesetzgeber, so sind sie seit langem zutreffend als «Delegationsnormen» erkannt, in denen die inhaltliche Normsetzungsbefugnis auf die Gerichte übertragen wird. Genau diese Funktion sollte hinter allem eindrucksvollen theoretischen, methodischen und historischen Begriffsaufwand das kOD auch nach 1933 übernehmen.

e) Der Rückgriff auf die Weltanschauung als Leitidee

Mit den angedeuteten, generalklauselartigen, pauschalen «Leitbildern» allein war keine Klarheit zu gewinnen. Das orakelhafte Halbdunkel des Begriffes kOD wurde durch die ebenso nebelhaften Vorstellungen vom «Wesen» bestimmter Lebensbereiche (Ehe, Familie, Beamtenschaft, Heer) und dazugehörigen undefinierten «Leitbildern» ersetzt. Aber die Rechtsanwender wurden bei der Suche nach klareren Konturen und

---

[192] W. Siebert, Das Arbeitsverhältnis in der Ordnung der nationalen Arbeit, Hamburg 1935, S. 42 ff., 66 ff.; ders., Betriebsgemeinschaft und Arbeitsverhältnis, DR 1935, 481 (483); ders., BGB-System und völkische Ordnung, DRW I (1936), 204 (205, 245); ders., Arbeit und Gemeinschaft, DJT 1936, 187.

[193] K. Larenz, Über Gegenstand und Methode des völkischen Rechtsdenkens, Berlin 1938, S. 29 f.

[194] Vgl. etwa G. Dahm, Verbrechen und Tatbestand, in: K. Larenz (Hrsg.), Grundfragen der neuen Rechtswissenschaft, Berlin 1935, S. 62 (87).

[195] G. Dahm, a. a. O., S. 87.

[196] Vgl. C. Schmitt, Drei Arten, s. 20 f.; K. Larenz, Über Gegenstand und Methode des völkischen Rechtsdenkens, Berlin 1938, S. 30. f.

Wertmaßstäben für die «konkreten Ordnungen» nicht allein gelassen. Das kOD hatte als politischer Begriff einen klaren politischen Zweck. Es war von seinem Autor nicht etwa aus der Beobachtung der Wirklichkeit dem Leben «abgeguckt»; es war im Gegenteil auf die von der Staatsführung gewünschte Veränderung der Wirklichkeit und der Rechtsordnung hin konstruiert. Nicht die Wirklichkeit veränderte über das kOD das Recht, sondern die Rechtsanwender sollten über das kOD das gesetzte Recht verdrängen und die Wirklichkeit mit den Instrumenten des so veränderten Rechts umgestalten. Das Umgestaltungsprogramm für Recht und Wirklichkeit wurde den Rechtsanwendern nicht verheimlicht. Es war die nationalsozialistische Weltanschauung.

Die Funktionsweise des kOD bestand darin, dem jeweiligen engeren Lebensbereich (der Ehe, der Familie, dem Betrieb etc), der «konkreten Einzelordnung» also, eine «völkische Aufgabe» und «Verantwortung in der Gesamtheit» der nationalsozialistisch gedeuteten, auf «Artgleichheit» gegründeten «Volksgemeinschaft» zuzuweisen. Die jweiligen konkreten Sonderordnungen erhalten ihren Sinn und ihre Aufgaben, auch die Pflichten der in ihnen lebenden Funktionsträger allein aus der «völkischen Gemeinschaftsidee». Die einzelnen «konkreten Ordnungen» können daher niemals im Widerspruch zur völkischen Gesamtordnung stehen.[197]

Die Ableitung von Rechtsfolgen aus dem «Wesen» konkreter Ordnungen bedeutete demnach in Wirklichkeit ihre Indienstnahme für die völkisch-rassischen Ziele des Nationalsozialismus, ihre Einfügung in das nationalsozialistische Weltbild. Da diese Weltanschauung einen Totalanspruch auf alle Lebensbereiche erhob, bedeutet das kOD zugleich die Entprivatisierung, die potentielle Vergesellschaftung und Verrechtlichung aller Lebensbereiche im Sinne des Nationalsozialismus nach dem Belieben der Machthaber. Gesicherte Freiräume privater Existenz konnte es in konkreten Ordnungen nicht mehr geben. Alles stand im Dienste der Weltanschauung: «Du bist nichts, dein Volk ist alles.»[198]

Das Denken in kOD und Gestaltungen, wie Schmitt es 1934 als artgemäße und allen bisherigen Rechtstheorien überlegene Denkweise vorstellte, geht von einer Mehrheit oder gar Vielheit einzelner, real existierender, gewachsener und wachsender «konkreter» Lebenswirklichkeiten («Ordnungen») aus, wie etwa Familie, Beamtentum, Armee u. a. Sie alle werden als Sitz und Quelle eigener verbindlicher Normativität jenseits gesetzlich fixierter Regelungen gedacht.

---

[197] K. Larenz, Über Gegenstand und Methode des völkischen Rechtsdenkens, Berlin 1938, S. 33.
[198] Vgl. etwa H. Lange, Vom alten zum neuen Schuldrecht, Hamburg 1934; ders., Generalklauseln und neues Recht, JW 1933, 2858.

Die Vorstellung einer Vielzahl solcher verbindlicher kOD von einer gewissen gewachsenen Eigenständigkeit kann zu Mißverständnissen Anlaß geben. Schmitt selbst hat seine Denkfigur, wie die Kritik vielfach erkannt hat, nur ansatzweise und orakelhaft umschrieben. Das pluralistische Nebeneinander historisch gewachsener und relativ eigenständiger Lebensbereiche ließe sich etwa dahin deuten, hier sei eine rechtlich verbindliche Struktur gewährleistet, die ihre materialen Gehalte aus anderen als nationalsozialistischen Traditionen und Ideen bezogen habe und diese Leitvorstellungen (etwa des deutschen Idealismus, der christlichen Ethik oder des Preußentums) aus der Kraft ihrer «konkreten Ordnung» sichern können. Wenn Schmitt etwa auch die Armee als eine eigene konkrete und verbindliche Ordnung nennt, so könnte man darin – im Jahre 1934, nach der Mordnacht des 30. Juni – geneigt sein, einen Hinweis auf eine selbständige Rolle der Reichswehr im Staat nach diesen Morden zu sehen. In dieser Sicht könnte Schmitt als Vertreter und Verkünder einer pluralen Rechts- und Machtstruktur des NS-Staates mit erheblichen, rechtlich gewährleisteten, nicht nationalsozialistischen Strukturelementen erscheinen. Es ließe sich auf dieser Interpretationslinie sogar die vom kOD gestützte Vorstellung eines legitimen Widerstandes einzelner Ordnungen gegen die autoritäre Staatsführung, konkret gegen Hitler, entwickeln.

Eine solche Deutung würde jedoch die Intention und die Inhalte des kOD, die sein Verkünder Carl Schmitt damit erklärtermaßen verband, eindeutig verfehlen. Schmitt vertrat den unbedingten Vorrang der politischen Führung in allen Rechtsquellen- und Rechtsanwendungsfragen. Für ihn war Hitler als Führer und Reichskanzler nicht irgendein Staats- oder Verfassungsorgan, sondern «oberster Gerichtsherr der Nation und höchster Gesetzgeber».[199]

Darüber hinaus war für Schmitt oberste Rechtsidee und Richtschnur aller Rechtsanwendung die nationalsozialistische Weltanschauung. Alle Rechtsquellen, das gesamte deutsche Recht, also auch die einzelnen konkreten Ordnungen, bekamen nach Schmitt ihren Sinn und normativen Gehalt allein aus dem «Geist des Nationalsozialismus».[200]

Für die konkreten Einzelordnungen gibt es in Schmitts Denkschema keine Eigenständigkeit. Sie erhalten ihren Sinn und Gehalt, ihre rechtliche Verbindlichkeit und materiale Struktur nicht aus sich selbst, sondern aus dem übergreifenden Sinnzusammenhang zugewiesen, dem sie zu dienen bestimmt sind.

---

[199] C. Schmitt, Aufgabe und Notwendigkeit des deutschen Rechtsstandes, DR 1936, 181 (185).
[200] C. Schmitt, Nationalsozialismus und Rechtsstaat, JW 1934, 713 (717); vgl. auch ders., Neue Leitsätze für die Rechtspraxis, JW 1933, 2793.

Der Geist des Nationalsozialismus war die Leitidee («idée directrice») jeder einzelnen konkreten Ordnung nach der Auffassung Schmitts. Jede andere Deutung steht im Widerspruch zu seinen mit dieser Rechtsfigur ausdrücklich verfolgten rechtspolitischen Absichten der völkischen Rechtserneuerung. Aus diesem Geist sollte die Umgestaltung des gesamten Rechts gespeist werden. Folgerichtig nannte er seine Denkfigur das konkrete Ordnungs- und *Gestaltungs*denken. Sie war ein Instrument der Umgestaltung des Rechts und des Staates. Indem der Geist des Nationalsozialismus zur Leitidee des Rechts und zur idée directrice aller konkreten Ordnungen erhoben wurde, war jede von dieser Ideologie abweichende Gegenposition juristisch undenkbar. Alle anderen Traditionen und Ideen hatten im Recht keine Basis mehr. Die Rechtslehre Schmitts hatte zwei Kerngehalte:
– Die Normativität der NS-Weltanschauung,
– die absolute Interpretationsmacht der politischen Führung (Hitlers) über das, was als Recht zu gelten habe.

f) Zusammenfassende Analyse der Funktionen des kOD

(1) Das kOD war (und ist) ein Instrument zur *Änderung* und *Ergänzung* des jeweils geltenden gesetzten Rechts ohne ein Zutun des Gesetzgebers. Die Gerichte werden durch dieses Argumentationsmuster angeleitet, politisch erwünschte Rechtsfolgen, die im Gesetz keine Grundlage haben, aus faktischen oder ideologischen Vorgegebenheiten abzuleiten. In diesem Sinne bedeutet das kOD eine radikale Abkehr vom «Positivismus» oder «Normativismus». Die Gesetzesbindung der Richter wird stark gelockert, im Konfliktsfall zwischen dem «alten» Gesetz und der «neuen» ideologisch-politischen Realität schlechthin aufgehoben.

(2) Das kOD ist nicht ausschließlich eine Methode der Rechtsanwendung. Es proklamiert vielmehr die «konkreten Ordnungen» als die eigentlich wesentlichen Rechtsquellen vor dem Gesetz und über dem Gesetz. Es hat zu der neuen nationalsozialistischen Rechtsquellenlehre, welche die völkische Rechtserneuerung beflügelte,[201] die maßgebliche rechtstheoretische Grundlage geliefert. Nach diesem Denkschema konnten der erklärte Führerwille, Rasse und Volktum, die artgleiche Volksgemeinschaft in allen Teilordnungen (Familie, Betrieb, Lager, Hausgemeinschaft etc.), das Parteiprogramm der NSDAP, sogar die Weltanschauung des Nationalsozialismus zu verbindlichen Rechtsquellen erklärt werden.[202]

---

[201] B. Rüthers, Die unbegrenzte Auslegung – Zum Wandel der Privatrechtsordnung im Nationalsozialismus, 2. Aufl., Frankfurt a. M. 1973, S. 121–136.
[202] Vgl. C. Schmitt, Nationalsozialistisches Rechtsdenken, DR 1934, 225; ders., Der Führer schützt das Recht, DJZ 1934, Sp. 945; K. Larenz, Über Gegenstand und Methode des völkischen Rechtsdenkens, Berlin, 1938, S. 27 ff.

(3) Das kOD hielt und hält also, hinter einer wissenschaftlich wohlklingenden Terminologie verdeckt, neue, dauerhaft sprudelnde unterschiedliche Rechtsquellen bereit. Aus ihnen kann der Veränderungs- und Ergänzungsbedarf der jeweiligen Rechtsordnung je nach den rechtspolitischen Wünschen der Staatsführung, des Zeitgeistes oder politisch ambitionierter Rechtsanwender ohne den Einsatz des verfassungsmäßigen Gesetzgebers befriedigt werden. Voraussetzung für die Einheitlichkeit einer solchen Entwicklung – wie sie für autoritäre Systeme als selbstverständlich vorausgesetzt wird – ist eine rechtspolitisch und ideologisch angeleitete, homogen handelnde Richterschaft. Diese Anleitung wurde im NS-Staat von den politisierenden Funktionären der NS-Rechtsorganisationen und den von den «federführenden» Professoren der völkischen Rechtserneuerung übernommen.

(4) Das kOD war Ansatz- und Ausgangspunkt für einen breiten Strom von Argumenten aus dem «Wesen» jeweiliger «konkreter Ordnungen» oder Lebensverhältnisse. Die ideologischen Vorverständnisse dieser Wesensargumente (z. B. Wesen der Ehe, der Arbeit, der Betriebsgemeinschaft, der Hausgemeinschaft usw.) wurden mit der Strahlkraft des Schlagworts vom kOD weitgehend verdeckt. Alle diese Teilordnungen, aus deren «Wesen» unversehens und am Gesetz vorbei Rechtsfolgen abgeleitet wurden, bekamen ihren «Sinn» und ihre «leitende Idee» aus der Stellung der konkreten Teilordnung in der völkischen Gesamtordnung. Die nationalsozialistische Weltanschauung wurde so über ideologisch gedeutete «konkrete Ordnungen» in das geltende Recht transformiert. Das kOD war der «Transformator» für rechtspolitische Wünsche der NS-Führung in geltendes Recht. Es legitimierte die normative Kraft der NS-Ideologie gegen alle abweichenden Strukturen und Traditionen. Neben die «Normativität des Faktischen» trat, vermittelt durch das konkrete Ordnungsdenken, die normative Kraft des Ideologischen. Es war ein perfektes Instrument der Umgestaltung des überkommenen Rechts im Sinne der neuen Machthaber. Demselben Effekt diente die Bildung neuer Rechtsbegriffe.

V. Der «konkret-allgemeine Begriff» (KaB)

1. Die Forderung nach neuen, dem völkischen Rechtsdenken gemäßen Begriffen

Das Denken in «konkreten Ordnungen» steht in einem engen zeitlichen und wohl auch sachlichen Zusammenhang mit der Entwicklung einer neuen Begriffslehre. Auch die Rechtsbegriffe sollten, erfaßt von der Prägekraft «konkreter Situationen» nicht mehr «abstrakt» und «allgemein» gebildet werden. Das «situative» Denken, wie es für Schmitt und die übrigen völkischen Erneuerer des Rechts typisch war, mußte sich in neuen Begriffstypen ausprägen.

Vor allem die traditionsreichen Grundbegriffe des Privatrechts, wie subjektives Recht, Willenserklärung, Vertrag, Eigentum u. ä. sollten kritisch daraufhin überprüft werden, ob sie nicht einer dem neuen Rechtsdenken fremden, überwundenen Vorstellungswelt angehörten. Auslöser der Versuche zu einer neuen Begriffsbildung war die entschiedene Abwendung von der «normativistisch denkenden Jurisprudenz» der Vergangenheit.[203]

Die völkische Rechtserneuerung verlangte nach der Ansicht ihrer Anhänger und Akteure statt des inhaltsleeren abstrakten, den inhaltsfüllenden «konkreten» Begriff.[204] Das völkische Rechtsdenken sollte sich «in den ihm gemäßen Begriffen» ausdrücken.[205] Den bereits genannten «abstrakten Allgemeinbegriffen» wurde vorgeworfen, sie klammerten das Besondere der jeweiligen konkreten Situation und Problemstellung aus der rechtlichen Betrachtung aus, indem sie die Fülle rechtswirklicher Erscheinungen durch allgemeinste Merkmale auf ein logisches Minimum reduzierten. Der weite Anwendungsbereich, der dadurch erzielt werde, müsse mit einer zunehmenden Inhaltsleere und Blässe solcher abstrakter Allgemeinbegriffe bezahlt werden. Wesentlich Verschiedenes gehe in einer rein logisch-formalen Einheit verloren. Das Streben nach formaler und systematischer Einheit und Berechenbarkeit des Rechts vernichte in

---

[203] K. Larenz, Über Gegenstand und Methode des völkischen Rechtsdenkens, Berlin 1938, S. 43 ff. Vgl. ders., in zeitlicher Reihenfolge: Rechtsperson und subjektives Recht – Zur Wandlung der Rechtsgrundbegriffe, in: K. Larenz (Hrsg.), Grundfragen der neuen Rechtswissenschaft, Berlin 1935, S. 225 ff. (226); ders., Rechts- und Staatsphilosophie der Gegenwart, 2. Aufl., Berlin 1935, S. 153, 166; ders., Gemeinschaft und Rechtsstellung, DRW I (1936), 31; ders., Über Gegenstand und Methode des völkischen Rechtsdenkens, Berlin 1938, S. 44 f.; ders., Zur Logik des konkreten Begriffs – Eine Voruntersuchung zur Rechtsphilosophie, DRW V (1940), 279.

[204] Diese Forderung wurde verbreitet erhoben. Vgl. außer K. Larenz, a. a. O.; etwa K. Michaelis, Wandlungen des deutschen Rechtsdenkens seit dem Eindringen des fremden Rechts, in: K. Larenz (Hrsg.) Grundfragen der neuen Rechtswissenschaft, Berlin 1935, S. 9 (52 ff., 60); E. R. Huber, Die deutsche Staatswissenschaft, ZgS 95 (1935), 1; W. Siebert, BGB-System und völkische Ordnung, DRW I (1936), 204 (205, 246 f.); L. Schnorr v. Carolsfeld, Die Notwendigkeit neuer Begriffsbildung im bürgerlichen Recht, DJZ 1935, Sp. 1475; F. Wieacker, Der Stand der Rechtserneuerung auf dem Gebiete des bürgerlichen Rechts, DRW II (1937), 3; W. Schmidt-Rimpler, Vom System des Bürgerlichen, Handels- und Wirtschaftsrechts, in: J. W. Heckmann (Hrsg.), Zur Erneuerung des bürgerlichen Rechts, München und Berlin 1938, S. 79 (92).

[205] K. Larenz, Über Gegenstand und Methode des völkischen Rechtsdenkens, Berlin 1938, S. 45.

diesen Begriffen den Reichtum und die gegliederte Fülle der wirklichen (lies: «konkreten») Lebensordnungen.[206]

Das «Konkrete» war, wie die Parallele der «konkreten Ordnungen» zu den «konkreten» Begriffen andeutet, nach 1933 im emotionalen Aufschwung der «Rechtserneuerung» eine terminologische Modeerscheinung mit stark suggestiver Wirkung. In fast allen Beiträgen zur Rechtserneuerung taucht das Wort auf. Die Häufigkeit der Verwendung täuschte offenbar darüber hinweg, daß die Frage nach der präzisen Bedeutung des Schlagwortes weithin übersehen wurde, in den Hintergrund trat und letzten Endes bis 1945 unbeantwortet blieb.

2. Der Rückgriff auf die Begriffslehre Hegels

a) Die Rolle der Staatsphilosophie Hegels nach 1933

Um eine genauere Erfassung des «Konkreten» im neuen Rechtsdenken bemühte sich besonders Karl Larenz. Er stand bewußt in der Tradition Hegels. Das betrifft nicht nur dessen Logik und Dialektik, sondern auch die Staatsphilosophie, die den Staat als Inbegriff der Sittlichkeit verherrlicht und darum auch bedenkenlos von seiner unbeschränkten Allmacht ausgeht. Nicht zufällig gingen viele Vertreter der völkischen Rechtserneuerung (etwa C. Schmitt, E. Forsthoff, K. Larenz) von hegelianischen Kategorien aus. Allerdings wurden nach kurzer Zeit erhebliche Unterschiede erkennbar. Je deutlicher sich in der NS-Weltauschauung die Machtschwerpunkte vom Staat auf den «Führer», die Partei, die «Bewegung» und die «artgleiche Volksgemeinschaft» verlagerten, umso weniger erschien Hegel als philosophischer Ahnherr und Kronzeuge des neuen «Führerstaates» geeignet. Carl Schmitt hat das gleiche nach der Machtergreifung in seinem ersten größeren Beitrag zum Aufbau des NS-Staates, der zugleich seine persönliche politische Neuorientierung markiert, sehr deutlich formuliert:

«An diesem 30. Januar (lies: Tag der ‹Machtergreifung› Hitlers) ist der Hegelische Beamtenstaat des 19. Jahrhunderts ... durch eine andere Staatskonstruktion ersetzt worden. An diesem Tage ist demnach, so kann man sagen, ‹Hegel gestorben›.»[207]

---

[206] K. Larenz hat diese Thematik in mehreren größeren Beiträgen behandelt, vgl. Rechtsperson und subjektives Recht – Zur Wandlung der Rechtsgrundbegriffe, in: K. Larenz (Hrsg.), Grundfragen der neuen Rechtswissenschaft, Berlin 1935, S. 225; ders., Über Gegenstand und Methode des völkischen Rechtsdenkens, Berlin 1938; ders., Zur Logik des konkreten Begriffs – Eine Voruntersuchung zur Rechtsphilosophie, DRW V (1940), 279.

[207] C. Schmitt, Staat, Bewegung, Volk – Die Dreigliederung der politischen Einheit, Hamburg 1933, S. 31 f. Schon der Titel in seiner Dreigliederung deutet treffend die

Schmitt huldigt zwar im Folgenden unvermindert der Größe Hegels und seiner Philosophie, aber das ist unverkennbar für ihn bereits der Abgesang auf einen toten Heros. Wie wichtig diese Distanzierung zu Hegel durch eine solche «Totenehrung» für Schmitts Stellung im Nationalsozialismus werden konnte, zeigt die Gegenschrift seines Gegners und Konkurrenten O. Koellreutter.[208]

Koellreutter hält Schmitt entgegen, daß dieser die Rolle der rassisch bestimmten Volksgemeinschaft nicht erkenne. Schmitt und seine Schule versuchten den Nationalsozialismus in ein neuhegelianisches Denkgefüge zu pressen. Auch Schmitts Freund-Feind-These des «Politischen» gehe vom *Staat* als der zentralen Größe aus. Grundlage des Nationalsozialismus sei aber nicht der Staat, sondern die rassisch biologische Einheit des Volkes. Aus ihr heraus wachse das völkische Führertum Hitlers, anders als nach den irreführenden Ideenkonstruktionen des Neuhegelianismus.[209]

Die Gegenansicht vertrat besonders Karl Larenz. In einem programmatischen Aufsatz «Die Bedeutung der völkischen Sitte in Hegels Staatsphilosophie»[210] versuchte er, die hegelianische Position auch für die gewandelte Staatsauffassung des Nationalsozialismus fruchtbar zu machen: «Denn nicht der Staat in der gewöhnlichen Bedeutung dieses Wortes war Hegels eigentliches und ursprüngliches Anliegen, sondern die Gemeinschaft als ein Lebensganzes von eigener Prägung und umfassendster Wirksamkeit.»[211]

Der Begriff des «Staates» bei Hegel soll, das ist die erkennbare Absicht dieses Satzes, so weit geöffnet und durchlässig gemacht werden, daß er auch die NS-Bewegung und die artgleiche Volksgemeinschaft einschließt. Hegels Staatsidee sollte mit dem nationalsozialistischen Rassenmythos verschmolzen werden. Für Hegel war der Staat die Verwirklichung der Vernunft und der Sittlichkeit in der Form einer nach rationalen Kriterien verfahrenden beamteten Bürokratie. Die Nationalsozialisten begannen am 30. Januar 1933 einen ganz anderen Staat zu errichten, gegründet auf den Mythos der Vorherrschaft der nordischen Rasse, der Artgleichheit und des rassisch-völkisch vorgegebenen Führertums. Jeder Versuch einer Harmonisierung dieser Gegensätze mußte scheitern. Zutreffend ging

---

Verdrängung des Staates aus seiner souveränen Stellung und die Oligarchie des NS-Herrschaftssystems an.

[208] O. Koellreutter, Volk und Staat in der Weltanschauung des Nationalsozialismus, Berlin 1935, bes. S. 6 ff.

[209] Gegen Hegels Staatsphilosophie auch A. Rosenberg, Der Mythos des 20. Jahrhunderts, 71.–74. Aufl., München 1935, S. 525–527.

[210] Vgl. auch die unter Fn. 206 aufgeführten Beiträge

[211] K. Larenz, Die Bedeutung der völkischen Sitte in Hegels Staatsphilosophie, ZgS 98 (1938), 109 (110).

C. Schmitt deshalb davon aus, daß mit der Dreigliederung von «Staat, Bewegung, Volk» am 30. Januar 1933 «Hegel gestorben» sei.[212]

b) Grundsätze der Hegelschen Begriffslehre

Bei der Suche nach einer Definition und einer inneren Logik «konkreter» Begriffe griff Larenz ungeachtet der Angriffe auf Hegel aus den Reihen namhafter nationalsozialistischer Autoren auf einige Grundaussagen, gleichsam auf Axiome der Hegelschen Begriffslehre und Erkenntnistheorie, zurück. Sie sind für das Verständnis der juristisch folgenreichen Begriffskonstruktion bei Larenz grundlegend. Denn Larenz versteht seine «Logik des konkreten Begriffs»[213] als eine Übertragung und Anwendung der Begriffslehre Hegels auf die Rechtswissenschaft.[214] Die Begriffe sind für Hegel nichts «Totes, Leeres und Abstraktes», sondern vielmehr «das Princip alles Lebens und damit zugleich das schlechthin Konkrete.»[215]

Der unbefangene Leser solcher Formulierung könnte zunächst meinen, sie seien nicht wörtlich zu nehmen, sondern als bildhafte Umschreibung gemeint in dem Sinne, die allgemeine Bedeutung der Begriffsbildungen für das Denken des Menschen solle hervorgehoben werden. Aber das wäre ein Mißverständnis.

Hegel mißt dem «Begriff» eine ganz andere, das Dasein und die Wirklichkeit schlechthin begründende Funktion zu. Wörtlich heißt es bei ihm:

---

[212] Vgl. zum Ganzen die frühe und klare Analyse bei F. Neumann, Behemoth, Struktur und Praxis des Nationalsozialismus 1933–1945 (zuerst Oxford University Press 1942), Neudruck Fischertaschenbuch 4306, Frankfurt 1984, S. 90 ff., 107 ff.

[213] Vgl. K. Larenz, Zur Logik des konkreten Begriffs – Eine Voruntersuchung zur Rechtsphilosophie, DRW V (1940), 279.

[214] Vgl. K. Larenz, a. a. O., 279; ders., Rechts- und Staatsphilosophie der Gegenwart, 2. Aufl., Berlin 1935, S. 167; ders., Über Gegenstand und Methode des völkischen Rechtsdenkens, Berlin 1938, S. 49 m. Fn. 15; ders., Typologisches Rechtsdenken, ARSP 34 (1940/41), 20; ders., Wegweiser zu richterlicher Rechtsschöpfung – (Eine rechtsmethodologische Untersuchung), in: Festschrift für Arthur Nikisch, Tübingen 1958, S. 275 (288); ders., Methodenlehre der Rechtswissenschaft, 1. Aufl., Berlin/Göttingen/Heidelberg 1960, S. 356 ff. – In den späteren Auflagen der Methodenlehre und auch des Lehrbuchs zum Allgemeinen Teil des deutschen bürgerlichen Rechts von Larenz werden die Passagen zum «konkreten Begriff» und zu Hegels Begriffslehre stark reduziert.

[215] G. W. F. Hegel, Sämtliche Werke, Glockner-Ausgabe, Bd. 8, Stuttgart-Bad-Cannstatt 1964, § 160 Zusatz (S. 353). Die Zusätze zu den §§ 160 ff. der «Enzyklopädie der philosophischen Wissenschaften im Grundriß» stammen aus den Vorlesungsmanuskripten Hegels. Sie sind von den Herausgebern der ersten Gesamtausgabe (Berlin 1832 ff.) in die Enzyklopädie eingearbeitet worden. Textkritische Bemerkungen dazu finden sich in der Einführung der Neuausgabe von F. Nicolin/O. Pöggeler, Georg Wilhelm Friedrich Hegel, Enzyklopädie der philosophischen Wissenschaften im Grundrisse (1830), Hamburg 1959, S. XLIV f.

«Der Begriff ist vielmehr das wahrhaft Erste, und die Dinge sind das, was sie sind, durch die Thätigkeit des ihnen innewohnenden und in ihnen sich offenbarenden Begriffs.»[216]
Der volle Inhalt dieser verblüffenden Aussage erschließt sich wegen der Formulierungsweise nur mühsam. Gemeint ist dies: Die Begriffe sind nach Hegel nicht Hervorbringungen des menschlichen Verstandes und seiner Logik; sie sind vielmehr der menschlichen Vernunft vorgegebene Prinzipien des realen Seins, die vom Verstand nur nach-denkend aufgefaßt, nicht aber eigenmächtig formuliert oder gar verändert werden können. Die Begriffe sind es, die nach Hegel als «das wahrhaft Erste» die Wirklichkeit gestalten:
«Wären wirklich die logischen Formen des Begriffs todte, unwirksame und gleichgültige Behälter von Vorstellungen oder Gedanken so wäre ihre Kenntnis eine für die Wahrheit sehr überflüssige und entbehrliche *Historie.* In der That aber sind sie umgekehrt als Formen des Begriffs *der lebendige Geist des Wirklichen,* und von dem Wirklichen ist wahr nur, was *kraft dieser Formen, durch sie* und *in ihnen wahr* ist.»[217]
Das Entscheidende dieser Äußerungen sind die darin enthaltenen Thesen Hegels zur Theorie der Wirklichkeit und ihrer Erkenntnis. Nach herkömmlichen Vorstellungen bildet der Mensch Begriffe, um die ihm durch Wahrnehmung oder Schlußfolgerung zugängliche «Wirklichkeit», die Gegenstände seiner Umgebung und Erfahrung abzubilden und so geistig «begreifen» und innerlich verarbeiten zu können. Die Sprache mit ihren Begriffen ist danach das Abbildungs- und Verständigungsinstrumentarium über vorhandene Wirklichkeit. Die Wirklichkeit ist in diesem Verständnis das «wahrhaft Erste», die Begriffe sind Abbildungsversuche, die zudem oft die volle Wirklichkeit nur unvollkommen erfassen und begreifbar machen.
Genau diese Relation zwischen vorhandener «Wirklichkeit» und abbildenden Sprachbegriffen wird von Hegel umgekehrt: Die Dinge sind, was sie sind, nicht wegen ihres Daseins, sondern erst durch einen in ihnen «wohnenden», in ihnen «sich offenbarenden» Begriff, dem ausdrücklich eine «Tätigkeit» zugeschrieben wird. Den «logischen Formen des Begriffs» wird der «lebendige Geist des Wirklichen» zugeschrieben, und «von dem Wirklichen ist nur wahr, was kraft dieser Formen, durch sie und in ihnen wahr ist.»[218]
Die Aussagen enthalten Elemente, die rational schwer nachvollziehbar sind. Das trifft etwa zu auf die Zweiteilung des «Wirklichen», von dem nur das wahr sein soll, «was kraft dieser Formen (lies: des Begriffs),

---

[216] G. W. F. Hegel, a. a. O., § 163 Zusatz 2 (S. 361).
[217] G. W. F. Hegel, a. a. O., § 162 (S. 357).
[218] Vgl. G. W. F. Hegel, a. a. O., § 162 (S. 357).

durch sie und in ihnen wahr ist».[219] Aber auch, daß Begriffe «das Princip allen Lebens»[220] und der «lebendige Geist des Wirklichen»[221] sein sollen, daß sie von sich aus eine eigenständige Tätigkeit entfalten können, wird kaum als eine rational überprüfbare Aussage gelten können.

Die so verselbständigte Welt der Begriffe wird dann folgerichtig produktiv tätig:

«Man spricht von der Ableitung eines Inhalts, so z. B. der das Eigenthum betreffenden Rechtsbestimmungen aus dem Begriff des Eigenthums und eben so umgekehrt von der Zurückführung eines solchen Inhalts auf den Begriff. Damit aber wird anerkannt, daß der Begriff nicht bloß eine an sich inhaltslose Form ist, da einerseits aus einer solchen nichts abzuleiten wäre und andererseits durch die Zurückführung eines gegebenen Inhalts auf die leere Form des Begriffs, derselbe nur seiner Bestimmtheit würde beraubt, aber nicht erkannt werden.»[222] Hegel schreibt in diesen Sätzen dem *Begriff* des Eigentums normsetzende, rechtserzeugende Funktionen zu. Die einzelnen, das Eigentum betreffenden Rechtsgebote gelten nicht deshalb, weil sie durch das staatliche Gesetz angeordnet werden, sondern deshalb, weil sie aus einem vorausgesetzten, vor- und überpositiven *Begriff* des Eigentums abzuleiten sind. Die gesetzlichen Eigentumsregeln haben folgerichtig dann nur insoweit Anspruch auf Geltung, als ihr Inhalt auf den vorgegebenen Begriff des Eigentums zurückzuführen werden kann.

c) Transformation der Begriffslehre Hegels in die Jurisprudenz

Hier deutet sich die rechtspolitische Fruchtbarkeit und Dynamik der Hegelschen Begriffslehre an, wenn man sie umfassend auf die juristische Begriffs- und Systembildung überträgt. Hegel geht von der rechtserzeugenden Kraft und Aufgabe der Begriffe aus. Das Gesetz hat in dieser Sicht eine ausführende, ja dienende Aufgabe gegenüber dem «lebendigen Geist des Wirklichen», der eben primär nicht im Gesetz, sondern in den Begriffen seinen Wohnsitz hat. In ihnen ist «das Princip allen Lebens» wahrhaft zu Hause. Die Transformation einer solchen Theorie der lebensdynamischen, rechtserzeugenden Begriffe in die Arbeitsweise der Jurisprudenz wurde seit dem «Kitzeberger Lager junger Rechtslehrer» im Mai 1935[223] vor allem von Larenz vertreten.[224] Die Konstruktion

---

[219] G. W. F. Hegel, a. a. O., § 162 (S. 357).
[220] G. W. F. Hegel, a. a. O., § 160 Zusatz (S. 353).
[221] G. W. F. Hegel, a. a. O., § 162 (S. 357).
[222] G. W. F. Hegel, a. a. O., § 160 Zusatz (S. 355).
[223] Vgl. dazu F. Wieacker, Das Kitzeberger Lager junger Rechtslehrer, DRW I (1936), 74.
[224] Vgl. K. Larenz, Rechtsperson und subjektives Recht – Zur Wandlung der Rechtsgrundbegriffe, in: K. Larenz (Hrsg.), Grundfragen der neuen Rechtswissenschaft, Ber-

«konkreter» oder «konkret-allgemeiner» Rechtsbegriffe richtete sich vor allem gegen die «abstrakt-allgemeinen» Rechtsgrundbegriffe, wie etwa Rechtsfähigkeit, Vertrag, Eigentum etc.[225] Larenz versuchte dabei – anders als Carl Schmitt – ganz in den Kategorien und Traditionen der hegelianischen Philosophie zu bleiben, die sein großes Vorbild war.[226] C. Schmitt hingegen sah mit der Machtübernahme durch Hitler einen neuen, ganz anderen Staat vor sich, der deshalb auch in eigenen neuen Ordnungen und Begriffen erfaßt und gestaltet werden mußte.[227] Für Larenz sollte die völkische Rechtserneuerung aus dem Geist und den Formen der dialektischen Philosophie Hegels gestaltet werden.

Die polemische Funktion der neuen «konkreten» Begriffe richtete sich gegen die isolierende Abstraktion der traditionellen Allgemeinbegriffe. Mit jeder höheren Abstraktionsstufe erweitere sich zwar ihr Anwendungsbereich; zugleich vermindere sich aber ihr Sinngehalt. Dadurch werde die Verwirklichung der materialen Rechtsidee behindert und gefährdet. Die Begriffsbildung jeder Wissenschaft, auch der Jurisprudenz, enthalte zugleich eine Aussage zu ihrer weltanschaulichen Grundposition. Die juristischen Grundbegriffe sollten daher auf das neue völkische Rechtsdenken ausgerichtet werden.[228] Die zeitgeschichtliche Bedingtheit der neuen Begriffskonstruktionen wurde klar gesehen und ihre Dienstfunktion bei der völkischen Rechtserneuerung hervorgehoben.[229] Die Proklamation einer neuen «konkreten» Begriffsbildung fand unter den Zeitgenossen ein breites literarisches Echo.[230]

---

lin 1935, S. 225; ders; Gemeinschaft und Rechtsstellung, DRW I (1936), 31; ders., Zur Logik des konkreten Begriffs – Eine Voruntersuchung zur Rechtsphilosophie, DRW V (1940), 279; ders., Die Wandlung des Vertragsbegriffs, DR 1935, 488.

[225] Vgl. K. Larenz, Rechtsperson und subjektives Recht – Zur Wandlung der Rechtsgrundbegriffe, in: K. Larenz (Hrsg.), Grundfragen der neuen Rechtswissenschaft, Berlin 1935, S. 225 f. und 238; ders. Über Gegenstand und Methode des völkischen Rechtsdenkens, Berlin 1938, S. 43 ff.; ders., Zur Logik des konkreten Begriffs – Eine Voruntersuchung zur Rechtsphilosophie, DRW V (1940), 279; vgl. auch ders., Methodenlehre der Rechtswissenschaft, 1. Aufl., Berlin/Göttingen/Heidelberg 1960, S. 322 f.

[226] Vgl. etwa K. Larenz, Die Bedeutung der völkischen Sitte in Hegels Staatsphilosophie, ZgS 98 (1938), 109.

[227] C. Schmitt, Staat, Bewegung, Volk – Die Dreigliederung der politischen Einheit, Hamburg 1933, S. 31 f.

[228] K. Larenz, Über Gegenstand und Methode des völkischen Rechtsdenkens, Berlin 1938, S. 44 f.

[229] K. Larenz, Rechtsperson und subjektives Recht – Zur Wandlung der Rechtsgrundbegriffe, in: K. Larenz (Hrsg.), Grundfragen der neuen Rechtswissenschaft, Berlin 1935, S. 225 (238 ff.).

[230] Vgl. etwa K. Michaelis, Wandlungen des deutschen Rechtsdenkens seit dem Eindringen des fremden Rechts, in: K. Larenz (Hrsg.), Grundfragen der neuen Rechtswissenschaft, Berlin 1935, S. 9 (52 ff., 60); ders., Die Überwindung der Begriffe Rechtsfähigkeit und Parteifähigkeit, DRW II (1937), 301; E. R. Huber, Die deutsche Staatswissenschaft, ZgS 95 (1935), 1; ders., Die Rechtsstellung des Volksgenossen (Erläutert am

3. Die unscharfen Umschreibungen des kaB

Die genaue Erfassung und Definition des Inhalts und der Merkmale der neuen Begriffsgebilde blieb schwierig, selbst für ihren Hauptvertreter Larenz. Hier drängt sich eine Ähnlichkeit zur schwierigen Bestimmbarkeit des genauen Inhalts des «konkreten Ordnungsdenkens» auf. Larenz hat seine, von ihm auf Hegel zurückgeführte Konstruktion in mehreren verschiedenen, nicht gerade leicht verständlichen Definitionsversionen umschrieben:

> «Die Einheit des konkret-allgemeinen Begriffs ist so nicht die formale Dieselbigkeit, sondern die konkrete Einheit des den Unterschied in sich bewahrenden, gegliederten Ganzen.»

. . .

> «Der konkret-allgemeine Begriff ist nicht, wie der abstrakte, inhaltlich ärmer als der von ihm umfaßte ‹besondere› Begriff (Individualbegriff oder weniger allgemeine Begriff), sondern ebenso reich oder reicher.»[231]

. . .

> «Der konkrete Begriff ist die *Totalität* seiner Momente . . .»[232]

Die unscharfen, teilweise rätselhaft vieldeutigen, teilweise widersprüchlichen Umschreibungen waren Larenz bewußt. Er rechtfertigt diese Unschärfen mit dem Hinweis auf die Herkunft seiner Konstruktion aus der spekulativen und dialektisch-dynamischen Begriffslogik Hegels.[233] Aus der Sicht der traditionellen, formalen und abstrakt-begrifflichen Logik sei der konkret-allgemeine Begriff ein Widerspruch in sich. Seine logische Struktur erschließe sich nur dem, der sich auf den Boden der hegelianischen, also der «dialektischen» Logik begebe.[234]

Beispiel der Eigentumsordnung), ZgS 96 (1936), 438; W. Siebert, Subjektives Recht, konkrete Berechtigung, Pflichtenordnung, DRW I (1936), 23; ders., BGB-System und völkische Ordnung, DRW I (1936), 204; ders., Vom Wesen des Rechtsmißbrauchs – Über die konkrete Gestaltung der Rechte, in: K. Larenz (Hrsg.), Grundfragen der neuen Rechtswissenschaft, Berlin 1935, S. 189; W. Schönfeld, Der Kampf wider das subjektive Recht, ZAkDR 1937, 107; F. Wieacker, Der Stand der Rechtserneuerung auf dem Gebiete des bürgerlichen Rechts, DRW II (1937), 3.

[231] K. Larenz, Zur Logik des konkreten Begriffs – Eine Voruntersuchung zur Rechtsphilosophie, DRW V (1940), 279 (285).

[232] K. Larenz, a. a. O., S. 290.

[233] Vgl. die Hinweise oben unter b) und K. Larenz, a. a. O., S. 279.

[234] K. Larenz, a. a. O., S. 279 ff.; ebenso ders. noch in der 1. Auflage seiner Methodenlehre der Rechtswissenschaft, Berlin/Göttingen/Heidelberg 1960, S. 355 f.

4. Der Gestaltungsauftrag der kaB

Die Risiken, die sich aus einer so unklaren, vieldeutigen und rätselhaften Begriffskonstruktion ergeben, scheinen demnach ihrem Autor, zumindestens im Ansatz, von Anfang an bewußt gewesen zu sein. Der rechtspolitische Impuls zur völkischen Rechtserneuerung und der polemische Schwung gegen die verworfenen abstrakten Allgemeinbegriffe ließ jedoch die Bedenken zurücktreten.

Die unklar, teils nebelhaft, teils widersprüchlich skizzierten konkret-allgemeinen Begriffe (kaB) sollten die Wirklichkeit nach der Absicht ihrer Verwender nicht nur erfassen und abbilden, sondern gestalten. Nicht die Wirklichkeit soll den Begriff prägen, sondern umgekehrt der Begriff die Realität, das soziale und politische Leben.[235]

a) Die Öffnung zur neuen Wirklichkeit: Typus und Typenreihe

Der Kampf gegen die «Gespensterwelt von Allgemeinbegriffen»[236] sollte einer größeren Wirklichkeitsnähe der juristischen Begriffe dienen. Aus der Fülle der realen Lebenssachverhalte sollten die «im wesentlichen übereinstimmenden Lebenserscheinungen» begrifflich ausgesondert und zusammengefaßt werden, ohne daß sie in der Abstraktion der Allgemeinbegriffe untergingen. Dazu griff Larenz auf den Begriff des «Typus» zurück.[237] Ein Typus ergab sich für Larenz aus bestimmenden Momenten, die durch den *inneren Sinn* und *die Funktion* der im Typus zusammengefaßten Erscheinungen in einem *größeren Ganzen* zusammengehalten würden. Der Typus war danach nicht eine Summe abstrakter, immer gleicher Merkmale (wie der abstrakte Allgemeinbegriff), sondern ein sinnbestimmtes Ganzes.[238] Der Typus nehme gerade das in sich auf, was der inhaltsleere abstrakte Allgemeinbegriff aus sich ausschließe. Das Konkrete des Typus liegt nach Larenz darin, daß er einen zweckgebundenen sinnvollen Vorgang, eine bestimmte Funktion im höheren Ganzen der völkischen Gesamtordnung erfaßt. Er sei konkret und allgemein zugleich, weil er eine Vielzahl von Vorgängen mit gleichartigem Wesen zusammenfasse.

Aus dem Vergleich einer Mehrzahl abgewandelter Typen in ihrer je-

---

[235] So noch K. Larenz in der 1. Auflage seiner Methodenlehre der Rechtswissenschaft, Berlin/Göttingen/Heidelberg 1960, S. 362: «Sofern aber der konkret-allgemeine Begriff die Wirklichkeit gestaltet, müssen seine Momente in den Wirklichkeitstypen als Sinnkomponenten wiederkehren.»

[236] C. Schmitt, Nationalsozialistisches Rechtsdenken, DR 1934, 225.

[237] K. Larenz, Über Gegenstand und Methode des völkischen Rechtsdenkens, Berlin 1938, S. 45.

[238] K. Larenz, a. a. O., S. 45 ff.; ders., Neubau des Privatrechts, AcP 145 (1939), 91 (98).

weils besonderen Funktion in der völkischen Gesamtordnung entwickelt Larenz sodann den Begriff der *Typenreihe*.[239] Als Beispiel dient das Eigentum. Als Typenreihe werden die unterschiedlichen Eigentumsarten angeführt, nämlich das Eigentum an einem Erbhof, an einem Landgut, das kein Erbhof ist, an einem Hausgrundstück, an beweglichen Sachen oder an Geld.[240]

Jeder dieser verschiedenen Eigentumstypen sei die Entfaltung eines Grundgedankens der Volksordnung. Jeder Eigentumstyp erhalte seine Besonderheit durch die konkrete Sonderordnung, in die er einbezogen sei. Hierin sieht Larenz die enge Verbindung seiner konkret-allgemeinen Begriffe und der Typen zum konkreten Ordnungsdenken.[241] Aus der real vorhandenen Typenreihe des Eigentums folgert er einen konkret-allgemeinen Begriff des Eigentums, der nicht mehr beschreiben, sondern gestalten soll. Aus den Darstellungsbegriffen des Typus und der Typenreihe werden durch den normativ gedeuteten konkret-allgemeinen Eigentumsbegriff plötzlich normativ gedeutete Rechtsgebote:

«Durch die Zurückführung eines solchen Typus auf den konkret-allgemeinen Eigentumsbegriff wird ferner diesem Typus seine Stellung in der völkischen Gesamtordnung zugewiesen . . .»[242]

Das bedeutet etwa strikte Eigentums-Beschränkungen, wo die völkische Gesamtordnung dies für bestimmte Sondertypen des Eigentums erfordert.[243] Der einzelne Typus ist für Larenz das in der Lebenswirklichkeit vorhandene Gegenstück dessen, was er konkret-allgemeinen Begriff nennt. Auch hier gilt – streng nach Hegel – der Begriff als das wahrhaft Erste. Die konkret-allgemeinen Begriffe beschreiben nicht die Wirklichkeit, sie gestalten sie, ja sie bringen sie hervor.[244]

Die Lebenswelt ist, wie sie ist, weil die Begriffe sie so ausformen. Der konkret-allgemeine Begriff trägt alle denkbaren Ausformungen und Wandlungen der sozialen Realität bereits in sich, hat sie schon vorweg in die juristische Begriffsbildung aufgenommen. Anpassungsprobleme des gesetzlichen Normengefüges an die gewandelten Wirklichkeiten und Lebensverhältnisse werden durch die Offenheit und den «inneren Reichtum» der kaB im voraus gelöst.

---

[239] K. Larenz, Über Gegenstand und Methode des völkischen Rechtsdenkens, Berlin 1938, S. 48 ff.

[240] K. Larenz, a. a. O., S. 50.

[241] K. Larenz, a. a. O., S. 53.

[242] K. Larenz, Zur Logik des konkreten Begriffs – Eine Voruntersuchung zur Rechtsphilosophie, DRW V (1940), 279 (293 f.).

[243] K. Larenz, a. a. O., S. 294 ff.

[244] Vgl. dazu oben vor a) m. Fn. 232.

b) Die Öffnung zur neuen Ideologie: kaB als ideologische Gleitklausel

Das Eigentümliche des konkreten Typus-Begriffs sollte darin bestehen, daß er – anders als die abstrakten Allgemeinbegriffe – die Mannigfaltigkeit der in ihm erfaßten Lebensverhältnisse als ein «Prinzip seiner eigenen Fortbestimmung» in sich aufnimmt.[245]

Der Typusbegriff hatte also keine feste Bedeutung, ihm wurde mit der «eigenen Fortbestimmung» die Möglichkeit eines Bedeutungswandels der einzelnen Typen und Typenreihen mit auf den Weg gegeben. Dieses dynamische Merkmal wird später von Larenz noch deutlicher hervorgehoben. Der konkrete Begriff ist «nicht abgeschlossen, sondern weist – durch die ihm immanente Bewegung – über sich hinaus auf andere Begriffe und auf einen *übergeordneten* Zusammenhang...»[246]

Der Satz enthält zwei wichtige Aussagen:
– Die konkreten Typen und die konkret-allgemeinen Begriffe sind offen und beweglich. Sie können beliebige neue faktische und ideologische Inhalte in sich aufnehmen. Sie sind nie in sich abgeschlossen. Was immer sich ändern mag in der Welt der Tatsachen, der Zusammenhänge und der sozialen oder politischen Wertvorstellungen – die kaB haben Raum für jeden Wandel, nehmen ihn auf und reproduzieren daraus geltendes Recht.
– Alle konkreten Typen, Typenreihen und die sie umspannenden konkret-allgemeinen Begriffe sind eingefügt in einen «übergeordneten Zusammenhang», der ihren Sinn und ihre Funktion in diesem größeren Ganzen bestimmt.[247]

Hier liegt der Schlüssel zum Funktionsverständnis der kaB. Es bleibt nicht offen, welcher übergeordnete Zusammenhang gemeint ist. Das «größere sinnbestimmte Ganze», das dem Typus seinen Sinn und seine Aufgabe gibt und auf das jeder konkrete Begriff hinweist, ist die «völkische Lebensordnung» im Sinne der Rassenideologie des Nationalsozialismus.[248]

Die «Typenreihen» als die realen Vorformen konkret-allgemeiner Begriffe werden als Entfaltungen von Grundgedanken der Volksordnung aufgefaßt.[249] In immer neuen Begriffsvarianten wird dieser «übergeordne-

[245] K. Larenz, Rechtsperson und subjektives Recht – Zur Wandlung der Rechtsgrundbegriffe, in: K. Larenz (Hrsg.), Grundfragen der neuen Rechtswissenschaft, Berlin 1935, S. 225 (226).
[246] K. Larenz, Zur Logik des konkreten Begriffs – Eine Voruntersuchung zur Rechtsphilosophie, DRW V (1940), 279 (294).
[247] Vgl. K. Larenz, a. a. O., S. 294.
[248] K. Larenz, Über Gegenstand und Methode des völkischen Rechtsdenkens, Berlin 1938, S. 45.
[249] So für das Eigentum K. Larenz, a. a. O., S. 51.

te Zusammenhang» hervorgehoben, wenn von «gesamtvölkischer Ordnung», «Gemeinschaft», «Volksordnung», «völkischer Lebensordnung» u. ä. die Rede ist.[250] Gemeint ist immer die alle Lebensbereiche umfassende, totalitäre Weltanschauung des Nationalsozialismus. Alle Lebenserscheinungen und Rechtsfiguren werden mittels der kaB in den Dienst ihrer Ziele gestellt. Jeder Rechtsbegriff, jedes Rechtsinstitut wurde «entsprechend seiner Aufgabe im Dienst der völkischen Gemeinschaft mit einem neuen konkreten Inhalt gefüllt». Aus den verschieden starken Anforderungen, die der Gedanke der rassisch-völkisch bestimmten Gemeinschaft an die einzelnen Rechtsinstitute stellte, folgte eine «konkrete Bedingtheit» oder «Relativität» des Rechts, das heißt in Wahrheit eine Relativierung aller gesetzlichen Gewährleistungen:

> «Diese Relativität ist eine Folge der konkreten Ordnung und Gestaltung der Rechte ... es geht um die grundsätzliche Erkenntnis einer durch das Maß der politischen Verantwortung bestimmten konkreten Gestaltung jedes Rechtsinhalts, deren Ursache der *einheitliche* Gedanke der völkischen Ordnung und Gemeinschaft ist.»[251]

Mit dem Rückgriff auf die «völkische Ordnung und Gemeinschaft» als oberster Idee des Rechts war der Weg frei für eine umfassende Umdeutung, ja Revolution aller Rechtsinhalte und Rechtsgewährleistungen. Das konnte notfalls völlig ohne den Gesetzgeber, durch eine konsequent ideologisch anleitende Rechtswissenschaft und durch eine ideologisch folgsame Richterschaft geschehen.

5. Das Beispiel: Die konkret-allgemeinen Begriffe «Person» und «Rechtsfähigkeit»

Die politisch-polemische Rolle, welche den kaB zugedacht war, wird besonders an zwei Grundbegriffen des Rechts deutlich, an denen die inhaltliche Umgestaltung der Rechtsordnung durch die neue Begriffskonstruktion beispielhaft vorgeführt wurde. Im Vordergrund standen literarische Angriffe auf die bis zur Machtergreifung in Rechtsprechung und Literatur unumstrittenen, festgefügten Grundbegriffe Person und Rechtsfähigkeit.

Bis zur Machtergreifung der Nationalsozialisten galt im deutschen Recht der Grundsatz der Einheit von Person und Rechtsfähigkeit.[252]

---

[250] K. Larenz, a. a. O., S. 46, 47, 51, 53.

[251] W. Siebert, Vom Wesen des Rechtsmißbrauchs – Über die konkrete Gestaltung der Rechte, in: K. Larenz (Hrsg.), Grundfragen der neuen Rechtswissenschaft, Berlin 1935, S. 189 (202 f.).

[252] Vgl. etwa F. K. v. Savigny, System des heutigen Römischen Rechts, Bd. II, Berlin 1840, S. 2: «Alles Recht ist vorhanden um der sittlichen, jedem einzelnen Menschen

Den Vätern des BGB war die Einheit von Person und Rechtsfähigkeit so selbstverständlich, daß sie in § 1 nur den Beginn der Rechtsfähigkeit regelten. Daß jeder Mensch gleichermaßen rechtsfähig sei, galt als sichere rechtskulturelle Grundlage, als ein Gebot der Vernunft und der Ethik.[253]

An diesem Grundsatz der einen und gleichen Rechtsfähigkeit aller Menschen wurde nun gerüttelt. Er stand im Gegensatz zur Rassenideologie des Nationalsozialismus. Es begann mit einer tendenziös verzerrten Darstellung der geistesgeschichtlichen Zusammenhänge jener Entwicklung, die zu dem allgemeinen Bewußtsein geführt hatte, daß «... jeder Mensch nicht nur Person, sondern *Vollperson*» sei und «... daß es im Privatrecht keine Erhöhung oder Minderung der Persönlichkeit mehr giebt».[254] Es wurde auf den naturrechtlich-individualistischen Kern des überkommenen juristischen Personbegriffs verwiesen, der von Savigny in Anlehnung an Kant geprägt worden sei. Die Historische Rechtsschule, deren Hauptvertreter Savigny war, sei dem Volksgeist im Recht untreu geworden, indem sie die Grundbegriffe des individualistischen Naturrechts – teils in den Denkformen Kants – einfach übernommen habe.[255]

So sei es verständlich, daß die traditionellen und herrschenden Begriffe von Person und Rechtsfähigkeit eine Unterscheidung von «Volksgenossen und Freunden», von «Rechtsgenossen und Nicht-Rechtsgenossen» nicht ermöglichten.[256] Für diese propagierte Unterscheidung werden in mißverständlicher Zitierweise auch solche Autoren als Vertreter einer «Abstufung» der Rechtsfähigkeit in Anspruch genommen, die wie O. v. Gierke, die notwendige Einheit und Gleichheit dieser Begriffe für alle Menschen vertraten.[257]

Der Angriff auf die prinzipiell gleiche und ungeteilte Rechtsfähigkeit aller Menschen betraf eine zentrale Wertgrundlage der Rechtsordnung,

---

inwohnenden Freyheit willen. Darum muß der ursprüngliche Begriff der Person oder des Rechtssubjects zusammen fallen mit dem Begriff des Menschen ... Jeder einzelne Mensch, und nur der einzelne Mensch, ist rechtsfähig.» Ebenso O. v. Gierke, Deutsches Privatrecht, Bd. I, Einleitung, Leipzig 1895, S. 356.

[253] Vgl. etwa Motive zu dem Entwurfe eines Bürgerlichen Gesetzbuches für das Deutsche Reich, Bd. I, S. 25; Protokolle der Kommission für die zweite Lesung des Entwurfs des Bürgerlichen Gesetzbuchs, Bd. VI, S. 106; L. Enneccerus/H. C. Nipperdey, Lehrbuch des bürgerlichen Rechts, Bd. I, Allgemeiner Teil, 13. Aufl., Marburg 1931, § 76 I u. IV.

[254] O. v. Gierke, Deutsches Privatrecht, Bd. I, Leipzig 1895, S. 356.

[255] K. Larenz, Rechtsperson und subjektives Recht – Zur Wandlung der Rechtsgrundbegriffe, in: K. Larenz (Hrsg.), Grundfragen der neuen Rechtswissenschaft, Berlin 1935, S. 225 (227 ff.).

[256] K. Larenz, a. a. O., S. 229 f.

[257] K. Larenz, a. a. O., S. 227 m. Fn. 4.

nämlich die elementare Rechtsschutzgarantie der Gleichheit und Würde aller Menschen durch das Gesetz.[258] In der Umgestaltung dieses zentralen Grundbegriffes und seiner Wertgrundlagen sahen die Akteure der völkischen Rechtserneuerung eine ihrer ersten und wichtigsten Aufgaben. Leitstern der neuen Rechtsordnung sollte nicht mehr der abstrakte Personenbegriff, sondern der Rechtsgenosse als Glied einer konkreten Gemeinschaft sein:

«Entscheidend für die Rechtsstellung des Einzelnen ist nicht mehr sein Personsein überhaupt, sondern sein konkretes Gliedsein . . .»[259]

Die Gemeinschaftsabhängigkeit der Rechtsstellung des Einzelnen war alsbald das beherrschende Thema der Rechtserneuerung:

«Wir kennen dann also keine ‹Rechtsperson an sich› und infolgedessen auch keine ‹Rechte an sich› mehr, wir kennen nur noch Volksgenossen (Gliedpersönlichkeiten) und konkrete volksgenössische Berechtigungen (Gliedschaftsrechte).»[260]

Erläuternd wird hinzugefügt:

«Jedenfalls ist der abstrakte Begriff ‹Mensch› oder ‹Rechtsperson› für uns wertlos geworden.»[261]

Die ideologische Ausrichtung dieses Gemeinschaftsbezuges wurde klar ausgesprochen:

«Für den Aufbau der Gemeinschaft ist im nationalsozialistischen Staat vor allem der *Rassegedanke,* die Einsicht in die blutsmäßige Bedingtheit des Volkstums, bestimmend.»[262]

Hier deutet sich eine wichtige Parallele der ideologischen und rechtspolitischen Funktion des konkreten Ordnungsdenkens und der Ausbildung konkret-allgemeiner Begriffsbildung an, auf die Larenz in anderem Zusammenhang selbst hinweist.[263]

Es ist die totalitäre Rassen- und Gemeinschaftsideologie des Nationalsozialismus, die über beide Denkfiguren in ähnlicher Weise der Begriffs-

---

[258] Vgl. E. Wolf/H. Naujoks, Anfang und Ende der Rechtsfähigkeit des Menschen, Frankfurt a. M. 1955, S. 50ff.; H. Westermann, Person und Persönlichkeit als Wert im Zivilrecht, Köln und Opladen 1957, S. 8ff.; kritisch insoweit schon damals H. Lange in seiner Rezension zu K. Larenz, Rechtsperson und subjektives Recht, Berlin 1935, siehe AcP 143 (1937), 105; er verweist darauf, daß die Rechtsfähigkeit jedes Menschen ein Bestandteil des Rechts der Kulturvölker sei.

[259] K. Larenz, Deutsche Rechtserneuerung und Rechtsphilosopie, Tübingen 1934, S. 40.

[260] W. Siebert, Subjektives Recht, konkrete Berechtigung, Pflichtenordnung, DRW I (1936), 23 (28).

[261] W. Siebert, a. a. O., Anm. 1.

[262] K. Larenz, Deutsche Rechtserneuerung und Rechtsphilosophie, Tübingen 1934, S. 39f.

[263] Vgl. K. Larenz, Über Gegenstand und Methode des völkischen Rechtsdenkens, Berlin 1938, S. 29ff. u. 43ff.

umdeutung in die Rechtsordnung eingeschleust wird. Alle einzelnen («konkreten») Lebensverhältnisse sollen in ihrer juristischen Beurteilung nach einer neuen, nationalsozialistischen Rechtsidee ausgerichtet werden. Ausgangspunkt ist die These:

«Der Nationalsozialismus hat in Deutschland eine neue, die spezifisch *deutsche Rechtsidee* zur Geltung gebracht.»[264]

Die Ausrichtung der Rechtsordnung an der Rassenideologie des neuen Staates führte dazu, daß die rassische und völkische «Gliedstellung» des Einzelnen zur Voraussetzung der vollen Rechtsfähigkeit erklärt wurde. Diese Auffassung fand weite literarische Verbreitung. Der Gedanke «ständisch gestufter Ehre» des «völkischen Rechtsgenossen» wurde zunächst für das öffentlich rechtliche Staatsbürgerrecht ausformuliert. Das Staatsbürgerrecht hieß jetzt mit neuem «konkreten» Namen «Rechtsstandschaft»:

«Rechtsstandschaft also besitzt, wer artgleich ist, ständisch in die Arbeitsfront des schaffenden Volkes eingegliedert ist und die überlieferten Werte oder Güter der Nation achtet.»[265]

Die Bedeutung dieser Aussage, die darin liegende Ausgrenzung ganzer Bevölkerungsgruppen aus dem Bürgerrecht wird deutlich, wenn man den Satz negativ formuliert:

Rechtsstandschaft besitzt danach nicht, wer nicht artgleich ist, wer sich nicht ständisch in die Arbeitsfront des schaffenden Volkes eingliedert und wer die überlieferten Werte oder Güter der Nation nicht achtet.

Hier wird also ein Instrument der Aberkennung staatsbürgerlicher Rechte bereitgestellt. Es bekam in der Folgezeit sehr konkrete Bedeutung und Wirksamkeit. Die Beschränkung der «Rechtsstandschaft» auf «Artgleiche» diente objektiv dem Zweck, «rassisch Fremdstämmigen» statt der «Rechtsstandschaft» der (arischen) Vollbürger einen Sonderstatus minderer Qualität zuzuweisen. Er war geknüpft an die Bedingung, daß «... der Volksgast sich den im Gastgebervolk bestehenden Ordnungen fügt, seine Sitten und Gebräuche achtet und sich gegen das Lebensinteresse dieses Volkes in keiner Weise vergeht.»[266]

Die Folgerung aus diesem Sonderstatus der Fremdstämmigen und Ausländer sollte später eine furchtbare Realität erlangen:

«Dann braucht der alte Stamm des deutschen Rechts die Stürme nicht zu fürchten, die noch kommen mögen und wird in urwüchsiger Kraft

---

[264] K. Larenz, Deutsche Rechtserneuerung und Rechtsphilosophie, Tübingen 1934, S. 38; ähnlich E. Wolf, Das Rechtsideal des nationalsozialistischen Staates, ARSP 28 (1934/35), 348.

[265] E. Wolf, a. a. O., 348 (360).

[266] E. Wolf, a. a. O., 348 (360).

auch dem Geziefer (!) trotzen, das wohl in seiner Rinde nisten, aber das
Mark nicht schädigen kann.»[267]
Die Metapher vom Geziefer wird man in der Rückschau als die juristisch-
terminologische Vorwegnahme der «Endlösung» der Judenfrage einordnen müssen. Sicher war die Formulierung dieses Autors nicht von dieser
Absicht getragen. Er wandte sich später entschieden von den Verirrungen
des totalitären NS-Staates ab. Der Satz ist, 1934 geschrieben, ein Zeitzei-
chen und kennzeichnet die Versuchungen juristischer Autoren bei Systemwechseln auf eindrucksvolle Weise.

«Die rassisch-völkische Abstufung der Rechtsstandschaft» blieb nicht
auf das öffentliche Recht beschränkt. Die Stellung als Genosse der deutschen Volksordnung sollte an die «Zugehörigkeit zur deutschen Artge-
meinschaft» gebunden sein.[268]

Die Vorstellungen zur Erneuerung und Umdeutung des Begriffs der
volksgenössischen Rechtsstellung faßte Larenz in einem Vorschlag zur
Neufassung des § 1 BGB zusammen:

  «Rechtsgenosse ist nur, wer Volksgenosse ist; Volksgenosse ist, wer
  deutschen Blutes ist.»[269]
Die gesetzliche Novellierung war aber nicht als *Bedingung,* sondern lediglich als *Bestätigung* der Rechtsänderung gemeint. Der Regelungsvorschlag
sollte nur die «abstrakte» Gesetzesnorm an das geltende Recht anpassen.
Insoweit ist an die neue nationalsozialistische Rechtsquellenlehre zu erinnern. Das Recht lag danach im Wesen der (artgleichen) Gemeinschaft als
einer ihr immanenten Gliederung und konkreten Ordnung.[270]

Die Nicht-Artgleichen, also Nicht-Volksgenossen wurden folgerichtig
aus der «Stellung im Recht» ausgeschlossen:

  *«Wer außerhalb der Volksgemeinschaft steht, steht auch nicht im Recht,
  ist nicht Rechtsgenosse.* Allerdings kann und wird der Fremde in vielen
  Beziehungen als Gast dem Rechtsgenossen gleichgestellt werden.»[271]
Die rechtswissenschaftliche Eigenleistung, die zu diesen Thesen führte,
war vergleichsweise bescheiden. Das Parteiprogramm der NSDAP enthielt die Punkte 4 und 5:

  «4. Staatsbürger kann nur sein, wer Volksgenosse ist. Volksgenosse
  kann nur sein, wer deutschen Blutes ist, ohne Rücksichtnahme auf
  Konfession. Kein Jude kann daher Volksgenosse sein.

---

[267] E. Wolf, a. a. O., 348 (363).
[268] K. Michaelis, Die Überwindung der Begriffe Rechtsfähigkeit und Parteifähigkeit,
DRW II (1937), 301 (315).
[269] K. Larenz, Rechtsperson und subjektives Recht – Zur Wandlung der Rechtsgrundbegriffe, in: K. Larenz (Hrsg.), Grundfragen der neuen Rechtswissenschaft, Berlin 1935, S. 225 (241).
[270] K. Larenz, a. a. O., S. 239.
[271] K. Larenz, a. a. O., S. 241.

5. Wer nicht Staatsbürger ist, soll nur als Gast in Deutschland leben können und muß unter Fremdengesetzgebung stehen.»[272] Der Vorschlag von Larenz folgte also dem Punkt 4 des Parteiprogramms der NSDAP bis in den Wortlaut hinein. In den Parallelen der juristischen Literatur zum Parteiprogramm erweist sich die Wirksamkeit der Lehre, daß dieses Programm als eine Rechtsquelle anzusehen sei. Am Beispiel der Rechtsfähigkeit hat Larenz den «Reichtum» der konkret-allgemeinen Begriffsbildung erläutert:

«Von der umfassenden Rechtsfähigkeit des Vollgenossen (Reichsbürgers) unterscheidet sich danach vor allem die geminderte des ‹werdenden Vollgenossen›, die des nicht der politischen Gemeinschaft angehörigen (staatsfremden), aber nicht artfremden Ausländers und endlich die des Rassefremden.»[273]

Als das 1940 geschrieben wurde, hatten sich die geminderte Rechtsfähigkeit und Rechtsstellung, vor allem auch der geminderte Personenschutz der «Rassefremden» in den Pogromen seit dem 9. November 1938 bereits deutlich und für jedermann sichtbar erwiesen. Das hier dargestellte Beispiel der rassisch und völkisch gegliederten Rechtsstellung wurde als Musterfall der «Logik» und des «Inhalts» konkret-allgemeiner Begriffskonstruktionen in der damaligen Literatur immer wieder angeführt.[274] Die Intensität der Rechtsminderung, die für Angehörige anderer Rassen oder für wirkliche oder vermeintliche politische Gegner aus der «völkisch gegliederten Rechtsfähigkeit» nach dieser Begriffslogik abgeleitet wurde, richtete sich nach dem jeweiligen Stand der rassenpolitischen Absichten der NS-Führung. Dafür gab es elastische Formeln:

«Für das völkische Rechtsdenken ist die Rechtsfähigkeit dagegen gegliedert. Es macht für ihren Inhalt und damit für die Rechtsstellung der Persönlichkeit einen wesentlichen Unterschied aus, ob jemand Rassegenosse oder Rassefremder, ferner innerhalb der Rechtsfähigkeit des Volksgenossen, ob er Reichsbürger, werdender Reichsbürger oder in seiner persönlichen Rechtsstellung, z. B. durch Ehrverlust, gemindert ist. ... Rassefremden ist das ‹Connubium›[275] ver-

---

[272] Vgl. W. Hofer, Der Nationalsozialismus, Dokumente 1933–1945, Frankfurt a. M. 1957 (jetzt in überarbeitetet Neuausgabe 1982), S. 28.

[273] K. Larenz, Zur Logik des konkreten Begriffs – Eine Voruntersuchung zur Rechtsphilosophie, DRW V (1940), 279 (289).

[274] Vgl. etwa K. Larenz, Gemeinschaft und Rechtsstellung, DRW I (1936), 31 ff.; K. Michaelis, Die Überwindung der Begriffe Rechtsfähigkeit und Parteifähigkeit, DRW II (1937), 301 (315).

[275] Lies: die Ehefähigkeit; vgl. dazu das sog. «Gesetz zum Schutze des deutschen Blutes und der deutschen Ehre» (Blutschutzgesetz) v. 15. 9. 1935, RGBl I 1146, das in § 1 «... Staatsangehörigen deutschen und artverwandten Blutes ...» die Eheschließung mit Juden (einschließlich Personen, die einen jüdischen Großelternteil hatten) verbot.

sagt, was gleichfalls eine Minderung ihrer Rechtsfähigkeit bedeutet.»[276]

Andere Autoren schlugen vor, jede öffentliche Bekundung einer Verachtung der geschichtlichen kulturellen[277] und religiösen Werte des Volkes außer mit der Kriminalstrafe mit dem Ausschluß von allen öffentlichen Ämtern und Funktionen im Sinne einer Minderung der «Rechtsstandschaft» zu ahnden.[278] Auch das Eigentum an einem Erbhof wurde als eine solche öffentliche, zu entziehende Funktion verstanden.

Für die «konkrete» Rechtsfähigkeit war die sog. volksgenössische Ehre eine entscheidende Voraussetzung:

«Letzten Endes bedeutet *jede Ehrenstrafe eine Beeinträchtigung des Rechtsgenosse-Seins des Volksgenossen* und damit der Rechtsfähigkeit.»[279]

Die gleiche zivilrechtliche Rechtsfähigkeit des § 1 BGB wurde so von ihrer historischen und normativen Grundlage abgelöst. Konkret-allgemein umgestaltet wurde der Begriff ganz in den Dienst der totalitären Staatsidee gestellt. Allerdings erwies sich die traditionelle Auffassung, daß jeder Mensch rechtsfähig sei, wie sie in § 1 BGB ausgedrückt ist, zunächst noch als Schranke für eine totale Entrechtung der Juden. Auch die Vertreter der völkischen Rechtserneuerung sprachen den «Rassefremden» nicht schlechthin die Rechtsfähigkeit und damit das Mensch- und Person-Sein ab.[280]

Die Rechtsprechung des Reichsgerichts, angeleitet durch die völkisch-rassische Abstufung der Rechtsfähigkeit in der juristischen Literatur der NS-Zeit, hat später auch diese Schranke niedergelegt.[281] Das Reichsgericht führte aus, seit der Machtübernahme sei der «Befugniskreis» der einzelnen Rechtsgenossen *rassemäßig* bedingt. Der nationalsozialisti-

---

[276] K. Larenz, Über Gegenstand und Methode des völkischen Rechtsdenkens, Berlin 1938, S. 52.

[277] Lies: auch weltanschaulichen.

[278] E. Wolf, Das Rechtsideal des nationalsozialistischen Staates, ARSP 28 (1934/35), 348 (361).

[279] K. Larenz, Rechtsperson und subjektives Recht – Zur Wandlung der Rechtsgrundbegriffe, in: K. Larenz (Hrsg.), Grundfragen der neuen Rechtswissenschaft, Berlin 1935, S. 225 (243); vgl. ders., Gemeinschaft und Rechtsstellung, DRW I (1936), 31 (33 m. Fn. 1); W. Siebert, Subjektives Recht, konkrete Berechtigung, Pflichtenordnung, DRW I (1936), 23 (28).

[280] K. Larenz, Rechtsperson und subjektives Recht – Zur Wandlung der Rechtsgrundbegriffe, in: K. Larenz (Hrsg.), Grundfragen der neuen Rechtswissenschaft, Berlin 1935, S. 225 (241); ders., Gemeinschaft und Rechtsstellung, DRW I (1936), 31 f.; ders., Über Gegenstand und Methode des völkischen Rechtsdenkens, Berlin 1938, S. 52; ders., Zur Logik des konkreten Begriffs – Eine Voruntersuchung zur Rechtsphilosophie, DRW V (1940), 279 (289).

[281] RG, Urt. v. 27. 6. 1936, Seuff Arch. 91 (1937), 65; vgl. zuerst KG, Urt. v. 17. 11. 1933, JW 1933, 2918.

schen Weltanschauung entspreche es, nur Deutschstämmige und gesetzlich Gleichgestellte als vollgültig zu behandeln. Damit würden Vorstellungen des früheren Fremdenrechts wieder aufgenommen. Früher habe man Personen voller Rechtsfähigkeit, minderen Rechts und auch die völlige Rechtlosigkeit, etwa die Rechtsfigur des «bürgerlichen Todes» oder des «Klostertodes» gekannt. Die gesetzlich angeordnete, rassepolitisch bedingte Änderung in der Geltung der Persönlichkeit (Arbeitsverbot für einen jüdischen Regisseur nach 1933) sei ein den vertraglich geregelten Hinderungsfällen von Krankheit oder Tod vergleichbarer Tatbestand.[282] Die jüdische Abstammung eines Regisseurs wurde also für die Frage der Vertragsstörung einer Krankheit oder seinem Tod gleichgestellt.

Das Beispiel zeigt, in welcher Weise die Lehre von der konkret-allgemein gedeuteten Rechtsfähigkeit als Waffe zur Verdrängung von Juden aus dem Rechtsverkehr und dem Berufsleben eingesetzt werden konnte.[283]

6. Funktionsanalyse der kaB

a) Rechtsänderung durch Begriffsänderung

Die Bildung von kaB in der Rechtslehre nach 1933 diente dazu, die rechtspolitisch erwünschte *Rechts*änderung («völkische Rechtserneuerung») durch eine gezielte *Begriffs*änderung herbeizuführen. Der ideologisch-weltanschauliche Inhalt aller maßgeblichen Rechtsgrundbegriffe sollte durch ihre Einordnung in den übergeordneten Zusammenhang der rassisch-völkischen Lebensordnung ausgetauscht werden.

Rechtsmethodisch betrachtet war dies ein Rückgriff auf die Art der Normgewinnung, die im 19. Jahrhundert üblich und von Ph. Heck als «technische Begriffsjurisprudenz» kritisch analysiert worden war.[284] Die rechtswissenschaftlichen Begriffe, die zur Ordnung des normativen Stoffes und zur Darstellung seiner Probleme dienen sollen, werden hier im Wege einer Funktionsvertauschung als Instrumente zur Produktion neuer, bisher nicht vorhandener Rechtsgebote benutzt. Der Funktionsverschiebung der Begriffe entspricht eine Kompetenz- und Machtverschiebung ihrer Konstrukteure und Anwender. Der Schöpfer oder Interpret konkret-allgemeiner Begriffe beansprucht, wenn er daraus Rechtsnormen ableitet, die Rolle des Gesetzgebers. Er «verordnet», was jetzt durch die

---

[282] RG, Urt. v. 27. 6. 1936, Seuff Arch. 91 (1937), 65 (68).

[283] Vgl. zum ganzen B. Rüthers, Die unbegrenzte Auslegung – Zum Wandel der Privatrechtsordnung im Nationalsozialismus, 2. Aufl., Frankfurt a. M. 1973, S. 216 ff., 255 ff.

[284] Ph. Heck, Begriffsbildung und Interessenjurisprudenz, Tübingen 1932, S. 91 ff. m. Nachw.; ders., Das Problem der Rechtsgewinnung, 2. Aufl., Tübingen 1932, S. 9 ff.

«völkisch» oder wie auch immer gedeuteten Grundbegriffe geltendes Recht sein soll. Der normsetzende, gleichsam gesetzgebende Akt, der in dieser Art der Begriffsbildung lag, wurde von ihren Vertretern offen zugegeben.[285] Die Wiederbelebung der begriffsjuristischen Methoden wurde von Ph. Heck klar gesehen und kritisch beleuchtet.[286]

b) Offenheit und Dynamik der Begriffsinhalte

Die kaB sind gekennzeichnet durch eine unbegrenzte Anschmiegsamkeit an gewandelte Tatsachen, Machtlagen und Wertvorstellungen. Sie nehmen jede Veränderung der Fakten oder der Wertvorstellungen im jeweils herrschenden politischen System beliebig in sich auf und formen diesen Wandel in geltendes Recht um. Dafür gibt es ein besonders augenfälliges Beispiel, nämlich den zweimal durch politischen Systemwechsel veränderten Inhalt des Begriffs der «Person». Für ihn liegen zwei konkret-allgemeine Deutungen vor. Im Jahre 1935 war das Person-Sein in konkret-allgemeiner Entfaltung dieses Begriffs bedingt durch die konkrete Glied-Stellung in der Volksgemeinschaft:

«*Rechtsgenosse ist nur, wer Volksgenosse ist; Volksgenosse ist, wer deutschen Blutes ist.*»[287]

Daraus folgte als Rechtsgebot die geminderte Rechtsfähigkeit aller Nicht-Volksgenossen.[288] Damit war der rechtstheoretische Ansatz für die Minderung der Rechtsstellung von Juden gegeben, der später zu ihrer rechtlich begründeten Rechtlosigkeit führte. Im Jahr 1960 brachte der nämliche konkret-allgemeine Begriff der Person und der Rechtsfähigkeit die prinzipielle Gleichheit und Würde aller Menschen als verbindliches

---

[285] Vgl. etwa C. Schmitt, Nationalsozialistisches Rechtsdenken, DR 1934, 225 (229): «Wir denken die Rechtsbegriffe um.»; K. Larenz, Rechtsperson und subjektives Recht – Zur Wandlung der Rechtsgrundbegriffe, in: K. Larenz (Hrsg.), Grundfragen der neuen Rechtswissenschaft, Berlin 1935, S. 225 (238): «Wir müssen vielmehr den Versuch wagen, sie (lies: die alten Begriffe) durch andere, *unserem* Rechtsdenken gemäße Begriffe zu ersetzen...»; W. Siebert, Vom Wesen des Rechtsmißbrauchs – Über die konkrete Gestaltung der Rechte, in: K. Larenz, Grundfragen der neuen Rechtswissenschaft, Berlin 1935, S. 189 (200f.).

[286] Ph. Heck, Rechtsphilosophie und Interessenjurisprudenz, AcP 143 (1937), 129 (182ff.); dagegen K. Larenz, Rechtswissenschaft und Rechtsphilosophie – Eine Erwiderung, AcP 143 (1937), 257 (271ff.). Sein Plädoyer für eine «philosophiefreie» Jurisprudenz verkannte allerdings, wie K. Larenz ihm insoweit zutreffend entgegenhielt, daß jede juristische Methode notwendig einen Begriff des Rechts und der Rechtsquellen voraussetzt, also letztlich in rechtsphilosophischen Grundanschauungen wurzelt. Vgl. zu dem Streit um die beste Methode der völkischen Rechtserneuerung auch Ph. Heck, Rechtserneuerung und juristische Methodenlehre, Tübingen 1936, S. 35ff.

[287] K. Larenz, Rechtsperson und subjektives Recht – Zur Wandlung der Rechtsgrundbegriffe, in: K. Larenz (Hrsg.), Grundfragen der neuen Rechtswissenschaft, Berlin 1935, S. 225, (241).

[288] Vgl. K. Larenz, a. a. O., S. 241ff.

Rechtsgebot hervor. Ihm entspricht eine wechselseitige Pflicht aller Menschen zur Achtung und Anerkennung der Personwürde der anderen.[289]

c) Durchsetzung neuer «Rechtsideen»

Die Wandelbarkeit und die jeweilige Verbindlichkeit der aus den kaB abgeleiteten oder auch «hervorgezauberten» neuen Rechtsgebote ergibt sich aus der Vorstellung, das Recht sei nicht in den gesetzlichen Gewährleistungen zu suchen, sondern in einer vorgegebenen, umfassenden, den Sinn aller Rechtsfiguren und Rechtseinrichtungen bestimmenden überpositiven Gesamtordnung der Rechtsgemeinschaft, in einer überpositiven «Rechtsidee» begründet.

Die kaB sind, historisch betrachtet, der Ausdruck einer relativistisch-dynamisch verstandenen Rechtsidee. Ihr jeweiliger Inhalt wird von den in Staat und Gesellschaft etablierten, «tonangebenden» Kräften und Gruppen bestimmt. Die kaB stellen jeder beliebigen Version von Gerechtigkeitsvorstellungen, wenn sie nur durchsetzungsmächtig genug sind, einen geeigneten juristisch-technischen Begriffsapparat zur Verfügung.

Die seltsame, fast zauberhafte, jedenfalls nicht leicht durchschaubare Konstruktion und Wirkungsmacht der konkret-allgemeinen Begriffsbildung ist auch ihrem Hauptvertreter Karl Larenz nicht verborgen geblieben. In der ersten Auflage seiner «Methodenlehre der Rechtswissenschaft» von 1960 werden die kaB noch in einem umfänglichen Abschnitt vorgestellt und als «apriorische Sinnbegriffe des Rechts» empfohlen.[290] An einer Stelle findet sich dazu der vielsagende Satz:

«Wer sich auf den ‹konkreten Begriff› einläßt, verläßt den Boden einigermaßen als gesichert geltender Denkmethoden, er setzt sich damit nicht geringen Gefahren aus.»[291]

Dieser Feststellung wird man uneingeschränkt zustimmen müssen. Die Gefahren, die von dieser Denkfigur ausgehen, treffen allerdings nicht nur, nicht einmal in erster Linie den, der sich darauf einläßt. Alle vermeintlich gesicherten Gewährleistungen der gesetzlichen Rechtsordnung geraten in Gefahr, wenn sie durch die ideologischen Gleitklauseln schillernd entfalteter konkreter Begriffe, Typen und Typenreihen relativiert werden. Dasselbe gilt für «konkrete Ordnungen».

Die Überzeugung, daß die nach 1933 entwickelten, spezifisch der neu-

---

[289] K. Larenz, Methodenlehre der Rechtswissenschaft, 1. Aufl., Berlin/Göttingen/Heidelberg 1960, S. 363 f.; vgl. ders., Allgemeiner Teil des Deutschen Bürgerlichen Rechts, 1. Aufl., München 1967, S. 56 ff.

[290] K. Larenz, Methodenlehre der Rechtswissenschaft, 1. Aufl., Berlin/Göttingen/Heidelberg 1960, S. 353 f., 362 ff.; diese Passage ist in den späteren Auflagen, offenbar unter dem Eindruck vergleichender Betrachtung der «Entfaltungen» der konkret-allgemeinen Begriffe vor und nach 1945, weitgehend entfallen.

[291] K. Larenz, a. a. O., S. 355. Der Satz ist in späteren Auflagen entfallen.

en deutschen Rechtsidee und der völkischen Rechtserneuerung zuge-
schriebenen Denkmethoden auch für die neue Verfassungsepoche nach
1949 geeignet seien, war Karl Larenz und Carl Schmitt gemeinsam.
Schmitt vertrat ebenfalls noch 1959 die Ansicht, daß der juristisch sinnvolle Verfassungsvollzug «... nur in konkreten Ordnungen auf Grund
von festen Satzungen und klaren Entscheidungen vor sich geht.»[292] Was
neben den gleitenden konkreten Ordnungen «feste» Satzungen und «klare» Entscheidungen an Rechtssicherheit verbürgen könnten, blieb (ver-
ständlicherweise) offen.

---

[292] C. Schmitt, Die Tyrannei der Werte, in: Säkularisation und Utopie, Ebracher
Studien, Ernst Forsthoff zum 65. Geburtstag, Stuttgart/Berlin/Köln/Mainz 1967, S. 37
(45).

2. Kapitel

Verklärung, Verdammung, Verfälschung –
Zum Zusammenhang von Personen- und Geschichtsbildern

A. Verfassungswandel und Juristenrisiko

Juristen leben gefährlich, wenn die Verfassungen und die politischen Systeme wechseln. Sie sind den jeweiligen Machthabern und dem Zeitgeist verbunden oder ausgeliefert, oft beides. Deren Einfälle und – leider – auch deren Verirrungen und Ausfälle verwandeln sie im Wege der Rechtsanwendung in «geltendes Recht».

Das 20. Jahrhundert hat Deutschland in seiner ersten Hälfte fünf verschiedene Verfassungssysteme beschert (Kaiserreich, Weimar, NS-Staat, Bundesrepublik Deutschland, DDR). Jurist in drei oder gar vier Reichen gewesen zu sein, ist für die Jahrgänge zwischen 1880 und 1890 kein seltenes Schicksal. Wer es durchlebte, geriet unvermeidbar in heikle Situationen. Das Thema «Recht und Rechtswissenschaft im Nationalsozialismus» bereitet den Juristen, den Historikern und den Medien erhebliche Probleme. Das hat mehrere Gründe. Ein Teil derer, die sich damit beschäftigen, wird weniger von Neugier oder Wahrheitsdrang als von politischen Interessen angetrieben. Er will bestimmte Vor-Urteile – sei es über *die* Juristen, *die* Beamten, *die* Konservativen, *die* Bürgerlichen, *den* Kapitalismus oder *die* Bundesrepublik – bestätigt sehen.

Die Juristen selbst haben die Geschichte ihrer Wissenschaft und Praxis lange Zeit weitgehend aus ihrem Bewußtsein verdrängt, manche bis heute. Auch das kann nicht verwundern, denn die personellen Stäbe in den Gerichten und Universitäten waren, von Ausnahmen abgesehen, ganz überwiegend erhalten geblieben. Jüngere hielten sich oft aus Solidarität und Pietät zu ihren Lehrern und Vorgesetzten, nicht selten auch aus der Rücksicht auf ihre Karrierechancen, von solchen Themen fern. Im Rechtsunterricht wurden diese Probleme – wie in den Lehr- und Handbüchern zur Rechtsgeschichte der Neuzeit und zur Rechtstheorie (juristische Methodenlehre) – lange verschwiegen. Wer stellt sich schon von Grund auf selbst in Frage? Gegen Ende der sechziger Jahre kamen dann die ersten Arbeiten zur Analyse der Rechtsentwicklung im Nationalsozialismus auf den Markt. Sie zeigten einen interessanten Befund.

Die Perversion des Rechts im Nationalsozialismus zum totalitären Unrecht, zum Instrument der Vernichtung aller wirklichen oder vermeintlichen «Feinde» der NS-Weltanschauung, war nicht in erster Linie ein Werk des national-sozialistischen Gesetzgebers. Die neue Führung hat zu größeren Gesetzgebungsvorhaben nur auf wenigen Teilgebieten Kraft und Zeit gefunden (z. B. Ermächtigungsgesetz, Gesetz zur Erneuerung des Berufsbeamtentums, Gesetz zur Ordnung der nationalen Arbeit, Rassengesetzgebung, Ehegesetz). Die überkommene Rechtsordnung der Weimarer Republik wurde durch «Auslegung», besser: durch die Einlegung der weltanschaulichen Grundprinzipien des Nationalsozialismus, auf die Ziele des NS-Staates ausgerichtet. Dabei wirkten die Ministerialbürokratie, die Gerichte und die Universitäten durch ihre jeweils den neuen Ton angebenden Repräsentanten in einer für die «nationale Revolution» der neuen Machthaber erfreulich reibungslosen und ergebnisträchtigen Weise zusammen.

Wer sich mit solchen Entwicklungen und den damals handelnden Personen beschäftigt, wer erforschen will, was tatsächlich geschah, wo und von wem die Weichen für die «nationalsozialistische Rechtserneuerung» und das «völkische Rechtsdenken» gestellt wurden, der tut gut daran, mit moralischen Urteilen über die damals Schreibenden und Handelnden zurückhaltend zu sein. Dieser Vorschlag stößt regelmäßig auf den lebhaften Widerstand, ja die Empörung eifriger Moralisten. Sie machen es sich leicht. Aus heutiger Sicht sind pauschale Unwerturteile schnell bei der Hand. Es ist jedoch problematisch, im Nachhinein fremde Moral einzufordern. Einerseits sind die Ereignisse von unserem Erfahrungshorizont weit entfernt. Aus der Sicht der Gegenwart können die Handlungs- und Entscheidungsbedingungen (oder auch -zwänge!), die damals herrschten, kaum noch nachgefühlt werden. Andererseits ist der Zeitabstand für ein abgewogenes, halbwegs tragfähiges Urteil zu diesen Fragen zu gering. Wir sind zu sehr eingebunden in den Prozeß der politischen Folgen, der Polemiken und der Irrwege von damals. Unser Urteil fällt (noch?) zu parteilich aus. Gleichwohl müssen wir uns erinnern, schon um der Opfer willen; wenn aber Erinnerung geschuldet ist, und zwar nicht nur zu Jubiläen oder Geburts- und Todestagen, dann muß sie ehrlich und vollständig sein. Gerade hier gibt es peinliche, weil vorsätzliche und grob fahrlässige Erinnerungslücken. Die halbe Wahrheit ist in der Regel eine ganze Unwahrheit.

Die wirklichkeitsgetreue Erfassung der historischen Vorgänge, die zur Anpassung der Rechtsordnung von Weimar an die Forderungen der nationalsozialistischen Machthaber geführt haben, ist nicht nur historisch bedeutsam. Der Systemwandel von Weimar zum NS-Staat hat für die Jurisprudenz exemplarischen Charakter. Am Ausnahmezustand der grundlegenden – in damals aufkommender Sprechweise «totalen» – politischen Umwertung des Rechts bis hin zur totalitären Rechtsperversion werden die im Grund alltäglichen Versuchbarkeiten und Risiken der

Rechtswissenschaft und Rechtspraxis augenfällig deutlich. Die Geschichte dieser Disziplin im Nationalsozialismus ist also gegenwarts- und zukunftsträchtig. Umso wichtiger ist es, daß die vielfältigen Abläufe dieses Umwertungsprozesses einer überkommenen Rechtsordnung auf ein neues politisches und Verfassungssystem präzise und unverfälscht erfaßt werden. Es kommt primär darauf an, die realen Funktionszusammenhänge, die zur «völkischen Rechtserneuerung» führten, aus ihrer Zeit heraus zu verstehen. Das ist wegen des zeitlichen Abstandes und der großen Differenz und Distanz des heutigen Betrachters zum damaligen Lebensgefühl eine schwierige, allenfalls annäherungsweise lösbare Aufgabe.

Sie wird zusätzlich erschwert, wenn und soweit – aus welchen Gründen immer – die Betrachter wertend Partei ergreifen für oder gegen die damals handelnden Personen. Vorschnelle moralische Urteile – seien es Loblieder, Rechtfertigungen oder Verdammungen – trüben den Blick für die Tatsachen. Es ist schon deshalb, aber auch aus Gründen der zweifelhaften moralischen Kompetenz der Beurteiler, Zurückhaltung und Vorsicht geboten.

B. Carl Schmitt als Paradigma – Person und Werk im Zwielicht

Die Zurückhaltung gegenüber der wissenschaftlichen und auch persönlichen Qualifikation von führenden (auch juristischen) Köpfen der NS-Zeit wird schwierig, wenn es um Gedenkaufsätze (Geburtstage, Jubiläen oder Nachrufe) geht. In der pietätvollen Sicht wohlmeinender Kollegen, Schüler, Jünger oder Freunde gerät vieles unversehens zum Lobgesang oder gar zum Heldenlied. Die geschichtliche Wirklichkeit wird durch Weihrauch leicht vernebelt. Die Häufigkeit solcher Verfremdungen oder gar Verfälschungen fordert die Frage heraus: Wie war es wirklich? Denn: Falsches historisches Bewußtsein wirkt fort. Es verführt zu neuen Irrwegen, und seien es auch «nur» die Wiederholungen der alten.

Als Beispiel kann das (Zerr-) Bild und das Nachwirken von Person und Werk Carl Schmitts dienen. Seine Entwicklung zwischen 1933 und 1945, so unverwechselbar sie auch persönlich geprägt ist, steht für viele seiner Kollegen in dieser Epoche. Man könnte, mit anderen Schwerpunkten und Aspekten, auch die Schriften von Forsthoff, Höhn, Maunz, Küchenhoff, Larenz, Hedemann, Eckhardt, Koellreutter, Dahm oder vieler anderer analysieren. Das Herausgreifen einer Person und ihres Werkes bedeutet also unvermeidlich Verengungen und Gewichtungen, die willkürlich erscheinen und zu Mißverständnissen Anlaß geben können. Die Wahl Schmitts als Beispiel rechtfertigt sich durch den intellektuellen Rang seiner Schriften und durch die Intensität seiner Wirkungen.

Schmitt wurde und wird in der Publizistik der Bundesrepublik Deutschland neuerdings, nach drei bemerkenswerten Festschriften[1] (1953, 1959 und 1968), zu einem «Klassiker» des politischen Denkens und zu einem «Großen» des Öffentlichen Rechts und des Völkerrechts ernannt.[2] In den vielfachen Gratulationsbeiträgen und Würdigungen zum 85., 90. und 95. Geburtstag und zu seinem Tod (7. 4. 1985) waren – anlaßgemäß – die positiven Würdigungen, bisweilen auch Jubeltöne dominierend.[3] Vom vielleicht bedeutendsten deutschen Staatsrechtslehrer war die Rede, von seinem ungebrochenen Ruhm in der Wissenschaft, von seiner «Größe» als Lehrer, wenn auch angegriffen und verfemt.

Verfemt war er in der Tat, weil er zu den wenigen Professoren seines Faches gehörte, die nach 1945 keinen Lehrstuhl mehr bekamen, außer ihm z. B. noch der SS-Sturmbannführer Reinhard Höhn, der nach 1950 eine vielbesuchte Managementschule eröffnete. Das von Höhn konzipierte und von ihm geleitete Institut war in der Nachkriegszeit sehr erfolgreich. Seine jetzt oft führend in der Industrie tätigen Freunde aus der SS – Zeit setzten sich bei den unter ihrem Einfluß stehenden Firmen nachdrücklich für das «Harzburger Modell» der Unternehmensführung ein.

---

[1] Zunächst eine Festschrift zum 65. Geburtstag, ungedrucktes Manuskript, 1953; ferner Festschrift für Carl Schmitt zum 70. Geburtstag, hrsg. von H. Barion, E. Forsthoff, W. Weber, Berlin 1959; vgl. dazu kritisch A. Schüle, Eine Festschrift JZ 1959, 729; Epirrhosis – Festgabe für Carl Schmitt, hrsg. von H. Barion, E.-W. Böckenförde, E. Forsthoff, W. Weber, zwei Teilbände, Berlin 1968; der zweite Teilband enthält die Beiträge solcher Autoren, die nach 1945 in Kontakt zu Carl Schmitt traten.

[2] G. Maschke, Positionen inmitten des Hasses – Der Staat, der Feind und das Recht – der umstrittene Denker Carl Schmitt/Zu seinem Tode, in: FAZ vom 11. 4. 1985, S. 25; B. Willms (Bochum) nach dem Bericht von G. Lübbe-Wolf, Von der Unperson zum Klassiker – Eine Tagung über Carl Schmitts Stellung in den Rechts- und Geisteswissenschaften, in: FAZ vom 8. 10. 1986, S. 34.

[3] Vgl. F. K. Fromme, Der Mann, der den lebenden Parlamentarismus sezierte, in: FAZ vom 11. 7. 1973, S. 2; dazu G. Leibholz, Die Haltung Carl Schmitts, in: FAZ vom 24. 7. 1973, S. 9; R. Altmann, Macht die Verfassung noch den Staat? – Carl Schmitt wird neunzig, in: Beilage zur FAZ vom 8. 7. 1978; ferner E. Straub, Der Jurist im Zwielicht des Politischen, in: Beilage zur FAZ vom 18. 7. 1981; zum Tod Schmitts dann G. Maschke, Positionen inmitten des Hasses – Der Staat, der Feind und das Recht – Der umstrittene Denker Carl Schmitt/Zu seinem Tode, in: FAZ vom 11. 4. 1985, S. 25 und D. Sternberger, Die Irrtümer Carl Schmitts, in: Beilage zur FAZ vom 1. 6. 1985; zuletzt R. Altmann und J. Gross, Was bleibt von Carl Schmitt? – Verfassungslehre als politische Wissenschaft, in: Beilage zur FAZ vom 4. 10. 1986.

I. Die Absage an Weimar

Warum wurde und wird Schmitt von einem beträchtlichen Teil der Fach-genossen und der politisch und historisch Denkenden abgelehnt? Um das zu verstehen, muß man das gesamte Schrifttum dieses Autors lesen, also nicht nur jene brillant geschriebenen, viel zitierten und vieldeutigen Schriften aus der Zeit vor 1930 und nach 1945, welche bis heute die Grundlage seiner internationalen Publizität bilden. Es sind vor allem zwei Bereiche seines Wirkens, die ihm Kritik und Gegnerschaft eingetra-gen haben.

Der erste war die entschiedene Absage an die parlamentarische Demo-kratie von Weimar und das Votum für einen autoritären und «totalen» Staat. Diese Position Schmitts durchzieht sein gesamtes Schrifttum be-reits vor 1933. Wer den Begriff des Politischen allein von der Position des Freund-Feind-Schemas her definiert und die Dezision als beherrschendes Element des juristischen und politischen Denkens verehrt, der muß das Handeln in Kompromissen verachten, wie es der parlamentarischen De-mokratie entspricht. Zum verbalen Höhepunkt seiner radikalen Polemik gegen demokratische Wahlen findet Schmitt in einem auch vom Zeit-punkt des Erscheinens her beachtenswerten Aufsatz Anfang Februar 1933 mit dem Titel «Weiterentwicklung des totalen Staates in Deutsch-land»:[4]

«Ich behaupte aber, daß der Vorgang, wie er sich heute abspielt, *über-haupt keine Wahl* mehr ist. Denn was geht vor sich? Fünf Parteilisten, auf eine höchst geheime, okkulte Weise entstanden, von fünf Organisa-tionen diktiert, erscheinen. Die Massen begeben sich sozusagen in fünf bereitstehende Hürden, und die statistische Aufnahme dieses Vorgan-ges nennt man ‹Wahl›. Was ist das in der Sache? Man sollte sich diese Frage doch endlich einmal deutlich zum Bewußtsein bringen, ehe Deutschland an derartigen Methoden politischer Willensbildung zu-grunde gegangen ist. Es ist in der Sache eine geradezu *phantastische Option* zwischen fünf untereinander völlig unvereinbaren, völlig entge-gengesetzten, in ihrem Nebeneinander sinnlosen, aber jedes in sich geschlossenen und in sich totalen *Systemen* mit fünf entgegengesetzten Weltanschauungen, Staatsformen und Wirtschaftssystemen. Zwischen fünf organisierten Systemen, von denen jedes in sich total ist und jedes, konsequent zu Ende gedacht, das andere aufhebt und vernichtet, also z. B. zwischen Atheismus oder Christentum, gleichzeitig zwischen So-zialismus oder Kapitalismus, gleichzeitig etwa zwischen Monarchie oder Republik, zwischen Moskau, Rom, Wittenberg, Genf und Brau-

⁴ C. Schmitt, Verfassungsrechtliche Aufsätze aus den Jahren 1924–1945 – Materia-lien zu einer Verfassungslehre, Berlin 1958, S. 359.

nem Haus und ähnlichen inkompatiblen Freund-Feind-Alternativen, hinter denen feste Organisationen stehen, soll ein Volk mehrmals im Jahre optieren!

. . .

Das Ergebnis sind immer nur fünf verschiedene Volksteile mit fünf verschiedenen politischen Systemen und Organisationen, die sich in ihrem zusammenhanglosen, ja, feindlichen Nebeneinander gegenseitig zu besiegen oder zu betrügen suchen und, zu jeder positiven Arbeit unfähig, sich immer nur im Negativen begegnen und höchstens einmal . . . in einem Nullpunkt treffen.»[5]

Das Zitat mit seiner rabulistischen Ausschließung jeder rational sinnvollen Möglichkeit einer parlamentarisch-demokratischen Willensbildung und Staatsbegründung enthält in einer eindrucksstarken Verdichtung die antidemokratischen und antiliberalen Grundpositionen des Schmittschen Denkens. Die stimmberechtigten Bürger werden bildhaft in Schafe, die Parteien in «Hürden» verwandelt. Liberale Demokratie wird als phantastischer Unsinn dargestellt.

Dem Vorwurf, er sei einer der Totengräber der Weimarer Republik gewesen, hat Schmitt selbst spöttisch zugestimmt: «Wenn ich der Totengräber war, dann muß sie vorher gestorben sein, oder ein anderer hat sie vorher ermordet!»[6]

Der Hinweis übergeht die Tatsache, daß schon mancher Mörder sein Opfer selbst verscharrt hat. Liest man die Schriften Schmitts aus der Endphase von Weimar, so ist seine These nicht plausibel. Schmitt hat die parlamentarische Demokratie von Weimar mit allem Scharfsinn bekämpft, der ihm zu Gebote stand. Es gibt eine «Schuld der Worte», und gerade die Zerstörung einer Staats- und Rechtsordnung kann durch tödliche Wörter bewirkt oder doch beflügelt werden. Die Attitüde des Spotts überdeckt diesen Zusammenhang nicht. Das Schrifttum in der Endphase von Weimar ist zugleich ein Beispiel dafür, was eine «offene Gesellschaft der Verfassungsinterpreten» (P. Häberle) auch zum Abbau einer Staatsform zu leisten vermag. Der Begriff hat hier eine reale historische Grundlage.

Der zweite angegriffene Werk- und Wirkbereich Schmitts betrifft seine Rolle nach dem 30. Januar 1933. Er war in den letzten Krisenphasen der Republik vor ihrer Beseitigung Berater des Generals von Schleicher gewesen. Als rücksichtsloser Verfechter der (verfassungsgesetzlich vorgese-

---

[5] C. Schmitt, Weiterentwicklung des totalen Staats in Deutschland (1933), in: C. Schmitt, Verfassungsrechtliche Aufsätze aus den Jahren 1924–1945 – Materialien zu einer Verfassungslehre, Berlin 1958, S. 359 (363 f.).

[6] Zitiert nach G. Maschke, Positionen inmitten des Hasses – Der Staat, der Feind und das Recht – Der umstrittene Denker Carl Schmitt/Zu seinem Tode, in: FAZ v. 11. 4. 1985, S. 25.

henen) quasi diktatorischen Vollmachten des Reichspräsidenten hatte er sich entschieden gegen eine Rückkehr zur parlamentarischen Regierungsform ausgesprochen. Eine solche Rückkehr hatte vielleicht damals wegen des Trends breiter Wählerschichten zu verfassungsfeindlichen Parteien (Nationalsozialisten und Kommunisten) keine Chance mehr. In seiner letzten größeren Arbeit vor der Machtergreifung[7] wies er andererseits noch auf die nur *begrenzte* Änderbarkeit der Verfassung hin und wollte die Substanz der Republik diktatorial verteidigt sehen (Art. 48 WRV). Parteien, die auf eine umfassende Verfassungswandlung, einen Umsturz aus waren, konnten nach Schmitts Überzeugung verboten werden. Diese Feststellungen richteten sich nach 1932 nach Lage der Dinge hauptsächlich gegen die zwei Parteien, welche die Republik beseitigen wollten, die Kommunisten und die Nationalsozialisten.

War das Buch als Beitrag zur Erhaltung des liberalen und demokratischen Verfassungsstaates von Weimar gedacht? Gerade das wird man im Hinblick auf die unablässigen scharfen Angriffe Schmitts gegen den Parlamentarismus und den Liberalismus spätestens seit seinem «Begriff des Politischen» (1927), vielleicht schon seit seiner Schrift über «Die geistesgeschichtliche Lage des heutigen Parlamentarismus» (1923) bezweifeln müssen. Die Schrift von 1932 war kein Versuch zur Erhaltung der Staatlichkeit und des Verfassungsgefüges des Weimarer Staates. Sie enthielt keine Abkehr Schmitts von seinen prinzipiellen antiliberalen und antidemokratischen Grundpositionen. Es ging allein um die verfassungstheoretische Frage der Zulässigkeit von Verfassungsänderungen.

II. Der Mitarbeiter des Führers

Kurze Zeit nach dem 30. Januar 1933 stellte sich Carl Schmitt «auf den Boden der neuen Tatsachen».[8]

Wenige Wochen nach der Machtergreifung erreichte ihn eine briefliche Mahnung des Freiburger Philosophen Martin Heidegger, sich der neuen Bewegung nicht zu verschließen.[9] Schmitt beschließt, sich am «Neuaufbau» zu beteiligen. Er entwickelt dabei in den folgenden Wochen und Monaten einen außerordentlichen Eifer und nimmt in kürzester Folge zu aktuellen Ereignissen in zahlreichen Kurzbeiträgen,[10] aber auch in zwei

---

[7] C. Schmitt, Legalität und Legitimität, München und Leipzig 1932, unveränderter Nachdruck als 2. Aufl., Berlin 1968.

[8] E. Straub, Der Jurist im Zwielicht des Politischen, in: Beilage zur FAZ vom 18. 7. 1981.

[9] Vgl. J. W. Bendersky, Carl Schmitt, Theorist for the Reich, Princeton University Press 1983, S. 203 mit Fn. 26.

[10] Vgl. etwa C. Schmitt, Die Neugestaltung des öffentlichen Rechts, Jb. d. AkfDR 1 (1933/34), S. 63; ders., Der Neubau des Staats- und Verwaltungsrechts (DJT 1933),

rechts- und staatstheoretischen Abhandlungen[11] zum Rechts- und Verfassungswandel unter der NS-Herrschaft Stellung.

Besonders deutlich wird Schmitts eifriges Eintreten für die Ziele der NS-Machthaber bei seiner literarischen Akklamation für das «Gesetz zur Behebung der Not von Volk und Reich», das sog., Ermächtigungsgesetz vom 24. 3. 1933.[12] Innerhalb *einer* Woche veröffentlicht er seinen Beitrag dazu.[13] Darin rechtfertigt er die Ausschaltung der Verfassungsgarantien durch die NS-Führung, und zwar in einem deutlichen Widerspruch zu seinen früheren Äußerungen[14] zu den verfassungsimmanenten Grenzen einer Verfassungsänderung.

Die neue Legitimität reicht nach Schmitt weit über den formalen Verfassungsvollzug hinaus. Er sieht in der Reichstagswahl vom 5. März 1933: «... ein Plebiszit, durch welches das deutsche Volk Adolf Hitler, den Führer der national-sozialistischen Bewegung, als politischen Führer des deutschen Volkes anerkannt hat.»[15]

Gestützt auf den so konstruierten unmittelbaren Volkswillen, dem das Gesetz nach Schmitt seine Legitimität verdankt, heißt es dann: «In Wahrheit ist dieses ‹Ermächtigungsgesetz› ein vorläufiges Verfassungsgesetz des neuen Deutschland.»[16]

Mit einer solchen Umdeutung mochte er glauben, die neuen politischen Fakten in den Griff zu bekommen. Jedenfalls diente die Erhöhung des Ermächtigungsgesetzes zum «Verfassungsgesetz» der Legitimation und Befestigung des neuen Regimes.

Nach diesem Auftakt setzte Schmitt seinen Einsatz für die Ziele der neuen Machthaber in zahlreichen Beiträgen fort. Eine knappe Auswahl von Äußerungen kennzeichnet diese Phase seines Wirkens.

1. Auslegung im Dienst der Weltanschauung

Schmitt formulierte kurz nach der Machtergreifung einige Faustregeln für eine neue Art der Rechtsanwendung, sog. neue Leitsätze für die

---

Berlin 1933, S. 242; ders., Der Geist des neuen Staatsrechts, DJZ 1933, Sp. 959; ders., Das Gute Recht der deutschen Revolution, Westdeutscher Beobachter (= NS-Tageszeitung in Köln) v 12. 5. 1933, S. 1.

[11] C. Schmitt, Staat, Bewegung, Volk – Die Dreigliederung der politischen Einheit, Hamburg 1933; ders., Über die drei Arten rechtswissenschaftlichen Denkens, Hamburg 1934.

[12] RGBl. I 141.

[13] C. Schmitt, Das Gesetz zur Behebung der Not von Volk und Reich, DJZ 1933 (v. 1. 4. 1933), Sp. 455.

[14] C. Schmitt, Legalität und Legitimität, München und Leipzig 1932.

[15] C. Schmitt, Staat, Bewegung, Volk – Die Dreigliederung der politischen Einheit, Hamburg 1933, S. 7.

[16] C. Schmitt, a. a. O., S. 7.

Rechtspraxis. Sie sollten der Umdeutung der alten, aus der Weimarer Zeit überkommenen Gesetze im Sinne der neuen Machthaber dienen. Eine seiner grundlegenden Forderungen:

«Das gesamte heutige deutsche Recht . . . muß ausschließlich und allein vom Geist des Nationalsozialismus beherrscht sein . . . Jede Auslegung muß eine Auslegung im nationalsozialistischen Sinne sein.»[17]

Das hieß unter den damaligen Umständen nichts anderes, als daß die gesamte Rechtsanwendung an der Ideologie der neuen Machthaber und den von ihnen proklamierten rechtspolitischen Ziele auszurichten war.

Den «Geist des Nationalsozialismus» erklärte Schmitt[18] – übereinstimmend mit Roland Freisler[19] – zur obersten, ungeschriebenen Norm der Rechtsordnung, zur übergesetzlichen Rechtsquelle. Die Substanz dieses «Geistes» sah er in der «. . . auf Artgleichheit gegründete(n) Ordnung eines Volkes . . .».[20]

Die Auslegungsproblematik hat im Schrifttum von Carl Schmitt nur am Anfang («Gesetz und Urteil», 1912) und in der Zeit unmittelbar nach der Machtergreifung Bedeutung, etwa in seinem Aufsatz «Neue Leitsätze für die Rechtspraxis».[21] Seine genaue methodische Position bleibt insgesamt seltsam unklar und schillernd.

In den ersten Beiträgen nach dem 30. Januar 1933 ging es Schmitt – wie vielen seiner Fachkollegen jener Tage – vor allem darum, die neuen, nationalsozialistischen Machthaber und die von ihnen praktizierten Methoden der Gewalthabe mit höchster, rechtswissenschaftlich begründeter Legitimität auszustatten.

2. Der Staat als «Mittel der Weltanschauung»

Am Anfang stand ein grundlegend neues Staatsverständnis.[22] Der gesetzesstaatlich-normativistisch und individualistisch gedachte, liberale Rechtsstaat der Weimarer Verfassung wird verächtlich gemacht, «. . . weil er keinem Menschen, keinem König und keinem Führer traut, sondern sich an fixierte unverbrüchliche, vorherbestimmte, berechenbare, feste Regeln hält.»[23]

---

[17] C. Schmitt, Nationalsozialismus und Rechtsstaat, JW 1934, 713 (717); vgl. schon ders., Neue Leitsätze für die Rechtspraxis, JW 1933, 2793.

[18] C. Schmitt, Der Weg des deutschen Juristen, DJZ 1934, Sp. 691 (693 f.).

[19] R. Freisler, Richter, Recht und Gesetz, DJ 1934, 1333 (1335).

[20] C. Schmitt, Der Weg des deutschen Juristen, DJZ 1934, Sp. 691 (698).

[21] C. Schmitt, JW 1933, 2793; unter dem Titel: Fünf Leitsätze für die Rechtspraxis auch in: DR 1933, 201.

[22] C. Schmitt, Nationalsozialismus und Rechtsstaat, JW 1934, 713.

[23] C. Schmitt, a. a. O., S. 714.

Schmitts Programm «Wir denken die Rechtsbegriffe um. . . . Wir sind auf der Seite der kommenden Dinge»[24] konzentrierte sich auf die Grundbegriffe der Staats- und Verfassungsordnung. Vor allem sollte der Begriff des liberalen «bürgerlichen» Rechtsstaates gegen einen auf (rassische) Artgleichheit gegründeten völkischen Rechtsstaat ausgetauscht werden. Diesem Thema galt eine Reihe von Beiträgen.[25]

Dem Kampf gegen den «Normativismus» des liberalen Rechtsstaates waren vor allem Schmitts Schriften «Staat – Bewegung – Volk» (1933) und «Über die drei Arten des rechtswissenschaftlichen Denkens» (1934 – heute noch vielfach positiv in der Literatur zitiert) gewidmet.

Die Absage an die Unverbrüchlichkeit, Vorherbestimmtheit und Berechenbarkeit des «Normativismus» war mit innerer Folgerichtigkeit die Proklamation der Unberechenbarkeit und Unvorsehbarkeit, ja der Beliebigkeit staatlicher Eingriffe und Maßnahmen im totalen Führerstaat. Vielleicht haben manche seiner staatsrechtlichen Propagandisten verkannt, daß dem Nationalsozialismus wegen seines schrankenlosen Führerprinzips jede normative Festlegung oder Eingrenzung prinzipiell widersprach. Es galt – mit staatsrechtlicher Absegnung aus den maßgeblichen Federn – die Allmacht des Führerbefehls. Damit war die Position des bis dahin in der Staatslehre herrschenden Gesetzespositivismus verlassen. Nicht mehr das verfassungsmäßig erlassene Gesetz, sondern der form- und bindungslos erklärte «Führerwille» war die oberste Richtschnur der Gerichte und des gesamten staatlichen Handelns. Der Staat wurde zum Knecht der Weltanschauung, zum Sklaven eines allmächtigen Diktators erniedrigt. Auch das war die von Schmitt angeführte «herrschende Lehre»:

«In einem Gemeinwesen, das den *Staat als Mittel der nationalsozialistischen Weltanschauung*[26] ansieht, ist *das Gesetz Plan und Wille des Führers*. . . .

Der deutsche Rechtswahrer ist heute der *Mitarbeiter des Führers*.[26] Alle, die von Berufs wegen mit der Anwendung und Wahrung des deutschen Rechts befaßt sind, stehen in derselben weltanschaulichen Grundhaltung.

Nationalsozialistisches Recht und Plan und Wille des Führers können nur von Nationalsozialisten erkannt und gewahrt werden».[27]

---

[24] C. Schmitt, Nationalsozialistisches Rechtsdenken, DR 1934, 225 (229).

[25] Vgl. vor allem C. Schmitt, Nationalsozialismus und Rechtsstaat, JW 1934, 713 sowie eine von ihm veranstaltete «Disputation über den Rechtsstaat», Hamburg 1935. Den letzteren Beleg entnehme ich einem Hinweis von K. A. Bettermann, Rechtsstaat ohne unabhängige Richter?, NJW 1947/48, 217, Fn. 3.

[26] Diese Hervorhebungen stammen vom Verfasser.

[27] C. Schmitt, Aufgabe und Notwendigkeit des deutschen Rechtsstandes, DR 1936, 181 (184).

«Der Führer ist nicht Staatsorgan, sondern oberster Gerichtsherr der Nation und höchster Gesetzgeber . . .».[28]

3. Neue Rechtsquellenlehre

Hier wird, wie in vielen anderen Formulierungen Schmitts, ein neues, total elastisches Konzept von Rechtsordnung deutlich. Die Abkehr vom Gesetz («Normativismus») und der strengen Gesetzesbindung wird durch eine neue Rechtsquellenlehre bewirkt. Höher als die überkommenen Gesetze rangieren in der neuen Ordnung der Führerwille, die nationalsozialistische Weltanschauung und die Vielfalt der «konkreten Ordnungen». Aber auch die so bewirkte Dienstverpflichtung und Dynamisierung der Rechtsprechung für die Ziele der NS-Bewegung[29] leitet er mit der Proklamation einer weiteren bemerkenswerten «Rechtsquelle» ein: «Das Programm der NSDAP ist eine echte, und zwar unsere wichtigste Rechtsquelle. Es ist heute bereits gültiges Recht und beherrscht und durchdringt in verschiedener, aber stets wirksamer Weise die gesamte Arbeit aller deutschen Rechtswahrer, des Gesetzgebers wie des gesetzauslegenden und prozeßentscheidenden Richters, des beratenden und vertretenden Anwalts wie des rechtswissenschaftlichen Forschers und Lehrers.»[30]

4. Konflikte mit der NS-Oligarchie

Über die in solchen Thesen liegende Selbstgefährdung ihrer wissenschaftlichen wie leiblichen Existenz waren sich die meisten juristischen Autoren, die ihre Arbeit in den Dienst der neuen Machthaber stellten, nicht im Klaren.

Juristen waren dem NS-Staat willkommen, soweit sie dazu beitrugen, die nationalsozialistische Machtergreifung und -praxis literarisch oder als Mitglieder von Staatsorganen zu legitimieren. Im übrigen waren Recht und Juristen dem NS-System verhaßt. Das galt besonders, wenn ihr notwendiges Handwerkzeug, das Denken in Normen, die auf Dauer und Verläßlichkeit staatlichen Handelns gerichtet sind, den Machthabern Fesseln bei ihrer totale Willkür einschließenden Gewalthabe anzulegen drohte.

Bezeichnenderweise ist kaum einer jener Autoren, die sich der theoretischen Grundlegung des NS-Staates und seiner Rechtslehre widmeten,

---

[28] C. Schmitt, a. a. O., 181 (185).
[29] Ganz im Sinne der Grundthese «Staat als Mittel der Weltanschauung», vgl. oben zu Fn. 26.
[30] C. Schmitt, Aufgabe und Notwendigkeit des deutschen Rechtsstandes, DR 1936, 181.

von dem Vorwurf verschont geblieben, selbst ein verabscheuungswürdiger «Normativist» zu sein. Das gilt neben O. Koellreutter und E. R. Huber auch für Carl Schmitt. Der skurrile Aspekt dieser Entwicklung liegt in der Umkehrung dieser ideologisch-polemischen Waffe gegen ihre Konstrukteure: Die Polemik gegen den Rechtsstaat und seinen Normativismus war gerade von ihnen ausgegangen. Die nationale Revolution wandte sich gegen ihre juristischen Lehrmeister. Manche verwechseln diesen Effekt zu Unrecht mit einer vermeintlichen Widerstandshaltung der Angegriffenen. Mit Widerstand hatte das nichts zu tun. Bemerkenswert ist vielmehr die Geschmeidigkeit, mit der die meisten der angegriffenen Juristen darauf mit neuen Ergebenheitsartikeln reagierten, allenfalls die Kritik von Partei und SS an bestimmten Beiträgen oder Einstellungen durch einen Wechsel der behandelten Themen zu unterlaufen suchten.

5. Die gesuchte Nähe zu den Machthabern

Daß es Schmitt 1933/34, insbesondere nach der Ermordung von Schleichers 1934, in die persönliche Nähe Görings trieb, wird neuerdings primär einem «Imperialismus der Neugier» zugeschrieben, der das Wirken Schmitts beherrscht habe. Er habe den politischen Schaltzentralen nahe sein wollen, «um die Waffen und Mordwerkzeuge des großen Tiers en detail zu betrachten».[31] Sollte dieses Motiv zutreffend erkannt sein, wird man sagen können: Die Neugier auf die Funktionsweise der Waffen und Mordwerkzeuge wurde befriedigt. Als zweiter Grund wird angeführt, Göring sei damals auch von anderen zugetraut worden, er werde an der «Zähmung und Konstitutionalisierung des Nationalsozialismus mitwirken».[32] Dieses Vertrauen konnte sich auf die öffentlichen Verlautbarungen Görings zu Fragen der Rechtsstaatlichkeit oder auch nur der Rechtstreue staatlichen Handelns kaum stützen. Unmittelbar nach der Machtergreifung, am 3. 3. 1933, sagte Göring als preußischer Innenminister zu seiner Absicht, Preußen mittels der Polizei «gegnerfrei» zu machen,

«... meine Maßnahmen werden nicht angekränkelt sein durch irgendwelche juristischen Bedenken. ... Hier habe ich keine Gerechtigkeit zu üben, hier habe ich nur zu vernichten und auszurotten, weiter nichts!»[33]

In einer Rede in Essen am 11. 3. 1933 äußerte er sich zur innenpolitischen Lage:

---

[31] G. Maschke, Positionen inmitten des Hasses – Der Staat, der Feind und das Recht – Der umstrittene Denker Carl Schmitt/Zu seinem Tode, in: FAZ vom 11. 4. 1985, S. 25.
[32] G. Maschke, a. a. O., S. 25.
[33] H. Göring, Reden und Aufsätze, München 1942, S. 27.

«Wenn Sie sagen, da und dort sei einer abgeholt und mißhandelt worden, so kann man nur erwidern: Wo gehobelt wird, fallen Späne. . . . Ruft nicht so viel nach Gerechtigkeit, es könnte sonst eine Gerechtigkeit geben, die in den Sternen steht und nicht in euren Paragraphen!»[34] Das Vertrauen, dieser Mann werde bei der Zähmung und Konstitutionalisierung des Nationalsozialismus mitwirken, mußte sich nach solchen Aussprüchen in Grenzen halten. Der «Imperialismus der Neugier» ist zur Erklärung dessen, was Schmitt nach 1933 tat und schrieb, ebenfalls kaum ausreichend. Sicher ist nur, daß Schmitt durch einen Brief Görings an die SS vom 21. 12. 1936 «gerettet»[35] wurde. Aus diesen Vorgängen eine Gegnerschaft Schmitts zum NS-Regime zu diesem Zeitpunkt folgern oder ihn gar dem Widerstand zurechnen zu wollen, wie das gelegentlich geschieht, wäre eine Verfälschung der Wirklichkeit. Schmitt schrieb – vorsichtiger geworden – zwar weiterhin auch juristische «Kunstwerke äußerster und halsbrecherischster Vieldeutigkeit»[36] im Sinne der Ideologie des totalen Staates und des neuen, durch die Tat des Führers geschaffenen «Großraums». Gleichzeitig nahm er jedoch weiterhin vorbehaltlos Partei für die großen «Taten des Führers».

Es ist mindestens zweifelhaft, wenn nicht die realen Abläufe verfälschend, wenn seine Kritiker mit dem Spruch bedacht werden: «Nach dem Sturm schlägt man auf die Barometer ein – wie kein anderer hatte Schmitt rasch die Krankheit zum Tode Weimars erkannt.»[37]

Die Kritik an Schmitt entzündete sich – damals wie heute – nicht primär an den Analysen der Schwächen des Weimarer Staates, sondern an seinem aktiven Eintreten gegen die parlamentarische Demokratie und – mehr noch – für das totalitäre NS-System, den absoluten Führerstaat auch noch dort, wo der Führer bereits das Blut der ermordeten politischen Gegner an den Händen zeigte und sich zu neuen Untaten anschickte – einschließlich der Eroberung eines «Großraumes» durch einen Angriffskrieg.

---

[34] Vgl. J. Hohlfeld, Deutsche Reichsgeschichte in Dokumenten, Bd. IV, 1. Aufl., Leipzig 1934, S. 596 (597); und bei J. C. Fest, Das Gesicht des Dritten Reiches, 5. Aufl., München und Zürich 1977, S. 111.
[35] G. Maschke, Zum «Leviathan» von Carl Schmitt, in: C. Schmitt, Der Leviathan in der Staatslehre des Thomas Hobbes – Sinn und Fehlschlag eines politischen Symbols, Köln 1982, S. 179 (192). Göring stellte sich in seinem Brief an die SS schützend vor C. Schmitt, den so Göring: «mein Vertrauen in ein hohes öffentliches Amt berufen» hat. Vgl. auch J. W. Bendersky, Carl Schmitt, Theorist for the Reich, Princeton University Press 1983, S. 241.
[36] G. Maschke, Positionen inmitten des Hasses – Der Staat, der Feind und das Recht – Der umstrittene Denker Carl Schmitt/Zu seinem Tode, in: FAZ vom 11. 4. 1985, S. 25.
[37] G. Maschke, a. a. O. S. 25.

III. Die neue Gerechtigkeit nach dem Freund-Feind-Schema

Die Ableitung des Rechts aus der nationalsozialistisch gedeuteten «völkischen Lebensordnung» führte zur Annahme eines neuen, im NS-Staat verwirklichten Rechtsstaats- und Gerechtigkeitsbegriffs. Im letzten der fünf Leitsätze Schmitts für die Praxis, die er 1933 publizierte,[38] heißt es dazu: «Der nationalsozialistische Staat ist ein gerechter Staat.»

Diese Feststellung setzte das Wissen und die Gewißheit einer absoluten und unbezweifelbaren Gerechtigkeit voraus, die sich in der Machtpraxis der neuen Gewalthaber offenbarte. Denn ein «gerechter Staat» konnte «artgemäß» nur gerecht handeln. Die geistige Grundlage totalitärer Machtentartung und Machtperversion war damit gelegt. Staatlicher Machtmißbrauch im NS-Staat wurde zur juristischen Unmöglichkeit erklärt. Dieser Ansatz war zugleich die Basis einer hemmungslosen Polemik gegen den «inhaltsleeren Legalismus» des bürgerlich-liberalen Gesetzesstaates. Dieses Programm einer Umwertung der gesamten Rechtsordnung mit der Chance totalitärer Rechtsperversion entwarf Schmitt in seiner berühmten Schrift «Über die drei Arten des rechtswissenschaftlichen Denkens».[39] Sie ist ein Markstein der Entwicklung der Rechtswissenschaft im und zum Nationalsozialismus. Aus dieser Sicht ist sie nicht nur eine «trotz zeitbedingter Irrtümer auch heute noch lesenswerte Schrift».[40] Sie sollte in der Tat zur Pflichtlektüre methodisch-kritischer Juristenausbildung gehören, weil sie die besondere instrumentale Eignung des dort beschriebenen Rechtsdenkens zur totalen Rechtsperversion beispielhaft deutlich macht. Die in dieser Schrift geübte scharfe Kritik am «bürgerlichen Rechtsstaat» ist übrigens nur auf dem Hintergrund eines einseitig-verzerrenden Politikbegriffes voll zu verstehen, den Schmitt auf das Denken in «Freund-Feind»-Verhältnissen der politischen Gruppen reduziert hatte. Für ihn war der Normalzustand in Gesellschaft und Staat allenfalls ein Waffenstillstand der verschiedenen Gruppen, nicht aber der soziale Friede.

«Der Begriff des Staates setzt den Begriff des Politischen voraus», so beginnt Carl Schmitt seine Schrift «Der Begriff des Politischen».[41] Sie

---

[38] Neue Leitsätze für die Rechtspraxis, JW 1933, 2793 = DR 1933, 201 unter dem Titel: Fünf Leitsätze für die Rechtspraxis.

[39] Hamburg 1934.

[40] A. Kaufmann, Analogie und «Natur der Sache», 2. Aufl., Heidelberg 1982, S. 13 Fn. 29; vgl. auch J. H. Kaiser, Die Parität der Sozialpartner, Karlsruhe 1973, S. 31 mit Fn. 73 u. 74; E.-W. Böckenförde, Stichwort: «Ordnungsdenken, konkretes», in: J. Ritter/K. Gründer (Hrsg.), Historisches Wörterbuch der Philosophie, Bd. 6, Basel und Stuttgart 1984. Sp. 1312 ff.

[41] Zuerst in Archiv f. Soz.-wiss. und Sozialpolitik, 58. Jahrg. 1927, S. 1; dann Berlin-Grunewald 1928 und München und Leipzig 1932; Neuausgabe: Berlin 1963 mit lesenswertem Vorwort.

wird zutreffend als ein Schlüssel zum gesamten Denken des Autors und zum Verständnis seiner andauernden Breitenwirkung in sehr unterschiedlichen politischen Gruppen, vor allem bei Vertretern radikaler Denkmuster verstanden. Alles konsequent zuende Gedachte ist für Schmitt immer «radikal» im Sinne einer politischen Spaltung der Gesellschaft. Die Kernthese besteht darin, daß das Politische kein von Sachgesichtspunkten bestimmter und nach ihnen abgrenzbarer Gegenstandsbereich sei. Es handele sich bei der «Politik» vielmehr um Beziehungen unter Menschen und Menschengruppen. Prinzipiell könne jeder Gegenstand aus jedem beliebigen Sach- und Lebensgebiet «politisch» sein oder werden. Wann immer das eintrete, liege das Wesen des Politischen – das sei begriffsnotwendig so – darin, daß es die Menschen in zwei Gruppen teile, in «Freunde» und «Feinde» einer zutreffenden Regelung oder Entscheidung. Das «Freund-Feind»-Verhältnis sei der Kern aller Politik.

Dieses Freund-Feind-Schema hat auf den ersten Blick – wie viele der Schmitt'schen Begriffskonstellationen – Plausibilität und Faszination für sich. Entspricht es nicht alltäglicher Erfahrung in allen politischen Systemen? Ist es nicht wie geschaffen, politische Vorgänge und Entscheidungen gleichsam «wertfrei» zu analysieren nach den daran beteiligten gegensätzlichen Kräften?

Der Autor selbst hat seinen Beitrag mit dem Titel «Begriff des Politischen» versehen. Die literarischen Kommentare und Deutungen dieser Schrift lassen die Verselbständigung der adjektivischen Ausdrucksform in der Regel völlig unbeachtet. Sie verfehlen damit einen wesentlichen Aspekt. Das ist bei dem hochentwickelten Sprachgefühl und Ausdrucksvermögen Carl Schmitts bereits vom Ansatz her zu beanstanden. Schmitt selbst hat nicht den Begriff der «Politik», sondern den des «Politischen» behandelt. Seine Definition nach dem «Freund/Feind»-Schema läßt gerade den Gegenstand der Politik, das Greifbare, das ein «Begriff» voraussetzt, zerfließen. Das Politische kann danach alles oder nichts sein. Politik ist nicht mehr gegenständlich bestimmbar. Schmitt selbst hat das – wenn nicht bewußt gesehen und ausgesagt – mindestens in der Formulierung seines Titels erahnt. Es ist dies ein für das Verständnis des Ganzen entscheidender Gesichtspunkt.

Die Nichtunterscheidung substantivischer und adjektivischer Aussageformen – wie sie heute nicht selten anzutreffen ist – kann zu schweren Mißverständnissen und Fehlschlüssen führen. So ist etwa die terminologische Verwandlung des «sozialen» Bundes- oder Rechtsstaates, wie er in den Art. 20 und 28 GG verankert ist, in den der Verfassung unbekannten Begriff des «Sozialstaates» oder sogar der «Sozialstaatsklausel» ein die möglichen Dimensionen solcher Fehldeutungen kennzeichnendes Beispiel.

Der Wechsel von der Politik zum «Politischen» markiert den Verzicht auf einen materialen, inhaltlich oder «werthaft» bestimmbaren Politikbegriff. Schmitts nachweisbare Unsicherheit in personalen oder werthaften Urteilen und seine später deutlich artikulierte Ablehnung, ja Aggression gegenüber wertbezogenen Positionen wird hier bereits im Ansatz deutlich. Für ihn ist die Wertorientierung, das Ziel der jeweiligen Politik, kein Element des Politischen. Allein der Kampf *konkurrierender* Ziele bestimmt den Begriff. Wo eine solche Konkurrenz fehlt, weil über das Ziel Konsens herrscht, fehlt das «Politische».

Der durchaus wichtige, ja in der Regel unverzichtbare Teilaspekt der Politik im Sinne einer Konkurrenz, auch eines Kampfes um politische Ziele wird von ihm verabsolutiert. Kein anderes Merkmal bleibt relevant.

Der Irrtum Schmitts liegt in dieser Verabsolutierung. So wie er den Staat nicht von der Normallage – sie war für ihn immer eine bürgerliche Fiktion –, sondern vom Ausnahmezustand her definiert, so definiert er die Politik nach der Aufspaltung der Bürger und der Völker in «Freunde» und «Feinde». Bürgerkrieg und Völkerkrieg sind danach die – für Schmitt – «normalen» Erscheinungsformen und die notwendigen Elemente politischer Konflikte. Das eigentliche, das kennzeichnende Element der Politik ist für Schmitt der Kampf in einem äußersten Verständnis dieses Begriffes:[42]

«Die reale Möglichkeit des Kampfes, die immer vorhanden sein muß, damit von Politik gesprochen werden kann, bezieht sich bei einem derzeitigen ‹Primat der Innenpolitik›[43] konsequenterweise nicht mehr auf den Krieg zwischen organisierten Völkereinheiten (Staaten oder Imperien), sondern auf den Bürgerkrieg».

Bürgerkrieg und Krieg unter den Völkern sind die für Schmitt wesenszugehörigen und notwendigen Elemente politischer Konflikte. Der Kampf als die *Störung* der Ordnung, der *Verlust* des Friedens im Staat und in der Staaten- oder Völkergemeinschaft wird so zur Basis des *politischen* und des *staatsrechtlichen* Denkens erklärt. Politik ist nicht (mehr) das Bemühen um sinnvolle, sach-gerechte Lösungen von Regelungs- oder Gestaltungsfragen, sondern ein Kampf zur Überwindung oder, notfalls, Beseitigung der «Feinde». Der erreichbare Zustand ist immer nur der «Waffenstillstand», nicht der – innere oder äußere – Friede. Und auch er ist nur möglich, durch die Existenz und den Einsatz einer starken Exekutive. Die Ziele Gerechtigkeit und Frieden sind nur erreichbar, wenn und soweit die Feinde niedergehalten oder beseitigt werden können. Was im Freund-Feind-Schema beschrieben wird, ist nicht eine Definition von «Politik» im herkömmlichen Sinne staatsphilosophischer Tradition, son-

---

[42] C. Schmitt, Der Begriff des Politischen, München und Leipzig 1932, S. 20.

[43] Beachte: Der Aufsatz wurde erstmals 1927 veröffentlicht, dann 1928 und 1932 erneut gedruckt.

dern von der potentiellen, auch physischen Ausmerzung jedes denkbaren innen- oder außenpolitischen Gegners:[44]

«Ebenso wie das Wort Feind, ist hier das Wort Kampf im Sinne einer seinsmäßigen Ursprünglichkeit zu verstehen. Es bedeutet nicht Konkurrenz, nicht den ‹rein geistigen› Kampf der Diskussion, nicht das symbolische ‹Ringen›, das schließlich jeder Mensch irgendwie immer vollführt, weil nun einmal das ganze menschliche Leben ein ‹Kampf› und jeder Mensch ein ‹Kämpfer› ist. Die Begriffe Freund, Feind und Kampf erhalten ihren realen Sinn dadurch, daß sie insbesondere auf die *reale Möglichkeit der physischen Tötung Bezug haben und behalten.*[45]

Politik erwächst danach aus der Feindschaft. Zur Feindschaft gehört als notwendiges Element die Möglichkeit der Vernichtung des Feindes in Kampf und Krieg:

«Der Krieg folgt aus der Feindschaft, denn diese ist seinsmäßige Negierung eines anderen Seins. Krieg ist nur die äußerste Realisierung der Feindschaft. Er braucht nichts Alltägliches, nichts Normales zu sein, ... wohl aber muß er als reale Möglichkeit vorhanden bleiben, solange der Begriff des Feindes seinen Sinn hat.»[46]

Der Kriegsbegriff wird von der Definition des «Politischen» her in einer bemerkenswerten Weise bestimmt und verändert:

«Ein Krieg hat seinen Sinn nicht darin, daß er für Ideale oder Rechtsnormen, sondern darin, daß er gegen einen wirklichen Feind geführt wird.»[47]

Dieser Politikbegriff ist der Ausgangspunkt, der Eckstein im Gedankengebäude Carl Schmitts. Politik setzt danach notwendig ein Feindbild voraus. Die Feindschaft ist «seinsmäßige Negierung eines anderen Seins». Politik strebt nach der Beseitigung, notfalls auch der physischen Tötung des Feindes.

Die weitreichende Wirkung dieser Schrift Schmitts im Nationalsozialismus und bis heute ist leicht erklärt. Die Aufteilung der Menschen und Staaten in Freunde und Feinde bietet jeder Diktatur, jedem totalitären Denken ein willkommenes, nach innen wie außen prächtig praktikables Primitivschema. Es wurde und wird in den Unrechtsstaaten seither auf eine grausame Weise verwirklicht. Darin zeigt sich die augenfällige Affinität dieses «Politik»-Begriffs zu jedwedem totalitären Denken. Der totale Rassenkampf der Nazis[48] wird damit genauso gerechtfertigt – nicht nur diagnostiziert und verständlich gemacht – wie der marxistisch verstande-

---

[44] C. Schmitt, Der Begriff des Politischen, München und Leipzig 1932, S. 20.

[45] Hervorhebung vom Verfasser.

[46] C. Schmitt, Der Begriff des Politischen, München und Leipzig 1932, S. 20f.

[47] C. Schmitt, a. a. O., S. 38.

[48] Vgl. dazu C. Schmitt, Totaler Feind, totaler Krieg, totaler Staat, Völkerbund und Völkerrecht, 4. Jhrg. (1937/38), S. 139.

ne totale Klassenkampf; beide erwarten den Endzustand der Erfüllung erst, wenn die Todfeinde (Juden bzw. Kapitalisten) aufgehört haben zu existieren. Für Kompromisse ist in diesem Politikbegriff, der von der scharfen Absage an liberales und pluralistisches Denken geprägt ist, keinerlei Raum. Liberales Denken, «Liberalismus», das ist für Schmitt die Denaturierung aller politischen Vorstellungen.[49] Der Begriff des Politischen ist, genau betrachtet, nicht nur als Diagnose, sondern zugleich als Rechtfertigung des verkürzt diagnostizierten Geschehens konzipiert.

Kennzeichnend für das Denken Schmitts ist eine tief verwurzelte Neigung zu Grenzsituationen, Ausnahmelagen und Extremen:

«Gerade eine Philosophie des konkreten Lebens darf sich vor der Ausnahme und vor dem extremen Falle nicht zurückziehen, sondern muß sich im höchsten Maße für ihn interessieren. Ihr kann die Ausnahme wichtiger sein als die Regel, ... Die Ausnahme ist interessanter als der Normalfall.[50] Das Normale beweist nichts, die Ausnahme beweist alles; sie bestätigt nicht nur die Regel, die Regel lebt überhaupt nur von der Ausnahme. In der Ausnahme durchbricht die Kraft des wirklichen Lebens die Kruste einer in Wiederholung erstarrten Mechanik.»[51]

Die intellektuelle Faszination durch die Ausnahmelage geht quer durch die Arbeiten Schmitts: «Souverän ist, wer über den Ausnahmezustand entscheidet».[52]

So beginnt Schmitt sein Traktat über «Politische Theologie».

Oder:

«Der Ausnahmefall offenbart das Wesen der staatlichen Autorität, am klarsten. ... die Autorität beweist, daß sie, um Recht zu schaffen, nicht Recht zu haben braucht».[53]

Beide Sätze haben auf das staatsrechtliche Denken seither wegen ihrer Knappheit und Schärfe großen Einfluß ausgeübt. Jede, auch die blutigste Bewältigung eines wirklichen oder behaupteten Ausnahmezustandes erscheint danach in der Sicht des öffentlichen Bewußtseins als Beweis für die Souveränität und damit für unbezweifelbare, «legitime» Staatlichkeit.

Gerade diese und ähnliche Formeln Schmitts haben in ihrer lapidaren Kürze und Scheinklarheit immer wieder den Applaus von Intellektuellen vieler Richtungen gefunden, obwohl wenig Geistesschärfe dazu gehört, die Schwächen und Risiken ihrer Aussagen aufzudecken. Der Ausnahme-

---

[49] C. Schmitt, Der Begriff des Politischen, München und Leipzig 1932, S. 55 ff.
[50] Diese Feststellung ist ersichtlich die Praxismaxime jeder Sensationsmedienpolitik.
[51] C. Schmitt, Politische Theologie, 2. Ausgabe, München und Leipzig, 1934, S. 22.
[52] C. Schmitt, a. a. O., S. 11.
[53] C. Schmitt, a. a. O., S. 20.

zustand wird zur reinen Machtfrage erklärt: «Not kennt kein Gebot» lautet die «Weisheit» des Satzes von Schmitt. Der Putschist, dem es gelingt, die von ihm erzeugte Ausnahmelage zu seinen Gunsten zu entscheiden, und sei es auch nur temporär, wird zum «Souverän» stilisiert. Souveränität ist danach die Macht, das geltende Recht außer Kraft zu setzen und den Zustand der Rechtlosigkeit zur Errichtung einer neuen «Machtlage» zu nutzen. Schmitts Formel erklärt indirekt den Ausnahmezustand zu einem Zustand der absoluten Rechtlosigkeit.[54]

Das Grundgesetz zeigt – seit 1968 –, daß der liberale Verfassungsstaat auch seine «Not», die Bedrohung seiner Ordnung von innen oder seiner Existenz von außen, nicht außerhalb der Verfassung und der Rechtsordnung überwinden will. Die Notstandsverfassung ist die Absage an die Rechtlosigkeit der Ausnahmelage. Insoweit gilt die Feststellung:
«. . . auch der liberale Pluralismus kann vor Grenzsituationen und Krisen gestellt werden. Aber er wird sie als Ausnahme verstehen, nicht zur Regel stilisieren – und er wird es darauf anlegen, die Ausnahme zur Regel zurückzuführen, anstatt die Regeln mit Ausnahmen, also mit der Willkür zu überrennen.»[55]
Schmitt hingegen vertrat die Ansicht, der Ausnahmezustand entziehe sich gleichsam naturwüchsig und per definitionem prinzipiell jedem Versuch einer normativen Regelung. Seine so konzipierte Gegenüberstellung von Regel (Rechtsordnung) und Ausnahme (i. S. von rechtlicher Nichtorganisierbarkeit) verkennt die Grundstrukturen und die Ziele jeder rechtsstaatlichen Normsetzung. Das Recht ist geradezu ein Normensystem mit dem Ziel, Regeln für «Normallagen» und für «Ausnahmesituationen» bereitzustellen.[56]

Die Regeln über die Ausnahmen sind Teil der Rechtsordnung, stehen nicht außerhalb derselben. Das zeigen disziplinübergreifende Rechtsfiguren, wie etwa Notwehr, Notstand und Nothilfe. Wie sollte da im Staatsrecht kein Raum und keine Möglichkeit für eine verfassungsgesetzliche Notstandsregelung sein?

Die Lehre Schmitts war folgenreich. Für ihn war es nur ein kleiner Schritt, die Schaffung neuen Rechts durch Gewalt als eine Art analoges juristisches «Wunder» auch für die Tötungsaktionen des 30. Juni 1934 zu konstruieren:

---

[54] Vgl. K. A. Bettermann, Die Notstandsentwürfe der Bundesregierung, in: E. Fraenkel (Hrsg.), Der Staatsnotstand – Vorträge gehalten im Sommersemester 1964, Berlin 1965, S. 190 (192).

[55] R. Leicht, Die unselige Lust an der Ausnahme – Zum Tode des deutschen Staatsrechtlers Carl Schmitt, in: Süddeutsche Zeitung v. 11. 4. 1985, S. 11.

[56] Vgl. K. A. Bettermann, die Notstandsentwürfe der Bundesregierung, in: E. Fraenkel (Hrsg.), Der Staatsnotstand – Vorträge gehalten im Sommersemester 1964, Berlin 1965, S. 190 (192).

«Der Führer schützt das Recht vor dem schlimmsten Mißbrauch, wenn er im Augenblick der Gefahr[57] kraft seines Führertums als oberster Gerichtsherr unmittelbar Recht schafft.»(!) ... Der wahre Führer ist immer auch Richter.»[58]

Der Begriff des Politischen bei Schmitt ist auf die Ausnahmelage geradezu angelegt. Wenn Normalsituation nichts, die Ausnahme alles beweist, verändert sich nicht nur der Begriff des Politischen, sondern auch der des Staates. Die von Schmitt am Ausnahmezustand definierte Souveränität verlangt geradezu nach der unbeschränkten Herrschaftsmacht des Souveräns:

«Der Souverän schafft und garantiert die Situation als Ganzes in ihrer Totalität. Er hat das Monopol dieser letzten Entscheidung.»[59]

Diesem Leitbild des Souveräns entspricht am besten die Staatsform der Diktatur.

Schmitts Begriff des Politischen im Sinne der Freund-Feind-Unterscheidung ist wie seine Definition der Souveränität nur eine Station auf dem Weg zum totalen Staat:

«Diese Notwendigkeit innerstaatlicher Befriedung führt in kritischen Situationen dazu, daß der Staat als politische Einheit von sich aus, solange er besteht, auch den ‹innern Feind› bestimmt.»[60]

Zum Feind kann also jederzeit («in kritischen Situationen») jedermann erklärt werden, wenn es den Machthabern zweckmäßig erscheint. Und wer zum «Feind» erklärt ist, muß als solcher – im Sinne der «Negierung eines anderen Seins» – mit seiner Beseitigung rechnen. Als diese Sätze von Schmitt geschrieben wurden, ahnte er nicht, wie bald – nämlich bei den Tötungen der Röhm-Affäre im Juni 1934 – diese Beschreibungen blutige Wahrheit werden sollten. Frühere persönliche politische Freunde Schmitts wurden von Hitler jetzt zu inneren «Feinden» erklärt und getötet.

Die Anhänger- und Bewundererschar Schmitts auf der Seite der Marxisten und Leninisten hat hier ihre plausiblen Ursachen.[61] Auch Autoren, die das Gesamtwerk Schmitts bewundern und ihn als «Klassiker» verehren, haben die Risiken seiner Formulierfreude und seiner Affinität zur Gewalt erkannt:

«Dieses Pulsieren der Gewalt als der letzten Auskunft des Politischen

---

[57] Lies: im Ausnahmezustand.
[58] C. Schmitt, Der Führer schützt das Recht, DJZ 1934, Sp. 945 (946f.).
[59] C. Schmitt, Politische Theologie, 2. Ausgabe, München und Leipzig, 1934, S. 20.
[60] C. Schmitt, Der Begriff des Politischen, München und Leipzig 1932, S. 34.
[61] Vgl. H. Hofmann, Legitimität gegen Legalität – Der Weg der politischen Philosophie Carl Schmitts, Neuwied und Berlin, 1964, S. 118, der die Freund-Feind-Formel als das bürgerliche Gegenstück zum marxistischen Klassenkampf deutet. Sie drückt in der Tat dieselbe Vernichtungsbereitschaft gegen den «Feind» aus.

prägt alle Sätze Schmitts und schafft ihre flackernde Aura der Gefährlichkeit».[62]

Dem ist nichts hinzuzufügen. Die These von der realen Möglichkeit des physischen Tötens in der Politik, die Schmitt bis heute Sympathien bei Bürgerkriegstheoretikern von links und rechts einträgt, war bald an konkreten Beispielen zu erläutern.

Schon sein ihm konfessionell verbundener Zeitgenosse, Theodor Haecker, hat Schmitt entgegengehalten:

«Das Freund-Feind-Verhältnis ist eine ebenso primitive, schiefe, geistig rudimentäre Naturbestimmung wie etwa ‹der Kampf ums Dasein› – aus diesem Milieu und dieser Ideologie mag sie ja auch letztlich stammen –, sie trifft die Amöbe ebenso wie die einzelnen Menschen und die Völker.»[63]

Schärfer noch formulierte es Ernst Jünger, der – aus der Position eines konservativen Kritikers – die Kennzeichnung des Politischen durch das Freund-Feind-Verhältnis nach Schmitt in einem Brief an Schmitt als einen «Hieb von vollkommener Sicherheit, Kaltblütigkeit und Bösartigkeit»[64] bezeichnete. Bald nach der «Machtergreifung» erwies sich in einer für Carl Schmitt sehr persönlichen und unmittelbaren Weise, was Theodor Haecker so formulierte:

«Man kann gegenüber einem Freunde nicht auf derselben Ebene Feind sein, wohl aber sehr wohl gerecht oder ungerecht, man kann gegenüber einem Feinde auf derselben Ebene nicht Freund sein, wohl aber immer noch gerecht oder ungerecht. Die Schwierigkeiten beginnen auf allen diesen Gebieten, dem Ethischen, dem Ästhetischen und dem Politischen nicht mit den formalen Bestimmungen..., sondern mit den inhaltlichen und materialen: *was* schön und häßlich ist, *was* gut und böse, *was* gerecht und ungerecht ist,...».[65]

Die Äußerungen Schmitts zu den Vorgängen um den 30. Juni 1934[66] machen Scharfblick und Weitsicht der Feststellungen Haeckers deutlich.

Gegenüber inhaltlichen, wertbezogenen Fragen zeigte Carl Schmitt zeitlebens eine bemerkenswerte Unsicherheit und Wendigkeit, gelegentlich auch deutliche Abneigung. Davon wird, soweit es um personale und substanzhafte Urteile ging, noch zu reden sein.[67] Der Lebens-

---

[62] G. Maschke, in: FAZ vom 11. 4. 1985, S. 25. Der Titel dieses Beitrages ist von gefährlicher Zweideutigkeit: «Positionen inmitten des Hasses».

[63] Th. Haecker, Was ist der Mensch?, zitiert nach der 2. Aufl., Leipzig 1934, S. 71.

[64] Zit. nach R. Altmann, Macht die Verfassung noch den Staat? – Carl Schmitt wird neunzig, in: Beilage zur FAZ vom 8. 7. 1978.

[65] Th. Haecker, Was ist der Mensch?, zitiert nach der 2. Aufl., Leipzig 1934, S. 75 f.

[66] C. Schmitt, Der Führer schützt das Recht, DJZ 1934, Sp. 945.

[67] Vgl. unten F.II.5.

weg Schmitts bestätigt insoweit die zitierten kritischen Einwände Haeckers.

Seine Abneigung gegenüber inhaltlichen Festlegungen bei der Definition des Politischen hat Schmitt noch im Krieg unumwunden und mit gewohnter Schärfe geäußert. Auf die Frage, warum er bei seiner Begriffsbestimmung mit keiner Silbe vom *bonum commune* (Gemeinwohl) gesprochen habe, antwortet er: «Wer *bonum commune* sagt, will betrügen.»[68]

Der Satz ist bezeichnend für Schmitt. Mit geschliffenem Spott wird die Vieldeutigkeit und die Eignung zum Mißbrauch der Generalklausel vom gemeinen Wohl ironisiert. Solche Sätze wirken nach, werden kaum vergessen. Einerseits ist unbestreitbar, daß der Begriff des Gemeinwohls nahezu beliebigen inhaltlichen Deutungen zugänglich ist. Jede Interessengruppe etwa ist geneigt, ihre organisierten Mitgliederinteressen mit dem Gemeinwohl gleichzusetzen (z. B. Gewerkschaften, Arbeitgeberverbände, Parteien). Andererseits überspielt die spritzige Formulierung die Tatsache, daß jedes Gemeinwesen, jeder Staat eine substanzhafte, nicht zuletzt ethische Ausrichtung seiner Politik braucht. Ohne eine Mindestbasis gemeinsam anerkannter Grundwerte ist buchstäblich kein Staat zu machen. Diese Grundtatsache geht bei Schmitt in der ironisch-geschliffenen Feststellung einer Teilwahrheit verloren.

C. Die Rolle Carl Schmitts nach dem 30. Juni 1934

Am 30. Juni 1934 fand eine von Hitler befohlene Tötungsaktion gegen die SA-Führung und verschiedene andere innenpolitische Gegnergruppen statt. Die NS-Propaganda verbreitete dafür die auf Rechtfertigung zielende Bezeichnung «Röhm-Putsch». Später ist bisweilen versucht worden, die Aktion als einen Schlag der Reichswehr gegen die Forderung der SA nach einer permanenten nationalsozialistischen Revolution darzustellen. Diese These ist falsch. Nicht die Reichswehr, sondern Hitler allein traf alle für die Aktion wichtigen Entscheidungen. Sie richtete sich nicht allein gegen die SA, sondern gegen verschiedene Gegnergruppen. Hitler verstand es nur sehr geschickt, der Reichswehr das Gefühl zu vermitteln, sie repräsentiere jetzt wieder die einzige bewaffnete Macht im neuen Staat.

Zu den Ermordeten gehörten außer den Vertrauten des SA-Stabschefs Röhm auch Vertreter einer sich abzeichnenden konservativen Opposition gegen Hitler, die mit der SA nichts zu tun hatten, sowie aus anderen

---

[68] J. Pieper, Noch wußte es niemand, München 1976, S. 197.

Gründen mißliebige Politiker, wie etwa der Vorsitzende der katholischen Aktion in Berlin, Erich Klausener. Insgesamt wurden auf Befehl Hitlers etwa 85 Menschen in verschiedenen Städten umgebracht. Für das Verständnis der Rolle Carl Schmitts ist der Umstand wichtig, daß sich unter den Ermordeten u. a. folgende Personen befanden: Der ehemalige Reichskanzler Kurt von Schleicher (den er selbt noch im Februar 1933 als «seinen Freund» bezeichnete[69] und dem er lange Zeit als juristischer Berater eng verbunden war), ferner Edgar Jung, konservativ gesonnener Berater v. Papens und in den politischen Positionen Schmitt eng verwandt; schließlich der schon genannte Ministerialbeamte Klausener, dessen katholisch-politischer Grundsatzposition Schmitt nicht gerade ferngestanden hatte. Mindestens die Ermordung von Schleichers mußte für Schmitt den Tod eines langjährigen vertrauten politischen Förderers und Bundesgenossen bedeuten.

Schmitts Rechtfertigung der Morde des 30. Juni, die damals und heute kaum zu verstehen ist, läßt sich daher auch nicht damit erklären, Schmitt sei ein «Mann der Reichswehr» gewesen, die allgemein als Garant der Staatlichkeit im System Hitlers gegolten habe. Schmitt habe daher zustimmen «und Hitlers Tat als im höchsten Maße *souveränes* Handeln des sich selbst und damit das Recht schützenden Staates interpretieren» müssen.[70] Diese Deutung übersieht, daß mit von Schleicher und den vielen anderen nicht Männer der SA, sondern Repräsentanten der Reichswehr und der Staatlichkeit umgebracht wurden. Die Alternative Schmitts, zu der blutigen Mordnacht zu schweigen, wird von seinen Verteidigern nicht erwähnt.

I. Führertum schafft Recht (1934)

1. Die neue Rechtsquelle

In der von Schmitt selbst herausgegebenen Zeitschrift «Deutsche Juristenzeitung» vom 1. August 1934 (!)[71] erschien zu den Vorgängen des 30. Juni 1934 ein Aufsatz von ihm mit dem Titel: «Der Führer schützt das Recht». Darin wurden die von Hitler befohlenen Morde gerechtfertigt. Den Rechtfertigungsgrund sah Schmitt nicht allein in der Konstruktion eines möglichen Staatsnotstandes, der aus einem wirklich oder vermeintlich drohenden Putsch Röhms mit seiner SA konstruiert werden

---

[69] Siehe F. A. Hermens, Begegnungen im Dritten Reich, in: Hochland, 59. Jhrg., 1966/67, S. 337 (339).

[70] G. Maschke, Carl Schmitt in Europa – Bemerkungen zur italienischen, spanischen und französischen Nekrologdiskussion, Der Staat 1986, 575 (596 Fn. 68).

[71] Sp. 945.

konnte. Neben das Notstandsargument trat vielmehr die Berufung auf eine neue, spezifisch nationalsozialistische Rechtsquelle, nämlich das Führertum:

«Der Führer schützt das Recht vor dem schlimmsten Mißbrauch, wenn er im Augenblick der Gefahr kraft seines Führertums als oberster Gerichtsherr unmittelbar Recht schafft (!): ‹In dieser Stunde war ich verantwortlich für das Schicksal der deutschen Nation und damit des Deutschen Volkes oberster Gerichtsherr›.[72] Der wahre Führer ist immer auch Richter. Aus dem Führertum fließt das Richtertum. Wer beides voneinander trennen oder gar entgegensetzen will, macht den Richter entweder zum Gegenführer oder zum Werkzeug eines Gegenführers und sucht den Staat mit Hilfe der Justiz aus den Angeln zu heben. Das ist eine oft erprobte Methode nicht nur der Staats-, sondern auch der Rechtszerstörung.

In Wahrheit war die Tat des Führers echte Gerichtsbarkeit. Sie untersteht nicht der Justiz, sondern war selbst höchste Justiz.»[73]

Das Datum des Erscheinens dieses Aufsatzes ist beachtenswert. Zwischen den Morden vom 30. Juni 1934 und dem Erscheinen des Beitrages liegt genau ein Monat. Berücksichtigt man die für die Drucklegung einer Fachzeitschrift absolut notwendige Zeitspanne von etwa zwei Wochen, so muß der Verfasser unmittelbar nach der Mordaktion und der Führerrede zur Feder gegriffen haben. Jedenfalls widerlegt dieser Zeitablauf die gelegentlich verbreitete Schutzbehauptung, Schmitt habe die Niederwerfung des «Röhm-Putsches» erst «nach einigem Zögern» gerechtfertigt. Richtig ist vielmehr zweierlei:

Schmitt hat nicht gezögert, sondern unverzüglich seinen Rechtfertigungsbeitrag geschrieben. Er hat damit nicht nur die Niederwerfung des «Röhm-Putsches», sondern alle Tötungen aus diesem Anlaß vor der juristischen Öffentlichkeit als legitim erscheinen lassen.

Der bewußte terminologische Gleichschritt des Beitrages vom 1. August mit der «Führerrede» («des Deutschen Volkes oberster Gerichtsherr») vom 13. Juli 1934 bedeutet in sachlichem wie zeitlichem Zusammenhang den vorbehaltlosen staatsrechtlichen Legitimationsversuch eines gesetzwidrigen Tötungsbefehls durch den amtierenden Reichskanzler. Es war zugleich – unter dem Gesichtspunkt des gewählten Publikationsorgans – die (scheinbar?) repräsentative Unterwerfung der «herrschenden» Meinung in der Rechtswissenschaft unter die Forderungen und Maßnahmen der skrupellosen Machthaber im «totalen Staat». Es ging u. a. um die

---

[72] Vgl. zum Redetext Hitlers: «Völkischer Beobachter» vom 14. 7. 1934.
[73] C. Schmitt, Der Führer schützt das Recht, DJZ 1934, Sp. 945 (946 f.); vgl. auch E. R. Huber, Die Einheit der Staatsgewalt, DJZ 1934, Sp. 950; G. Küchenhoff, Nationaler Gemeinschaftsstaat, Volksrecht und Volksrechtsprechung, Hamburg 1935, S. 25 f.

Tötung eines Mannes, den er selbst als seinen «Freund» bezeichnet hatte.[74]

2. Die Absage an die Gewaltenteilung und -kontrolle – Das «Aus» für die Justiz

Schmitt begrenzte die Handlungsbefugnisse Hitlers als oberster Gerichtsherr auf den Ausnahmezustand der Staatsnotwehr. Gegen Ende seines Aufsatzes deutet er an, daß es außerhalb des durch Staatsnotwehr gerechtfertigten «Führerhandelns» ungerechtfertigte Exzesse gegeben habe. Solche «mit der Führerhandlung in keinem Zusammenhang stehende, vom Führer nicht ermächtigte ‹Sonderaktionen› sind umso schlimmeres Unrecht, je höher und reiner das Recht des Führers ist. ... Daß die Abgrenzung ermächtigten und nicht ermächtigten Handelns im Zweifelsfalle nicht Sache der Gerichte sein kann, dürfte sich nach den vorigen Andeutungen über die Besonderheit von Regierungsakt und Führerhandlung von selbst verstehen.»[75]

Manche wollen hier einen Ansatz zu rechtsstaatlichen Bindungen sehen. Eine klare Aussage darüber, daß auch aus seiner Sicht bestimmte Tötungen in den Tagen nach dem 30. Juni 1934 politische Morde waren, wird jedoch von Schmitt sorgfältig vermieden. Ob solche überhaupt festgestellt worden sind, also Ermittlungen durchgeführt wurden, das konnten nach seinen Thesen Hitler und Göring mit den Schergen der SS unter sich ausmachen. Die Gerichte sollten ausgeschaltet sein. Der Aufsatz war für jeden unbefangenen Leser ein Rechtfertigungsplädoyer.

Schmitt hat damals, entgegen neueren Darstellungen,[76] gerade nicht die Bestrafung der Mörder von Schleichers, Klauseners, Jungs und von Bredows gefordert. In «tollkühner Vieldeutigkeit» (Maschke) hat er es vielmehr bei den bezeichneten Andeutungen bewenden lassen. Er erwies bereits hier seine später ebenso oft gerühmte wie lebhaft kritisierte Fähigkeit, Formulierungen zu finden, die nur mit Mühe als «Kunstwerke äußerster und halsbrecherischster Vieldeutigkeit»[77] bezeichnet

[74] Siehe F. A. Hermens, Begegnungen im Dritten Reich, in: Hochland, 59. Jhrg., 1966/67, S. 337 (339).

[75] C. Schmitt, Der Führer schützt das Recht, DJZ 1934, Sp. 945 (948f.).

[76] G. Maschke, Zum «Leviathan» von Carl Schmitt, in: C. Schmitt, Der Leviathan in der Staatslehre des Thomas Hobbes – Sinn und Fehlschlag eines politischen Symbols, Köln 1982, S. 179, (190).

[77] G. Maschke, Positionen inmitten des Hasses – Der Staat, der Feind und das Recht – Der umstrittene Denker Carl Schmitt/Zu seinem Tode, in: FAZ vom 11. 4. 1985, S. 25. Als Rechtfertigungsversuch liest sich auch der Beitrag von H. Rumpf, Carl Schmitt und der Faschismus, Der Staat 1978, 233.

werden können. Kritiker haben solche Formulierungskünste – besonders im Hinblick auf die damit betriebene Destruktion des Rechtsstaates – als «diabolische Dialektik» bezeichnet.[78]

II. Der Vollzug der «totalen» Rechtsperversion

Die vieldeutige Kunst hatte allerdings im Zeithorizont ihres Entstehens eindeutige politische Wirkungen. Sie war die staatsrechtliche Bestätigung der «Rechtmäßigkeit» totalitärer Gewalthabe, Tötungspraxis und Kriegsstrategie. Darin, dies in einer suggestiv-irrlichternden Sprache scheinbarer Stringenz und Unwiderleglichkeit formuliert zu haben, liegt ihre unbestreitbare historische und politische Wirksamkeit bis heute.

Der 30. Juni 1934 kennzeichnet den Vollzug zweier umstürzender Rechtsperversionen und ihre juristisch-literarische Spiegelung in Formulierungen Carl Schmitts:

1. den vom Führer befohlenen Tötungen wurde im Sinne eines neuen Tatrechts eine «Recht *schaffende*» Funktion zuerkannt. Der verbrecherische Führerbefehl wurde zur Rechtsquelle erklärt.

2. Schmitts Begriff des Politischen, daß nämlich die Begriffe «Freund, Feind und Kampf... ihren realen Sinn dadurch» erhalten, «daß sie insbesondere auf die reale Möglichkeit der physischen Tötung Bezug haben...,»[79] wurde durch die grausige Wirklichkeit noch übertroffen. Die reale Möglichkeit der physischen Tötung betraf nicht nur die *Feinde;* wenn es zweckmäßig erschien, mußte sie auch auf enge Vertraute, ja auf *Freunde* und politische Bundesgenossen erstreckt werden, wenn sie zu «Feinden» erklärt wurden.

Über die ethische Einordnung oder Bewältigung der Vorgänge durch Schmitt, über seine persönlichen Empfindungen zur Ermordung von Schleichers, Jungs und Klauseners geben seine bisher bekannten Schriften keine Auskunft. Sein literarischer Eifer galt in den nächsten Jahren der von den Nationalsozialisten proklammierten völkischen und rassischen Rechtserneuerung. Er entwickelte ein spezifisches «Nationalsozialistisches Rechtsdenken» mit der visionären Schau:

«Überall schafft der Nationalsozialismus eine andere Art Ordnung, von der Nationalsozialistischen Deutschen Arbeiterpartei angefangen bis zu den zahlreichen neuen Ordnungen, die wir vor uns wachsen sehen:... Alle diese Ordnungen bringen ihr inneres Recht mit sich....

---

[78] K. A. Bettermann, Rechtsstaat ohne unabhängige Richter?, NJW 1947/48, 217 Fn. 3.: «Nicht zufällig schickte der Nationalsozialismus *Carl Schmitt* ins Feld, hier seine diabolische Dialektik zu erproben, vgl. die von ihm veranstaltete ‹Disputation über den RSt› Hamburg 1935».

[79] Vgl. C. Schmitt, Der Begriff des Politischen, München und Leipzig, 1932, S. 20.

Unser Streben aber hat die Richtung des lebendigen Wachstums auf seiner Seite und unsere neue Ordnung kommt aus uns selbst».[80]

D. Die Rolle Carl Schmitts im «Kampf gegen den jüdischen Geist» (1936)

I. Die zwiespältige Einstellung Schmitts zum Judentum

Im Schrifttum Carl Schmitts finden sich Ansatzpunkte eines teils prinzipiellen, teils auch stark persönlich gefärbten Antisemitismus. Sie verdienen besonders wegen der Schwankungen, die hier sichtbar werden, Beachtung. Sein Verhältnis zum Judentum und zu jüdischen Kollegen hat verschiedene, deutlich unterscheidbare Phasen. Seine «Verfassungslehre» (1928) widmete er seinem 1914 gefallenen jüdischen Freund, Dr. Fritz Eisler. Zu bedeutenden jüdischen Kollegen, wie Hermann Heller, Erich Kaufmann und Hans Kelsen, aber auch zu späteren jüdischen Emigranten aus anderen Bereichen, wie dem Schriftsteller Franz Blei und dem Nationalökonomen Moritz Julius Bonn, unterhielt er bis 1933 gepflegte, ja teilweise freundschaftliche Beziehungen.[81] Schmitt war 1926 als Nachfolger des berühmten jüdischen Staatsrechtlers Hugo Preuß, der als Schöpfer der Weimarer Verfassung gelten darf, auf dessen Lehrstuhl an der Handelshochschule zu Berlin berufen worden. 1930 würdigte Schmitt seinen großen Vorgänger mit der Schrift «Hugo Preuß – sein Staatsbegriff und seine Stellung in der deutschen Staatslehre».[82]

Diese früheren Kontakte und Aktivitäten Schmitts zusammen mit seiner deutlichen, konservativ geprägten Distanz zum Nationalsozialismus bis zum Januar/Februar 1933 trugen ihm Mißtrauen und Gegnerschaft in der NS-Bewegung ein. Sein Eifer nach dem Umschwung, sich an die Spitze der «völkischen Rechtserneuerung» zu stellen, weckte den Konkurrenzneid «alter Kämpfer» unter seinen staatsrechtlichen Kollegen. Sie sahen in ihm einen damals sogenannten «März-Gefallenen», weil er erst

---

[80] C. Schmitt, Nationalsozialistisches Rechtsdenken, DR 1934, 225 (228).

[81] Vgl. etwa G. Maschke, Zum «Leviathan» von Carl Schmitt, in: C. Schmitt, Der Leviathan in der Staatslehre des Thomas Hobbes – Sinn und Fehlschlag eines politischen Symbols, Köln 1982, S. 179 (188); J. W. Bendersky, Carl Schmitt, Theorist for the Reich, Princeton University Press 1983, S. 224 u. 227 m. Nachw.; ferner H. Mayer, Ein Deutscher auf Widerruf, Bd. I, Frankfurt a. M. 1982, S. 140 ff., der auch das Verhältnis Schmitts zu Rudolf Smend schildert.

[82] Tübingen 1930 – Der Vortrag war zunächst im März 1930 in der «Neuen Rundschau», 1930, Bd. 1, S. 289 unter dem Titel: «Hugo Preuß in der deutschen Staatslehre» mit nicht wortgleichem Text erschienen.

im Mai 1933, kurz vor der allgemeinen Aufnahmesperre, in die NSDAP eingetreten war. Sie hielten ihn für einen Opportunisten und – vor allem – für einen Nebenbuhler bei der auch von ihnen angestrebten Karriere in der sich bildenden NS-Hierarchie des Rechtswesens. Auch die SS, die sich als Wächterin der reinen Lehre der NS-Weltanschauung fühlte, sah – informiert und angeregt durch verschiedene persönliche Gegner Schmitts – in ihm eine schillernde, im wesentlichen konservativ-katholisch geprägte Erscheinung.

Der erste öffentliche Angriff auf Schmitt kam von seinem Münchner Fachkollegen Otto Koellreutter. Dieser war, im Gegensatz zu Schmitt, seit langem überzeugter Nationalsozialist und glühender Anhänger der Rassenideologie. Er setzte sich kritisch mit Schmitts Broschüre «Staat, Bewegung, Volk – Die Dreigliederung der politischen Einheit»[83] auseinander. In einem Vortrag vor der Kant-Gesellschaft in Halle belegte er die politische Philosophie Schmitts mit dem gefährlichen Vorwurf, sie stehe im Gegensatz zu nationalsozialistischen Auffassungen von der artgleichen Volksgemeinschaft.[84] Schmitt sei ein typischer Neuhegelianer. Der *Staat* sei für ihn die beherrschende Autorität. Er übersehe die Tatsache, daß die Grundlage aller nationalsozialistischen Politik die artgleiche Volksgemeinschaft sei. Die NSDAP als Hort der «Bewegung» wurde von Schmitt in der Sicht dieser Kritik unterbewertet. Der Staat wurde nur noch als Instrument der Partei gesehen und anerkannt.

1. Gegner und Konkurrenten Schmitts in der NS-Hierarchie

Das Umschwenken Schmitts auf den Antisemitismus erscheint so plötzlich und überzogen, daß die Suche nach plausiblen Gründen und Erklärungen naheliegt. Im Mai 1933 war er in Köln der NSDAP beigetreten.[85] Im selben Monat schrieb er im «Westdeutschen Beobachter» einen Huldigungsaufsatz mit dem Titel «Das gute Recht der deutschen Revolution».[86] Das war ein weiterer Schritt auf dem Wege, sich als «Kronjurist» des Dritten Reiches zu etablieren, nachdem er zuvor der Kronjurist der Präsidialdiktatur gegen Ende der Weimarer Republik gewesen war. Mit diesem Ziel traf er, wie vorher angedeutet, auf erbitterte Konkurrenten und Feinde, die ihre eigenen Aufstiegschancen gefährdet sahen.

In einer zweiten Veröffentlichung warf Koellreutter Schmitt vor, er

---

[83] Hamburg 1933.

[84] O. Koellreutter, Volk und Staat in der Weltanschauung des Nationalsozialismus, Berlin 1935, S. 5–11 und 19.

[85] Seine Mitgliedsnr. war 2.098.860; vgl. J. W. Bendersky, Carl Schmitt, Theorist for the Reich, Princeton University Press 1983, S. 204.

[86] 12. 5. 1933.

verbreite irrige Auffassungen über das Verhältnis zwischen Volk und Führer.[87] Die Angriffe setzte Koellreutter über mehrere Jahre fort.[88] Gleichzeitig führte Koellreutter gegen Schmitt eine briefliche Diffamierungskampagne bei verschiedensten Personen und Instanzen wegen des von ihm gehegten Opportunismusverdachts.[89]

Ein anderer einflußreicher Kollege, der die politische Wende Schmitts zum Nationalsozialismus nach dem März 1933 mit Mißtrauen und Abneigung begleitete, war Karl August Eckhardt, wie Schmitt Professor in Berlin, leidenschaftlich engagierter Nationalsozialist, Freund und Förderer der «Kieler Schule», Leiter des «Kitzeberger Lagers».[90] In Briefen an verschiedene NS-Persönlichkeiten warnte Eckhardt vor dem «Opportunisten» Schmitt, der ihm (Eckhardt) noch 1932 erklärt habe, Hitler werde in einem halben Jahr erledigt sein.[91] Für Eckhardt war Schmitt nach dem schnellen Wechsel über v. Schleicher, Brüning und Papen zum Nationalsozialismus ein Mann, der offenbar jedem Regime als «Kronjurist» zu dienen bereit sei. In einem Brief an den Reichsminister Frank bekräftigte Eckhardt seinen Vorwurf, den er zuvor Schmitt selbst geschrieben hatte, dieser begünstige eine reaktionäre Clique konservativer Kräfte in den NS-Rechtsorganisationen, die im Gegensatz zu dem neuen Rechtsdenken stünden, das es zu entwickeln gelte.[92]

Unter den Professorenkollegen hatte Schmitt einen weiteren, einflußreichen Gegner in der NS-Hierarchie in der Person des Politikwissenschaftlers Reinhard Höhn. Höhn war SS-Sturmbannführer und sehr ehrgeizig. Schmitt war für ihn ein Hindernis in seinem Karriereplan. Aus einem früheren Bewunderer Schmitts war Höhn – aus Gründen persönlichen Ehrgeizes und dem Bestreben, seine eigene NS-Loyalität zu beweisen – zu einem Kritiker und Gegner geworden. Höhn benutzte seine Machtposition in der SS dazu, im Sommer 1936 Schmitt, seine Post, seine persönlichen Kontakte und Aktivitäten überwachen zu lassen. Schmitt versuchte im Gegenzug, die Sympathie von Männern aus dem engeren Kreis um Hitler zu gewinnen. Zum gleichen Zweck, um seine gefährdete Position in der NS-Bewegung zu sichern, lud er vorsorglich den ominösen Gauleiter Julius Streicher persönlich zu einem geplanten antijüdischen Kongreß der von ihm geführten Reichsgruppe Hochschullehrer im

---

[87] O. Koellreutter, Der Deutsche Führerstaat, Tübingen 1934, S. 16 u. passim.

[88] Vgl. O. Koellreutter, Deutsches Verfassungsrecht, 3. Aufl., Berlin 1938, S. 3 f., 26; die Erstauflage dieses Buches erschien 1935.

[89] Nachweise bei J. W. Bendersky, Carl Schmitt, Theorist for the Reich, Princeton University Press 1983, S. 222 ff.

[90] Vgl. nur K. A. Eckhardt, Zum Geleit, DRW I (1936), 3–5.

[91] Vgl. dazu näher J. W. Bendersky, Carl Schmitt, Theorist for the Reich, Princeton University Press 1983, S. 230 f. m. Nachw.

[92] Vgl. J. W. Bendersky, a. a. O., S. 230 f. m. Nachw.

NS-Rechtswahrerbund ein.[93] Die Einstellung Höhns zu Schmitt, wohl
auch seine maßgebliche Rolle bei der Organisation der Kampagne der SS
gegen ihn im Jahr 1936, deutet sich in seiner Reaktion auf einen Artikel in
der «Kölnischen Zeitung» an, in dem er mit Carl Schmitt als dessen
Schüler in Verbindung gebracht wurde. Er verwahrte sich bei den Herausgebern gegen die Wiederholung dieser falschen Behauptung und erklärte mit Nachdruck, er sei nie Student bei Carl Schmitt gewesen und
distanziere sich von dessen Ansichten.[94]

2. *Schmitts Angriff auf die emigrierten «Intellektuellen»*

Das gefährlichste Material für Angriffe gegen Carl Schmitt kam indessen
von einer anderen Seite. Die Intrigen unter den ehrgeizig konkurrierenden Professoren um die Gunst der NS-Führer konnte man aus der Sicht
der verschiedenen Gliederungen der NS-Bewegung als typisches, neidi-
sches Professorengezänk abtun. Immerhin war Schmitt aufgrund der
Gunst Hermann Görings «Preußischer Staatsrat», genoß hohes fachliches
Ansehen und setzte seine geschliffene Feder seit der «Machtergreifung»
rückhaltlos und wirksam für den neuen Staat und seine Weltanschauung
ein.

Gerade dadurch bekam er zusätzliche Gegner, deren Gefährlichkeit
und Wirkungsmacht er, zumal sie scheinbar ohnmächtig waren, zunächst
unterschätzte. Am 31. 5. 1933 schrieb Schmitt im «Westdeutschen Beobachter», der NS-Tageszeitung von Köln, die, ganz unter dem Einfluß des
dortigen Gauleiters, auch die Presseangriffe gegen den Kölner Oberbür-
germeister Adenauer anführte, einen Aufsatz über «Die deutschen Intellektuellen»,[95] der sich besonders mit den Emigranten auseinandersetzte,
die Deutschland nach der Machtergreifung – die meisten vor ihrer Ver-
haftung fliehend – verlassen hatten. Schmitt, gerade seit einem Monat
Parteimitglied, gab seiner Hinwendung zum neuen Staat und seinen
Machthabern durch einen scharfen Angriff auf die oppositionellen «Intellektuellen» und die Emigranten, besonders auf die vielen emigrierten
Angehörigen geistiger Berufe Ausdruck. Von den realen Fluchtgründen
der meisten von ihnen war in dem Aufsatz nicht die Rede. Unter ihnen
waren auch solche, die dem Autor über Jahre hin nahegestanden hatten.
Zeitpunkt, Inhalt und Tonfall dieses Zeitungsaufsatzes verdienen in
mehrfacher Hinsicht Beachtung, nicht zuletzt wegen der Folgen, die er
zeitigte.

---

[93] Vgl. näher J. W. Bendersky, a. a. O., S. 232 f.
[94] Kölnische Zeitung vom 16. 10. 1936, zit. nach J. W. Bendersky, a. a. O., S. 233.
[95] Westdeutscher Beobachter vom 31. 5. 1933, S. 1.

3. Exkurs: Die Vertreibung jüdischer und politisch andersdenkender Professoren

Am 7. April 1933 war das sog. «Gesetz zur Wiederherstellung des Berufsbeamtentums»[96] erlassen worden, und zwar aufgrund des «Ermächtigungsgesetzes» («Gesetz zur Behebung der Not von Volk und Reich») vom 23. 3. 1933.[97] Der verlogene Titel des GWBB konnte nicht darüber hinwegtäuschen, daß mit diesem Gesetz die verfassungsmäßigen Rechte der Beamten und Professoren beseitigt wurden. Es sollte dazu dienen, die Beamtenschaft «gegnerfrei» zu machen und «gleichzuschalten», war also ein typisches «Säuberungsgesetz», mit dessen Hilfe mißliebige Personengruppen gegen ihren Willen aus dem öffentlichen Dienst entfernt werden konnten. Zu den «Beamten» i. S. des GWBB gehörten auch Lehrer an wissenschaftlichen Hochschulen, Honorarprofessoren, die nicht beamteten außerordentlichen Professoren und Privatdozenten.[98] Damit war die gesetzliche Grundlage geschaffen, den Lehrkörper an den deutschen Universitäten und Hochschulen einschneidend zu verändern.

Die damit einsetzende Säuberungs- und Vertreibungsaktionen der neuen Machthaber an den Hochschulen, bisweilen von kollegialen Intrigen begleitet, bewirkten einen für die deutsche Wissenschaft verhängnisvollen Aderlaß hochqualifizierter Wissenschaftler, die aus ihren Ämtern und aus ihrer Heimat vertrieben wurden oder die Chance der Auswanderung noch rechtzeitig wahrnahmen. Die Größe dieser Personengruppe ist bis heute kaum im öffentlichen Bewußtsein richtig erfaßt und eingeschätzt worden. Für die Universitäten und Hochschulen liegen dazu mehrere Untersuchungen vor.[99] Besonders große Emigrationsverluste hatten neben den Wirtschafts- und Sozialwissenschaften, den Geisteswissenschaften sowie der Mathematik und Geographie die Juristen. Sie verloren von 1931[100] bis 1938 insgesamt 210 Mitglieder des Lehrkörpers juristischer Fakultäten. Bei den Ordinarien sind das 36%, bei den Nichtordinarien

---

[96] RGBl. I 175, künftig GWBB.

[97] RGBl. I 141.

[98] 3. DVO zum GWBB vom 6. 5. 1933 (RGBl. I 245) Nr. 2 zu § 1.

[99] C. v. Ferber, Die Entwicklung des Lehrkörpers der deutschen Universitäten und Hochschulen 1864–1954, in: H. Plessner (Hrsg.), Untersuchungen zur Lage der deutschen Hochschullehrer, III. Bd., Göttingen 1956; E. Y. Hartshorne, The German Universities and National Socialism, London 1937; H. Pross, Die deutsche akademische Emigration nach den Vereinigten Staaten 1933–1941, Berlin 1955; vgl. auch B. Limperg, Personelle Veränderungen in der Staatsrechtslehre und ihre neue Situation nach der Machtergreifung, in: E.–W. Böckenförde (Hrsg.) Staatsrecht und Staatsrechtslehre im Dritten Reich, Heidelberg 1985, S. 44.

[100] Letzte sichere statistische Erhebung vor der Machtergreifung.

37% und bei den Lehrpersonen insgesamt 45% des Bestandes von 1931.[101]

Die erste Bestandsaufnahme der Beamtenvertreibung mittels der Anwendung des GWBB ergab für die Zeit vom Sommersemester 1933 bis zum Wintersemester 1934/35 1.145 Vertriebene oder 14,3% des Lehrkörpers der Universitäten und Hochschulen.[102] Die meisten der Entlassenen waren Juden. Nach § 3 GWBB waren «Beamte, die nicht arischer Abstammung sind», in den Ruhestand zu versetzen. Nichtarier im Sinne des GWBB war auch der, der nur einen nicht arischen Großelternteil hatte.[103] Ein Ruhegeld erhielten die nach § 3 Dienstenthobenen nur, wenn sie eine zehnjährige Dienstzeit aufzuweisen hatten (§ 8 GWBB).

Der Vollzug des Gesetzes ging in einer ersten Welle von Dienstenthebungen sehr schnell vor sich. Betroffen waren vor allem jüdische Professoren, unter den Juristen besonders solche des öffentlichen Rechts. Die «Deutsche Allgemeine Zeitung» meldete am 13. 4. 1933, also drei Wochen vor dem Artikel von Carl Schmitt im «Westdeutschen Beobachter», daß im Zuge der Anwendung des GWBB fünfzehn Professoren beurlaubt worden seien, deren weitere Verwendung nach den Wertungen und Zwecken des neuen Gesetzes nicht mehr in Betracht kam. Unter ihnen befanden sich berühmte Gelehrte, etwa Gustav Radbruch, Hermann Kantorowicz, Moritz Julius Bonn sowie die bekannten jüdischen Staatsrechtslehrer Hermann Heller (Frankfurt) und Schmitts Kölner Fakultätskollege Hans Kelsen.[104]

Für Schmitt muß diese erste Welle der Verdrängung teils konkurrierender, teils eng befreundeter Kollegen aus den Universitäten ein beeindruckkendes Ereignis gewesen sein. Er war gerade erst selbst in die Kölner Fakultät berufen worden, aus der jetzt der ihm seit langem bekannte und früher von ihm geschätzte Hans Kelsen vertrieben wurde.[105] Besonders muß ihn die Verdrängung von Moritz Julius Bonn getroffen haben. Als Schmitt im November 1918 nach dem verlorenen Krieg seine Stellung an der Universität Straßburg verloren hatte, verschaffte ihm im September

---

[101] C. v. Ferber, Die Entwicklung des Lehrkörpers der deutschen Universitäten und Hochschulen 1864–1954, Göttingen 1956, Spalte 143–146.

[102] E. Y. Hartshorne, The German Universities and National Socialism, London 1937, S. 95.

[103] 1. DVO zum GWBB v. 11. 4. 1933 (RGBl. I 195) Nr. 2 zu § 3.

[104] Vgl. J. W. Bendersky, Carl Schmitt, Theorist for the Reich, Princeton University Press 1983, S. 202 und B. Limperg, Personelle Veränderungen in der Staatsrechtslehre und ihre neue Situation nach der Machtergreifung, in: E.-W. Böckenförde (Hrsg.), Staatsrecht und Staatsrechtslehre im Dritten Reich, Heidelberg 1985, S. 44 (49), jeweils mit Nachweisen.

[105] Der nationalsozialistische «Westdeutsche Beobachter» vom 11. 5. 1933 (S. 1/3) begrüßte Schmitts Berufung in einer begeisterten Laudatio «Der große nationale Staatsrechtler Carl Schmitt an die Kölner Universität berufen».

1919 durch persönliche Vermittlung gerade dieser jüdische Wirtschaftswissenschaftler eine Stelle als Lektor an der Handelshochschule in München. Daraus entstand eine enge persönliche Verbindung zwischen beiden, die über sehr unterschiedliche politische Standpunkte hinweg bis
1933 angedauert hatte.[106] Jetzt mußte Bonn von der Universität gehen,
wie Schmitt 1918 in Straßburg hatte gehen müssen. Auch Bonn war einer
derer, die sich von Schmitts Artikel über die «deutschen Intellektuellen»
betroffen fühlen mußten. In Frankfurt wurde außer Hermann Heller,
dessen Nachfolge – zunächst vertretungsweise – Ernst Forsthoff an-
trat,[107] auch Professor Karl Strupp noch im April 1933 zunächst beurlaubt, später in den Ruhestand versetzt. Auf ähnliche Weise wurde E. R.
Huber Nachfolger des in Kiel zuerst beurlaubten, dann mit gekürzter
Pension entlassenen Professors W. Schücking.[108]

In Heidelberg forderte die «Säuberung» der Universität, unter vielen
anderen, zwei hervorragende Öffentlichrechtler als Opfer. Am 28. 4.
1933 wurde Walter Jellinek zunächst beurlaubt, im Juli 1933 wurde die
Beurlaubung aufgehoben, später (1936) wurde er, nach erneuten Rüpelei-
en von NS-Studenten während seiner Vorlesungen gem. § 3 GWBB in
den Ruhestand versetzt. Bereits am 31. 3. 1933, also vor der Anwendung
des GWBB, beantragte Gerhard Anschütz seine Emeritierung, nachdem
er am 23. 3. 1933 in der Heidelberger Presse übel angepöbelt worden
war.[109] In München wurden im Frühjahr 1933 Hans Nawiasky und Karl
Löwenstein aus ihren Stellen verdrängt. Nachfolger Nawiaskys wurde
vertretungsweise Theodor Maunz.[110] In Leipzig mußte außer Willibalt
Apelt auch Ernst Jacobi, einer der Begründer des deutschen Arbeitsrechts, den Lehrkörper noch im Sommersemester 1933 verlassen. Apelts
Beurlaubung meldete die «Deutsche Allgemeine Zeitung» am 5. 5.
1933.[111]

Viele der aus ihren Ämtern Vertriebenen mußten Deutschland verlassen. Hermann Heller kehrte auf den dringenden Rat seiner Freunde von
einer Vortragsreise im Ausland nicht zurück und ging nach Madrid, wo
er noch 1933 verstarb. Karl Strupp emigierte 1933 in die Türkei, wie
Ernst E. Hirsch und viele andere. Er starb 1940 in Frankreich. Hans

[106] J. W. Bendersky, Carl Schmitt, Theorist for the Reich, Princeton University
Press 1983, S. 23.
[107] Vgl. Personalien, DJZ 1933, Sp. 679.
[108] Personalien, DJZ 1933, Sp. 679.
[109] Vgl. B. Limperg, Personelle Veränderungen in der Staatsrechtslehre und ihre neue
Situation nach der Machtergreifung, in: E.-W. Böckenförde (Hrsg.), Staatsrecht und
Staatsrechtslehre im Dritten Reich, Heidelberg 1985, S. 44 (51 m. Nachw.); zur Entwicklung in Heidelberg, B. Vezina, «Die Gleichschaltung» der Universität Heidelberg
im Zuge der nationalsozialistischen Machtergreifung, Heidelberg 1982.
[110] Personalien, DJZ 1933, Sp. 766; B. Limperg, a. a. O., S. 52.
[111] Vgl. auch DJZ 1933, Sp. 1422; Nachweise bei B. Limperg, a. a. O., S. 53.

Kelsen erhielt einen Lehrstuhl in Genf, wurde 1936 noch einmal von NS-Studenten in Prag, wohin er berufen worden war, massiv gestört und ging schließlich in die USA, wo er erst 1942 Professor in Berkeley wurde.

4. Der Gegenschlag eines Emigranten

Einer dieser «deutschen Intellektuellen», die sich zur Emigration gezwungen sahen, war Waldemar Gurian.[112] Gurian, konvertierter russischer Jude und bedeutender katholischer Publizist seiner Zeit, war über Jahre hin ein Verehrer Schmitts gewesen. Die Familien Gurian und Schmitt hatten in den Jahren in Bonn und danach enge persönliche Kontakte unterhalten. Die stetige Korrespondenz zwischen Gurian und Schmitt reicht über die Jahre 1924 bis 1932.[113] Jetzt las Gurian, der im Juli 1934, nach den Morden vom 30. Juni 1934, selbst mit seiner Familie in die Schweiz fliehen mußte, von dem verehrten Lehrer Dinge, die ihn tief erschütterten. Die Kernthese Schmitts ging dahin, daß emigrierte deutsche Intellektuelle, die das neue, nationalsozialistische Deutschland jetzt von außen kritisierten, niemals zur deutschen Nation gehört hätten. Schmitts Artikel «Die deutschen Intellektuellen» schloß mit dem Urteil über die Emigranten: «Aus Deutschland sind sie ausgespien für alle Zeiten.»[114]

Die so gegensätzlich verlaufenden Lebenswege führten folgerichtig zu einem schwerwiegenden und für Carl Schmitt folgenreichen Konflikt. Gurian machte sich daran, aus seinem schweizer Exil ab Sommer 1934 das Wirken und die Widersprüche in der Entwicklung Schmitts offenzulegen und zu kommentieren. Sein erster Artikel erschien im Oktober 1934.[115] Er enthielt eine Bestätigung aller Vorbehalte, die viele Nationalsozialisten gegen Schmitt wegen seiner früheren engen Kontakte zu liberalen jüdischen Freunden und Kollegen, aber auch wegen seiner bedeutsamen Rolle im politischen Katholiszismus der Weimarer Zeit hatten. Schonungslos belegte Gurian die frühere Abneigung Schmitts gegen den Nationalsozialismus. Gurian gründete mit dem ebenfalls emigrierten Journalisten Otto Knab in der Schweiz eine Zeitschrift «Deutsche Briefe» als ein Organ des Widerstandes für katholische Emigranten.[116] In

---

[112] Zur Person vgl. H. Hürten, Waldemar Gurian – Ein Zeuge der Krise unserer Welt in der ersten Hälfte des 20. Jahrhunderts, Mainz 1972.

[113] Vgl. J. W. Bendersky, Carl Schmitt, Theorist for the Reich, Princeton University Press 1983, S. 51 f.

[114] C. Schmitt, Westdeutscher Beobachter vom 31. 5. 1933, S. 2.

[115] P. Müller (= W. Gurian), Entscheidung und Ordnung, Zu den Schriften von Carl Schmitt, Schweizerische Rundschau 1934/35, S. 566.

[116] Vgl. H. Hürten (Hrsg.), Deutsche Briefe 1934–1938, Ein Blatt der katholischen Emigration, Bd. I (1934/1935); Bd. II (1936/1938), Mainz 1969.

einer Neufassung seines Artikels aus der Schweizerischen Rundschau verschärfte Gurian seine Angriffe auf Schmitt unter dem Titel: «Carl Schmitt, Der Kronjurist des III. Reiches».[117] Schmitt könne niemals ein ehrlicher Nationalsozialist sein, er benutze die Partei für persönliche Zwecke. Über die folgenden zwei Jahre hin folgten Angriffe Gurians auf den Opportunismus von Schmitt gepaart mit verächtlichem Spott für die NSDAP, die einen solchen Mann akzeptierte.[118]

5. Die Wendung zum Rassismus

Für die Gegner Schmitts innerhalb der NS-Hierarchie waren die Ausführungen in einem verhaßten Emigranten-Organ eine willkommene Ergänzung ihres Angriffspotentials gegen Schmitt. Die Artikel Gurians über die Vergangenheit des «Kronjuristen» machten die Runde unter den professoralen Gegnern und Konkurrenten. Ihre Bestrebungen trafen sich mit dem Verfolgungswahn der SS gegen alle Verfälschungen und Verwässerungen der «reinen Weltanschauung» des Nationalsozialismus. Solche fürchtete die SS vor allem von den Konservativen, den Kirchen und den Juden. Die Vergangenheit Carl Schmitts wies deutliche Verbindungslinien zu allen drei Gegnergruppen auf.

Schmitt sah aufgrund der offenen und versteckten Kritik mancher Kollegen an seiner Vergangenheit und wegen des Vorwurfs fehlender Ausrichtung seiner Schriften an der rassisch-völkischen Weltanschauung seine Position und seinen weiteren Aufstieg gefährdet. In der Folgezeit versuchte er, sich gegen solche Angriffe zu immunisieren, indem er sich plötzlich 1936 mit bei ihm ungewohnter Radikalität und Primitivität in Reden und Schriften besonders der «Judenfrage» und der Gefährdung der deutschen Volksgemeinschaft durch den «jüdischen Geist» zuwandte.[119] Erstes Produkt dieser neuen Strategie war ein Aufsatz zum «Reichsparteitag der Freiheit» 1935, auf dem die «Nürnberger Gesetze», vor allem das «Reichsbürgergesetz» und das ominöse «Gesetz zum Schutze des deutschen Blutes und der deutschen Ehre» vom 15. 9. 1935[120] verkündet wurden. Es waren dies erste Rassengesetze mit einschneidenden Eingriffen in die staatsbürgerlichen Rechte der Juden, ein umfangreiches Instrumentarium zur Durchsetzung des ideologisch motivierten Rassismus und Antisemitismus. Das Gesetz verbot Eheschließungen zwischen Staatsangehörigen «deutschen oder artverwandten Blutes und Juden».

---

[117] Deutsche Briefe 1934, Bd. I, S. 52–54.
[118] Vgl. auch H. Hürten, Waldemar Gurian – Ein Zeuge der Krise unserer Welt in der ersten Häfte des 20. Jahrhunderts, Mainz 1972, S. 13.
[119] Vgl. allerdings schon C. Schmitt, Nationalsozialistisches Rechtsdenken, DR 1934, 225 (226).
[120] RGBl. I 1146.

Gesetzwidrige Heiraten oder außerehelicher Verkehr zwischen Juden und Ariern wurden mit Zuchthaus bestraft. Schmitt ging weit über eine juristische Analyse hinaus, verteidigte pauschal die Pogromgesetze als «Die Verfassung der Freiheit».[121]

Franz Neumann, Emigrant, früherer Assistent von Hugo Sinsheimer, ehemaliger Sozius von Ernst Fraenkel, sagt in seinem Gesamtbild von Struktur und Praxis des Nationalsozialismus «Behemoth»:

«Dieses ‹Blutschutzgesetz› gehört zu den schändlichsten im Repertoire der Nationalsozialisten. Es öffnete nicht nur der Erpressung Tür und Tor, sondern hat zur völligen Beseitigung der letzten Überreste des ehemals vom Strafgesetzbuch garantierten Rechtsschutzes geführt.»[122]

In demselben Maße, in dem Carl Schmitt versuchte, in seinen Schriften nach 1934 die rassisch-völkische Komponente der NS-Weltanschauung hervorzukehren und zu unterstützen, setzte Waldemar Gurian seine Angriffe von außen fort.[123] Unter dem Eindruck fortdauernder Angriffe von innen (Koellreutter, Eckhardt, Höhn u. a.) und außen (Gurian) verstärkte Schmitt 1936 seine Versuche, die Kernpunkte der Kritik – fehlende rassisch-völkische Orientierung und Verkennung des Vorrangs von Partei und Volk vor dem Staat – durch neue Bekenntnisaufsätze zu widerlegen. Er schrieb jetzt beiden Prinzipien – der Rassenideologie und dem Primat der Partei eine fundamentale Bedeutung zu.[124] Er erneuerte sein Bekenntnis von 1934 (Röhm-Affaire), daß der Führer der oberste Gerichtsherr und Gesetzgeber der Nation sei. Der Staat war nur noch ein Mittel zur Verwirklichung der NS-Weltanschauung. Das Programm der NSDAP war die wichtigste Rechtsquelle neben dem Führertum.[125] In dieser Lage begann er als «Reichsgruppenwalter der Reichsgruppe Hochschullehrer im NS-Reichswahrerbund» einen Kongreß zu planen, der – unter seiner Führung und Organisation – den Kampf gegen den «jüdischen Geist» in

---

[121] C. Schmitt, Die Verfassung der Freiheit, DJZ 1935, Sp. 1133; ebenso ders., Die nationalsozialistische Gesetzgebung und der Vorbehalt des «ordre public» im Internationalen Privatrecht, ZAkDR 1936, 204.

[122] F. Neumann, Behemoth, Struktur und Praxis des Nationalsozialismus 1933–1944, auf Deutsch herausgegeben von G. Schäfer, Köln und Frankfurt a. M. 1977, S. 150.

[123] Deutsche Briefe: Carl Schmitt schafft den Menschen ab, Bd. I, S. 716 f.; Ein Bolschewistenfreund als nationalsozialistischer Kronjurist, Bd. II, S. 107 f.; Der NS Kronjurist Carl Schmitt über das Plebiszit, Bd. II, S. 130; Carl Schmitt gegen Carl Schmitt, Bd. II, S. 204 f.; Der Fall Eschweiler, Das Opfer Carl Schmitts, Bd. II, S. 240; Staatsrat Carl Schmitt, Bd. II, S. 405 f.

[124] C. Schmitt, Die geschichtliche Lage der deutschen Rechtswissenschaft, DJZ 1936, Sp. 15; ders., Faschistische und nationalsozialistische Rechtswissenschaft, DJZ 1936, Sp. 619.

[125] C. Schmitt, Aufgabe und Notwendigkeit des deutschen Rechtsstandes, DR 1936, 181.

der Rechtswissenschaft entfachen und dokumentieren sollte. Damit konnte gleichzeitig bewiesen werden, wie sehr er sich vorbehaltlos auf den Boden der rassisch-völkischen NS-Lehre gestellt hatte.

II. Der «Reichsgruppenwalter» und «Das Judentum» in der deutschen Rechtswissenschaft

Vor diesem Hintergrund ist das Auftreten Carl Schmitts als Reichsgruppenwalter auf der Tagung am 3. und 4. Oktober 1936 «Die deutsche Rechtswissenschaft im Kampf gegen den jüdischen Geist»[126] zu sehen. Zeitlich ist zu beachten, daß die Angriffe gegen Carl Schmitt seitens der SS[127] und durch den «Beauftragte(n) des Führers für die Überwachung der gesamten geistigen und weltanschaulichen Erziehung der NSDAP»,[128] soweit ersichtlich, erst *nach* dem Auftreten Carl Schmitts auf der genannten Tagung erschienen sind. Das Material für diese Angriffe lag allerdings seinen Gegnern in der NS-Bewegung offenbar bereits gesammelt vor.

Die Rolle Schmitts als Reichsgruppenwalter der «Reichsgruppe Hochschullehrer» im «NS-Rechtswahrerbund» ist ein besonderes Kapitel seiner Einwirkung auf die Entwicklung der NS-Rechtswissenschaft. Der erste Arbeitsabschnitt der erwähnten Tagung war dem programmati-

---

[126] Die Veranstaltung ist von H. Göppinger und J. G. Reißmüller im 3. Kapitel ihrer Schrift «Die Verfolgung der Juristen jüdischer Abstammung durch den Nationalsozialismus», Villingen 1963, S. 72–89, ausführlich beschrieben und dokumentiert worden. Die Originaltexte liegen teilweise gedruckt vor: Das Judentum in der Rechtswissenschaft, Ansprachen, Vorträge und Ergebnisse der Tagung der Reichsgruppe Hochschullehrer des NSRB am 3. und 4. Oktober 1936 – Hefte 1–8, Deutscher Rechts-Verlag, Berlin 1936. Die Vorträge auf dieser Tagung wurden gehalten von Doz. Dr. Rath, Göttingen; Prof. Dr. Tatarin-Tarnheyden, Rostock; Prof. Dr. Maunz, Freiburg; RA Dr. Wilk, Berlin; Doz. Dr. Bartholomeyczik, Breslau; Prof. Dr. Würdinger, Breslau; Prof. Dr. Jung, Marburg; Senatspräsident Prof. Dr. Klee, Berlin; Prof. Dr. Siegert, Göttingen, Dr. Mikorey, München; Dr. von Leers, Berlin; Doz. Dr. Gürke, München; Prof. Dr. Müller, Freiburg. Einige Beiträge (z. B. der von Th. Maunz) sind nicht gedruckt erschienen. Unter den Teilnehmern waren ferner der Rektor der TH Berlin, Vertreter des NS-Dozentenbundes, des NS-Studentenbundes, der «Antikomintern», des Instituts zum Studium der Judenfrage sowie der «Deutschen Christen». C. Schmitt hielt die Eröffnungs- und die Schlußansprache. Sein «Schlußwort» ist – außer in Heft 1 der vorstehend bezeichneten Veröffentlichung – zusätzlich abgedruckt in DJZ 1936, Sp. 1193.

[127] Das Schwarze Korps vom 3. 12. und 10. 12. 1936.

[128] Vgl. Mitteilungen zur weltanschaulichen Lage vom 8. 1. 1937 – zitiert nach G. Maschke, Zum «Leviathan» von Carl Schmitt, in: C. Schmitt, Der Leviathan in der Staatslehre des Thomas Hobbes – Sinn und Fehlschlag eines politischen Symbols, Köln 1982, S. 179 (184 mit Fn. 7 und 8).

schen Ziel gewidmet: «Die deutsche Rechtswissenschaft im Kampf gegen den jüdischen Geist».[129]

Zur «Eröffnung der wissenschaftlichen Vorträge» sagte Schmitt: «Mit einem nur gefühlsmäßigen Antisemitismus und der allgemeinen Ablehnung einiger besonders aufdringlicher und unangenehmer jüdischer Erscheinungen ist es nicht getan; es bedarf einer erkenntnismäßigen Sicherheit.»[130]

Den entscheidenden Sinn des wissenschaftlichen Kampfes gegen das Judentum sah er mit einem Hitlerwort im «Religiösen» (!) begründet: «Indem ich mich des Juden erwehre, ... kämpfe ich für das Werk des Herrn.»[131]

Der Kampf gegen die Juden wurde nicht etwa auf einer rein theoretisch wissenschaftlichen Ebene geführt. Man hatte sehr konkrete und aktuelle Handlungsformen von Pogromen vor Augen, wie der makabre Hinweis Schmitts auf «... den großartigen Kampf des Gauleiters Julius Streicher, den ‹jüdische Emigranten› als etwas ‹Ungeistiges› bezeichnen konnten.»[132]

Deutsche Hochschullehrer jubelten in ehrfurchtsvoller Zustimmung der Pogrompraxis von SA-Rabauken zu.

III. Die Praxisphase der Freund-Feind-Theorie

Das Freund-Feind-Verhältnis mit der «realen Möglichkeit der physischen Tötung» nahm auf dieser Tagung konkrete Gestalt an. Schmitts Forderung lautete: «Wir müssen den deutschen Geist von allen jüdischen Fälschungen befreien.»[133]

Den jüdischen Kollegen, die emigrieren mußten, also etwa Hans Kelsen, Karl Löwenstein und Hans Nawiasky, widmete er die folgenden Sätze:

«Ich weiß aus eigener Erfahrung, welchen Beleidigungen und Verleumdungen man ausgesetzt ist, wenn man in diesen Kampf eintritt. Ich weiß auch, mit welchem Haß jüdische Emigranten und ihre Verbündeten die wissenschaftliche Ehre und den guten Namen eines jeden zu zerstören suchen, der sich ihrem geistigen Herrschaftsanspruch entzieht.»[134]

Das Abstruse und Obszöne vieler Beiträge auf dieser Tagung, auch solcher von Autoren, die einen Namen zu verlieren hatten, kann hier nur

---

[129] Vgl. Das Judentum in der Rechtswissenschaft, Ansprachen, Vorträge und Ergebnisse der Tagung der Reichsgruppe Hochschullehrer der NSRB am 3. und 4. Oktober 1936, Heft 1, Die deutsche Rechtswissenschaft im Kampf gegen den jüdischen Geist, Deutscher Rechtsverlag, Berlin o. J. (1936), (künftig zitiert: Heft 1).
[130] Heft 1, S. 14.
[131] Heft 1, S. 14.
[132] Heft 1, S. 15.
[133] Heft 1, S. 15.
[134] Heft 1, S. 17.

angemerkt werden. Wichtig sind einige Ausführungen Schmitts aus seinem «Schlußwort des Reichsgruppenwalters», in dem er zunächst die zukunftsweisende Bedeutung der einzelnen Gesichtspunkte und des gewonnenen «Gesamtbildes» hervorhebt. Er fordert dann

1. eine vollständige bibliographische Erfassung aller juristischen Autoren danach, «wer Jude ist und wer nicht Jude ist».
2. Eine «Säuberung der Bibliotheken», um «unsere Studenten vor der Verwirrung zu bewahren».
3. «Nach einer solchen Tagung ist es nicht mehr möglich, einen jüdischen Autor wie einen anderen Autor zu zitieren. . . . Ein jüdischer Autor ist für uns, wenn er überhaupt zitiert wird, ein jüdischer Autor.»[135]

«Schon von der bloßen Nennung des Wortes ‹jüdisch› wird ein heilsamer Exorzismus (!) ausgehen.»[136]

Der Kampf gegen die jüdische Literatur wurde also von Schmitt als ein Akt der Austreibung des Teufels gedeutet. Das Mittelalter in seinen negativsten Erscheinungen war auferstanden. Diese Sätze wurden gesprochen und gedruckt mehr als zwei Jahre bevor – nach den Pogromen der «Reichskristallnacht von 1938» – für jeden Juden das Tragen des «Judensterns» zur Pflicht wurde.

Der besondere Unmut Schmitts richtete sich gegen namentlich genannte Autoren desselben Faches:

«Erst wenn wir die Frage der Zitierungen in dieser Weise gelöst haben, haben wir ein nicht mehr von Juden infiziertes, sondern ein deutsches rechtswissenschaftliches Schrifttum. . . .

Ich erinnere nur daran, mit welcher dreisten Selbstverständlichkeit die Wiener Schule des Juden Kelsen nur sich selbst gegenseitig zitiert, mit welcher für uns Deutsche unbeschreiblichen Grausamkeit und Frechheit andere Meinungen mißachtet wurden.»[137]

Zu Hans Kelsen hatte Carl Schmitt aus seiner kurzen Zeit an der Universität Köln ein besonderes persönliches Verhältnis. Der Germanist und Literatursoziologe Hans Mayer, der selbst in Köln bei Kelsen studierte und bei Stier-Somlo, dem Vorgänger Schmitts in Köln, eine Dissertation schrieb, berichtet in seinen Erinnerungen «Ein Deutscher auf Widerruf»[138]:

«Bei Kelsen machte er[139] Besuch, warb um Zusammenarbeit und bot,

---

[135] Heft 1, S. 29.

[136] Heft 1, S. 30.

[137] Heft 1, S. 30. Außer Kelsen hob Schmitt den bedeutenden national-konservativen und christlichen Staats- und Rechtsphilosophen Friedrich Julius Stahl («Stahl-Jolson»!) sowie Lasker, Friedberg und J. Jacoby wegen ihres «jüdischen Einflusses» auf die Rechtsentwicklung hervor (S. 30f.).

[138] Bd. I, Frankfurt a. M. 1982, S. 144.

[139] Lies: Carl Schmitt.

trotz offenkundiger wissenschaftlicher Gegensätze, die Gipfelfreundschaft an der beiden Großen in einer mediokren Fakultät: Hans Kelsen
und Carl Schmitt. Kelsen war ein guter Kerl, der gern glauben wollte.
Er gab die Zustimmung zu Schmitts Berufung. Das war Ende 1932.
Kelsen hat mir den Vorgang damals gleich erzählt. Dann kam der
30. Januar 1933. Zu Beginn des Frühjahrssemesters erschien der neuberufene Nachfolger[140] des nichtarischen Fritz Stier-Somlo am Rhein und
forderte als erstes die sofortige Entlassung des Juden und Marxisten
Hans Kelsen. Was auch geschah.»

Aber auch sonst hatte Schmitts Antisemitismus nach 1933 im Hinblick
auf seine vielfältigen persönlichen früheren Verbindungen und Äußerungen sehr unglaubwürdige, aufgesetzte und widersprüchliche Züge.

Schmitts Schlußfolgerung auf der genannten Tagung lautete:
«Die Beziehung des jüdischen Denkens zum deutschen Geist ist folgender Art: Der Jude hat zu unserer Arbeit eine *parasitäre*, eine *taktische* und eine *händlerische* Beziehung».[141]

Am Beispiel von Friedrich Julius Stahl (für Schmitt nur noch als »Joel
Stahl-Jolson» zitierfähig) entwickelte er die These, daß die Juden
mit jedem neuen Geschichtsabschnitt einen «grauenhaften, unheimlichen Maskenwechsel» von «dämonischer Hintergründigkeit» vornehmen.[142]

Er beschwor die Teilnehmer, den Antisemitismus des Führers zum
Gegenstand des Rechtsunterrichts zu machen: «Was der Führer über
jüdische Dialektik gesagt hat, müssen wir uns selbst und unseren Studenten immer wieder einprägen, um der großen Gefahr immer neuer Tarnungen und Zerredungen zu entgehen.[143]

Die Tagung kulminierte in einem auf Vorschlag von Professor Dr. Naendrup, Münster, verabschiedeten «Gelöbnis» der versammelten Mitglieder der «Reichsgruppe Hochschullehrer ... unter der Leitung ihres verehrten Reichsgruppenwalters», Staatsrat Professor Dr. Carl Schmitt. Man
gelobte, sich für die gewiesenen Aufgaben, insbesondere für die Erfüllung der gestellten vier Forderungen rückhaltlos einzusetzen. Man gab
das Versprechen ab:

«1. Bei ihren wissenschaftlichen Arbeiten jüdische Schriftsteller nur soweit dies zur Vermeidung eines Plagiats notwendig ist, und nur mit der
     ausdrücklichen Erwähnung, daß es sich um Juden handelt, zu zitieren
     und dasselbe auch von ihren Studenten zu verlangen.
2. An einer lückenlosen und verläßlichen Bibliographie sämtlicher jüdi-

---

140 Lies: Carl Schmitt.
141 Heft 1, S. 32.
142 Heft 1, S. 32 u. 33.
143 Heft 1, S. 14; vgl. auch Heft 1, S. 33.

scher Schriftsteller auf dem Gebiete der Rechts- und Wirtschaftswissenschaft mitzuarbeiten.

3. In den Büchereien und Seminaren der Rechts- und Staatswissenschaftlichen Fakultäten die Trennung der Schriften deutscher und jüdischer Autoren durchzuführen.

4. Die auf dieser Tagung begonnene Zusammenarbeit der Rechts- und Wirtschaftswissenschaftler zur Erforschung der Geschichte des Judentums und seiner Kriminalität sowie des Eindringens des Judentums in das deutsche Volksleben fortzusetzen.»[144]

Schmitt beendete die Tagung mit der rituell wiederholten, pseudotheologischen, hitlerischen Beschwörungs- und Rechtfertigungsformel: «Indem ich mich des Juden erwehre, . . . kämpfe ich für das Werk des Herrn.»[145]

Es verfälscht die Wirklichkeit, wenn man Schmitts Arbeiten zwischen 1933 und 1937 als «Kunstwerke äußerster und halsbrecherischster Vieldeutigkeit» einzuordnen versucht.[146] Eher muß man von halsbrecherischer Eindeutigkeit reden. Der Austritt der deutschen Rechtswissenschaft aus der europäischen Rechtskultur war das von Schmitt 1936 in Berlin erklärte Programm.

Das Publikum der Tagung, etwa 100 Hochschullehrer von insgesamt 400 Mitgliedern, ging mit zwiespältigen Eindrücken von dannen. Ernst Forsthoff, ein Schüler Schmitts, brach damals, wie er 1969 in einem persönlichen Gespräch in Berlin erzählte, für die Dauer der NS-Zeit den Kontakt zu seinem Lehrer ab, weil er sich von der «antisemitischen Kampagne» gegen angesehene Fachkollegen schockiert fühlte. Ungeachtet dieser Spannungen zwischen Lehrer und Schüler ist die Parallele im Scheitern ihrer Karriere als «Kronjuristen» nach 1936 zu beachten. Beide traf der Vorwurf des überholten Normativismus. Zwei Verlierer wurden ins zweite Glied versetzt.

Erst nach 1945, als Schmitt von vielen gemieden wurde, nahm Forsthoff nach eigenen Angaben die Beziehungen zu Schmitt wieder auf und verschaffte ihm, der keinen Lehrstuhl mehr bekam, später in seinen Ebracher Seminaren eine äußerlich bescheidene, aber auf die Entwicklung der Staatsrechtslehre ausstrahlungskräftige Wirkungsmöglichkeit.

IV. Die Angriffe der SS und der Bruch in der Karriere

Die Tagung über das Judentum in der deutschen Rechtswissenschaft, die Schmitt bereits Anfang Juni 1936 in seiner Zeitschrift angekündigt hat-

---

[144] Heft 1, S. 35.

[145] Heft 1, S. 14 und 34.

[146] G. Maschke, Positionen inmitten des Hasses – Der Staat, der Feind und das Recht – Der umstrittene Denker Carl Schmitt/Zu seinem Tode, in: FAZ vom 11. 4. 1985, S. 25.

te,[147] erregte beträchtliche Aufmerksamkeit in der gesamten Fachpresse und darüber hinaus. Sie alarmierte gerade wegen dieses Echos, welches das Prestige Schmitts in der NS-Führung befestigen konnte, seine Widersacher. Sie mußten fürchten, er könne daraus weitere Karrierevorteile ziehen. So dürfte es kaum ein Zufall sein, daß der erste öffentliche Angriff der SS auf Schmitt kurz nach dieser Tagung, nämlich am 3. 12. 1936 in ihrem Blatt «Das Schwarze Korps» erschien. Der Anlaß ist sehr bemerkenswert. Die Angriffe auf Schmitt aus dem Kollegenkreis[148] riefen Verteidiger auf den Plan. Einer seiner Schüler, Günther Krauss, veröffentlichte im November 1936 einen Beitrag, in dem er den hervorragenden Anteil Carl Schmitts an der Entwicklung einer spezifisch nationalsozialistischen Rechtstheorie hervorhob.[149] Krauss verglich den geistigen Weg Schmitts vom Katholizismus zum «Dritten Reich» mit der geschichtlichen Entwicklung des deutschen Volkes und sogar Adolf Hitler selbst. Das führte zu dem ersten Angriff in «Das Schwarze Korps» unter dem Titel «Eine peinliche Ehrenrettung».[150] Eine Woche später kam der zweite Hieb gegen Schmitt im selben Blatt, diesmal mit der Überschrift «Es wird immer noch peinlicher».[151] Ihm wurde nachgesagt, sein jetzt geäußerter Antisemitismus sei nur der opportunistische Versuch, seine früheren Freundschaften mit Juden und seine engen Beziehungen zu jüdischen Schülern zu bemänteln. Außerdem wurde auf seine frühere herausragende Rolle als Repräsentant des politischen Katholizismus verwiesen. Er habe sowohl die Zentrumspartei als auch die Regierung Brüning unterstützt. Erst 1933 habe er sich aus deutlichem Karriereinteresse der NS-Bewegung angeschlossen. Zugleich wurde aus früheren Schriften Schmitts zitiert, in denen er sich gegen die Romantik der Rassenideologie ausgesprochen hatte.

Für Schmitts NS-Karriere hatten die Angriffe der SS-Zeitschrift Folgen. Er gab «aus gesundheitlichen Gründen» seine Führungsrolle als «Reichsgruppenwart» der Reichsgruppe Hochschullehrer im NS-Rechtswahrerbund ab.[152] Er legte, ebenfalls im Dezember 1936, sein Amt als Herausgeber der Deutschen Juristenzeitung nieder.[153] Lediglich seine Mitgliedschaft und Mitarbeit in der «Akademie für Deutsches Recht»

---

[147] Vgl. Aus der Deutschen Rechtsfront, DJZ 1936, Sp. 695.

[148] Vgl. O. Koellreutter, Volk und Staat in der Weltanschauung des Nationalsozialismus, Berlin 1935, S. 5–11, 19; weitere Nachweise bei J. W. Bendersky, Carl Schmitt, Theorist for the Reich, Princeton University Press 1983, S. 222 ff.

[149] G. Krauss, Zum Neubau deutscher Staatslehre: Die Forschungen Carl Schmitts, in: Jugend und Recht 1936, 252.

[150] 3. 12. 1936, S. 14.

[151] Das Schwarze Korps vom 10. 12. 1936, S. 2.

[152] Mitteilungsblatt des NS-Rechtswahrerbundes 1936, 248.

[153] Vgl. H. Frank, Zum Abschluß, DJZ 1936, Sp. 1449; C. Schmitt, Schlußwort des Herausgebers, DJZ 1936, Sp. 1453.

blieb erhalten. Die Möglichkeit zu produktiver Forschung blieb unberührt. Er nutzte sie für neue Felder.

Die von ihm erbrachten Leistungen für die juristische wie propagandistische Legitimation und Festigung des NS-Regimes wurden bei dem unfreiwilligen Abschied von seiner rechtspolitischen Führungsrolle nicht verschwiegen. Hans Frank, der «Reichsrechtsführer» und, neben Göring, ein Protektor von Schmitt, feierte dessen «Leistung für die Erneuerung des deutschen Rechts» als ein «stolzes Zeugnis deutscher geistiger Führung».[154] Schmitt selbst kennzeichnet in seinem «Schlußwort des Herausgebers» seine Arbeit von 1933 bis 1936 als ein «Bemühen» mit dem Ziel, «unter klarer Durchführung nationalsozialistischer Grundsätze und Richtlinien einen bedeutenden Teil der Rechtspraxis und Rechtswissenschaft zur Mitarbeit an den neuen Aufgaben der Rechtsentwicklung heranzuziehen».[155] Die Selbsteinschätzung spricht für sich.

Schmitt saß, was seine weiteren Karriere-Chancen anging, zwischen allen «Stühlen». Auf dem Wege zum «Kronjuristen» der NS-Bewegung hatte er die blutige Abrechnung Hitlers mit seinen Gegnern am 30. Juni 1934 gerechtfertigt. 1936 hatte er auf der Tagung «wider den jüdischen Geist» primitiven und brutalen Antisemitismus im Stile des Gauleiters Julius Streicher propagiert. Jetzt stand er gleichsam von einem Tag auf den andern isoliert abseits allen politischen Einflusses und zog sich auf seine Lehrstuhltätigkeit in Berlin zurück. Die Angriffe der SS im «Schwarzen Korps» hatten aus einem gefeierten Spitzenrepräsentanten der NS-Rechtserneuerung einen beinahe Ausgestoßenen gemacht. Er wandte sich, nach dem Scheitern seiner staatsrechtlichen Führungsrolle, völkerrechtlichen Problemen des vom Dritten Reich zu beherrschenden «Großraumes» zu.

E. Das «Dritte Reich» als Großraumordnung (1939/42)

I. Themenwechsel und Kontinuität der Grundpositionen

In der Folgezeit wandte sich Carl Schmitt bevorzugt staatstheoretischen und völkerrechtlichen Themen zu. Den Auftakt bildete vor allem ein Aufsatz mit dem programmatischen Titel «Totaler Feind, totaler Krieg, totaler Staat» von 1937,[156] mit dem er seine Thesen aus dem «Begriff des Politischen» wiederaufnahm und auf die Situation des inzwischen eta-

---

[154] H. Frank, Zum Abschluß, DJZ 1936, Sp. 1449 (1452).
[155] C. Schmitt, Schlußwort des Herausgebers, DJZ 1936, Sp. 1543 ff.
[156] Völkerbund und Völkerrecht, 4. Jhrg. (1937/38), S. 139.

blierten totalen Staates des Nationalsozialismus fortschrieb. In die gleiche Richtung wiesen Beiträge wie «Völkerrechtliche Neutralität und völkische Totalität»[157] oder «Inter pacem et bellum nihil medium».[158]

Die Fortschreibung des Freund-Feind-Schemas auf die konkrete Lage des kriegsbereiten totalen Staates veranlaßte Schmitt 1939 zur Wahl einer neuen Thematik. Der «Großraum» für das neue Reich, die Relationen von «Reich und Raum» als Bauelemente eines neuen Völkerrechts wurden ein Hauptgegenstand seiner Überlegungen.[159]

Dem antijüdischen Ansatz blieb Schmitt auch in dieser Phase, und zwar noch in der 4. Auflage seiner Schrift «Völkerrechtliche Großraumordnung» 1941 treu.[160] Seinem völkisch bestimmten Begriff des «Großraumes», mit dem er den herkömmlichen «Allgemeinbegriff Staat» und den «leeren Raumbegriff» konkret ersetzen wollte,[161] standen aus seiner Sicht besonders «jüdische Autoren» entgegen:

«Ich nenne unter den Juristen nur die Namen Rosin, Laband, Jellinek, Nawiasky, Kelsen und seine Schüler ... Das eigentümliche Mißverständnis des jüdischen Volkes zu allem, was Boden, Land und Gebiet angeht, ist in seiner Art politischer Existenz begründet. Die Beziehung eines Volkes zu einem durch eigene Siedlungs- und Kulturarbeit gestalteten Boden und zu den daraus sich ergebenden konkreten Machtformen ist dem Geist des Juden unverständlich. Er will sie übrigens auch gar nicht verstehen, sondern nur sich ihrer begrifflich bemächtigen, um seine Begriffe an ihre Stelle zu setzen.»[162]

II. Die «Tat des Führers» als
Schutz gegen raumfremde, unvölkische Mächte

Das nationalsozialistische Reich sah er noch 1941 als den Großraum, als die «starke unangreifbare Mitte Europas ..., die imstande ist, ihrer gro-

---

[157] Monatshefte für Auswärtige Politik, 5. Jhrg. (1938), S. 613.
[158] ZAkDR 1939, 594.
[159] Vgl. etwa C. Schmitt, Der Reichsbegriff im Völkerrecht, DR 1939, 341; ders., Großraum gegen Universalismus – Der völkerrechtliche Kampf um die Monroedoktrin, ZAkDR 1939, 333; Völkerrechtliche Großraumordnung mit Interventionsverbot für raumfremde Mächte, 1. Aufl., Berlin und Wien 1939, 4. Aufl., Berlin, Leipzig und Wien, 1941; ders., Reich und Raum-Elemente eines neuen Völkerrechts, ZAkDR 1940, 201; ders., Die Raumrevolution – Durch den totalen Krieg zu einem totalen Frieden, in: Das Reich 1940, Nr. 19; ders., Raum und Großraum im Völkerrecht, Zeitschrift für Völkerrecht, 24. Jhrg. (1940), S. 145; ders., Raumrevolution – Vom Geist des Abendlandes, Deutsche Kolonialzeitung 1942, 219.
[160] Berlin, Leipzig und Wien, 1941.
[161] C. Schmitt, Völkerrechtliche Großraumordnung mit Interventionsverbot für raumfremde Mächte, 4. Aufl., Berlin, Leipzig und Wien, 1941, S. 5 ff.
[162] C. Schmitt, a. a. O., S. 63.

ßen politischen Idee ... eine Ausstrahlung in den mittel- und osteuropäischen Raum hinein zu verschaffen und Einmischungen raumfremder und unvölkischer (!) Mächte zurückzuweisen. Die Tat des Führers hat dem Gedanken unseres Reiches politische Wirklichkeit, geschichtliche Wahrheit und eine große völkerrechtliche Zukunft verliehen.»[163]

Das literarische Echo solcher Thesen blieb nicht gering.[164] Die «große völkerrechtliche Zukunft» des Reichsgedankens kann heute in der geographischen und völkerrechtlichen Problemlage der beiden deutschen Teilstaaten anschaulich besichtigt werden. Hier ist die «Tat des Führers» «politische Wirklichkeit» und «geschichtliche Wahrheit» geworden. Die eingängige, später von Goebbels wirksam benutzte Formel vom «totalen Krieg» findet sich in einem Aufsatz Carl Schmitts von 1937 mit dem Titel «Totaler Feind, totaler Krieg, totaler Staat.»[165] Die Begriffsverbindung «totaler Krieg» wird dem General Ludendorff zugeschrieben. 1940 sieht Schmitt in dem mit dem Angriff auf Polen begonnenen 2. Weltkrieg das Fanal einer «Raumrevolution».[166] Diese These sollte bald – allerdings im Sinne des Gegenteils dessen, was sie versprechen sollte – grausame Wirklichkeit werden: Hitlers Krieg hat eine fast totale Raumrevolution bewirkt, jedenfalls für Deutschland und Europa. Der Einfluß «raumfremder Mächte» wurde auf Dauer installiert. Das Ziel dieser NS-Raumrevolution sollte der «totale Friede» sein. Dafür war der «totale Krieg» gegen den «totalen Feind» nach Schmitt das notwendige und deswegen gerechtfertigte Mittel.

III. Das totale Engagement für die Machthaber als «Philosophie» der NS-Rechtslehre

Von manchen Autoren, die sich um ein differenziertes Urteil über Werk und Wirken Schmitts bemühen, wird die These vertreten, Schmitt habe sich für den Nationalsozialismus nur vorübergehend engagiert.[167] Betrachtet man die Publikationen Schmitts im zeitlichen Ablauf des «Dritten Reiches», so ist diese Behauptung wenig überzeugend. Gewandelt haben sich die Schwerpunktbereiche seines literarischen Engagements für

---

[163] C. Schmitt, a. a. O., S. 49f.

[164] Vgl. statt aller: G. Küchenhoff, Großraumgedanke und völkische Idee im Recht, Zeitschrift für ausländisches öffentliches Recht und Völkerrecht 1944, 34.

[165] Völkerbund und Völkerrecht, 4. Jhrg., (1937/38), S. 139.

[166] C. Schmitt, Die Raumrevolution, Durch den totalen Krieg zu einem totalen Frieden, Das Reich 1940, Nr. 19; ders., Raumrevolution, Vom Geist des Abendlandes, Deutsche Kolonialzeitung 1942, 219.

[167] Vgl. statt vieler etwa H. Rumpf im Rahmen einer Rezension der 1. Aufl., von I. Maus, Bürgerliche Rechtstheorie und Faschismus, München 1976, Der Staat 1978, 233 (242); ähnlich E. Straub, Der Jurist im Zwielicht des Politischen, in: Beilage zur FAZ vom 18. 7. 1981.

das NS-Regime. Standen anfangs vor allem Probleme des Staatsrechts, der «nationalsozialistischen Rechtserneuerung» und der «Entjudung» der deutschen Rechtswissenschaft auf dem Arbeitsprogramm, so wurden ab etwa 1937 hauptsächlich kriegs- und völkerrechtliche Fragen behandelt. Das «vorübergehende Engangement» Schmitts für eine «Raumrevolution» und eine neue «Großraumordnung», gegründet auf die «Tat des Führers», dauerte jedenfalls literarisch belegt bis 1942.[168] Diese Publikationen widerlegen augenfällig die von Anhängern verbreitete und oft ungeprüft übernommene These, Schmitt habe nur knappe drei Jahre versucht, mit den Nationalsozialisten zusammenzuarbeiten.[169] Die Behauptung ist unrichtig, wie diese Veröffentlichungen während des Krieges zeigen.

Was Schmitts Schriften nicht nur sofort nach 1933, sondern unvermindert auch noch während des Krieges, kennzeichnet, ist ein totales Engagement für die Ideologie der real vorhandenen politischen Führung. Der Einzelne und seine kleinen «privaten» Rechte und Interessen haben sich dem «Ganzen» des «Führertums» und der «Weltanschauung», der «Volksgemeinschaft» und des «Reichsgedankens» zu opfern. Die rückhaltlose Unterwerfung der «Verfassungslehre» unter die reale Machthabe war schon in seinem Buch dazu 1928 angedeutet:

«Jede existierende politische Einheit hat ihren Wert und ihre ‹Existenzberechtigung› nicht in der Richtigkeit oder Brauchbarkeit von Normen, sondern in ihrer Existenz. Was als *politische Größe* existiert, ist, juristisch betrachtet, wert, daß es existiert.»[170]

Die deutliche Bezugnahme auf das Vorwort Hegels zu dessen «Grundlinien der Philosophie des Rechts» versperrt nicht den Blick auf die Tatsache, daß diese «juristische Betrachtung» die Rechtswissenschaft zur Dienerin jedes real etablierten Machthabers macht. Die «konkrete Ordnung» des real etablierten politischen (Unrechts-)Systems ist die hinreichende juristische Legitimation seiner totalen Herrschafts- und Gehorsamsansprüche.

Die unbegrenzte Anpassungsfähigkeit der Rechtstheorie Schmitts und seiner Schule sowie ihre Eignung zur Rechtfertigung beliebiger Herrschaftssysteme hat Gerhard Leibholz – aus eigener schmerzlicher Erfahrung sachkundig – so gekennzeichnet:

«Denn alles Recht ist für Carl Schmitt konkretes ‹Situationsrecht›. Der Jurist hat sich nur den Fragen der Zeit zu öffnen und sich jeweils an dem Material zu orientieren, das der Zeitgeist ihm offeriert. Alle von

---

[168] Vgl. die Nachweise in Fn. 159.

[169] E. Straub, Der Jurist im Zwielicht des Politischen, in: Beilage zur FAZ vom 18. 7. 1981.

[170] C. Schmitt, Verfassungslehre, 1. Aufl., München und Leipzig, 1928, S. 22.

ihm entwickelten Formeln und Begriffe sind so dem jeweiligen Zeitgeschehen angepaßt. Mögen diese von ihm noch so sprachgewaltig und bestechend (!) entwickelt worden sein, so können sie nicht die Tatsache verdecken, daß diese Analysen letzthin nur der Ausdruck einer nihilistisch-relativistischen Grundhaltung sind, die alles, das heißt jedes politische Regime – gleichgültig welcher Rechts- und Unrechtsprägung – zu rechtfertigen vermag. Es ist diese Haltung, die dem Werk von Carl Schmitt seine Glaubwürdigkeit genommen hat.»[171]
Hier zeigt sich die Fehlerhaftigkeit der Annahme, die Denkmethoden Carl Schmitts und der übrigen Vertreter der völkischen Rechtserneuerung (Larenz, Forsthoff, Lange, Michaelis, Siebert, Wolf etc.) seien – wie sie selbst damals behaupteten – spezifisch «nationalsozialistisch» gewesen. Sie waren im Gegenteil beliebig auf jedes etablierte Herrschaftssystem übertragbar.

F. Probleme und Hindernisse
einer sachgerechten Würdigung

Der hier versuchte Querschnitt aus dem Schrifttum Carl Schmitts in den Jahren 1933–1942 gibt kein vollständiges Bild des Gesamtwerkes oder gar des Autors. Er ist allerdings ein Gegenstück zu dem, was in Festschriften, Geburtstagsartikeln und Nachrufen zitiert zu werden pflegt. Das Gesamtwerk Schmitts enthält – darüber herrscht Einigkeit – juristische und staatstheoretische Schriften von bleibendem wissenschaftlichen Rang, etwa «Gesetz und Urteil» (1912), «Politische Romantik» (1922), «Die Diktatur» (1921), «Politische Theologie» (1922), «Verfassungslehre» (1928), «Der Hüter der Verfassung» (1931), «Freiheitsrechte und institutionelle Garantien der Reichsverfassung» (1931) und «Der Leviathan in der Staatslehre des Thomas Hobbes» (1938). Der wissenschaftliche Rang des Werkes und die Bedeutung des Autors wurden im Schwerpunkt eindeutig durch die vor 1933 konzipierten Arbeiten begründet.

Der vorbehaltlose Einsatz Schmitts für die Legitimation und die Stabilisierung des nationalsozialistischen Regimes nach 1933 läßt sich allerdings nicht als unbedeutende Randepisode im Rahmen seines literarischen Werkes und seines bewußt politischen Wirkens abtun. Er beschränkt sich nach der Machtübernahme durch Hitler nicht auf die an ihm vielgerühmte Analyse bestehender Herrschaftsstrukturen, wie etwa vorher bei der Kritik am Weimarer Staat. Man muß für diese Phase wohl eher von rastloser Propaganda für den NS-Staat sprechen, die er

---

[171] G. Leibholz, Die Haltung Carl Schmitts, in: FAZ vom 24. 7. 1973, S. 9.

zu seinem Arbeitsprogramm erhob. Dabei sind nicht nur die heute häufig zitierten Schriften wie «Staat – Bewegung – Volk» (1933) und «Über die drei Arten des rechtswissenschaftlichen Denkens» (1934) oder seine Auslassungen zu den Morden des 30. Juni 1934 («Der Führer schützt das Recht») und zum Judentum in der deutschen Rechtswissenschaft (1936) zu beachten. Bezeichnender für sein Wirken in den «Aufbaujahren» des NS-Regimes sind die zahlreichen und weit gestreuten Artikel in Tageszeitungen (etwa im «Westdeutschen Beobachter», amtliches Organ der NSDAP) oder in vielen Fachzeitschriften.

Für die Arbeitsweise dieser Jahre ist ein Blick in das Schriftenverzeichnis Schmitts aufschlußreich. Hasso Hofmann, einer der besten Kenner des Gesamtwerkes, hat anläßlich eines Carl Schmitt-Colloquiums im Wissenschaftskolleg zu Berlin (Juni 1987) darauf aufmerksam gemacht, daß Schmitt von Mai 1933 (Parteieintritt) bis Ende 1936 (Verlust der Parteiämter) rund 40 (vierzig!) einschlägige Beiträge veröffentlichte. Das bedeutet umgerechnet auf die dreieinhalb Jahre etwa einen Beitrag propagandistischen Inhalts pro Monat, von der Proklamation eines neuen Rechtsstaatsbegriffes und der Verkündung der *Gleichartigkeit*» als Bedingung für «gerechte *Gleichheit*» über eine «eiskalte» Abrechnung mit den «deutschen Intellektuellen», die im Ausland säßen und zum Krieg gegen das deutsche Volk hetzten[172], bis zu «Neue(n) Leitsätze(n) für die Rechtspraxis» und Auslassungen zum «Nationalsozialistischen Rechtsdenken». Man wird Hofmann zustimmen müssen, wenn er die Hektik und Kurzatmigkeit der Produktion Schmitts im Banne der von ihm selbst gewählten Propaganda-Aufgaben zwischen 1933 und 1936 feststellt. Die Zahl der Beiträge Schmitts war in keiner anderen Werkphase, sei es vor 1933, sei es nach 1945, größer, ihr Inhalt nie dürftiger. Die Rechtswissenschaft heute steht vor der bisher nicht gelösten Aufgabe eines angemessenen Umganges mit einem ebenso vielschichtigen und vieldeutigen wie problematischen Autor und einem so heterogenen Gesamtwerk.

I. Wirkungsmacht und geschichtliche «Größe» oder «Klassizität»

Unbestritten ist die Wirkungsmacht von Schmitts Werk und seiner Person. Selbst jene Äußerungen, die seine Kritiker heute als üble geistige, politische und/oder auch charakterliche Entgleisungen ansehen, sind meistens in einer einprägsamen Sprache formuliert, die in schlagwortartiger Scheinklarheit dem Leser oder Hörer bisher nur dunkel er-

---

[172] C. Schmitt, Die deutschen Intellektuellen, Westdeutscher Beobachter vom 31. 5. 1933, S. 2.

faßte Probleme in die Helle gedanklichen Bewußtseins zu stellen scheint. Viele dieser griffigen Begriffsbildungen wirken bis in die heutigen Diskussionen hinein («Freund-Feind», «Legalität und Legitimität», «Totaler Krieg» – «totaler Staat», «dilatorischer Formelkompromiß», «Hüter der Verfassung» u. a. m.).

In der Rückschau ist die Versuchung groß – das ist ein allgemeines, aber für die wert- und politikbezogene Jurisprudenz besonders «hautnahes» Problem –, *Wirkungsmacht* mit *«Größe»* der wirkenden Person gleichzusetzen und zu verwechseln. Dann waren auch Hitler und Stalin «große» Männer.

Die Würdigungen Carl Schmitts in der veröffentlichten Meinung der letzten Jahre (DLF, FAZ, DER SPIEGEL etc.) geben Anlaß, nach den Urteilskriterien zu fragen, die für die Vergabe von Titeln wie «Klassizität», «Größe» oder «wegweisend» maßgebend sein sollen. Ist die «Folgenorientierung», die etwa für jeden Richterspruch eine selbstverständliche Qualitätsanforderung im Rahmen richterlicher Beurteilungsspielräume darstellt, ist diese Frage nach den politischen Wirkungen auch auf juristische Schriften und Autoren anwendbar? Die «Taten des Führers» – nicht nur als «oberster Gerichtsherr» – haben vieles bewirkt. Die Rechtswissenschaft und die Gerichtspraxis haben – wie das in einem «totalen Staat» anders kaum zu erwarten ist – an diesem unheilvollen Wirken teilgenommen. Gibt es eine «Schuld der Worte» und ihrer Autoren? Zu eilfertigen und risikolosen moralischen Unwerturteilen der Nachfahren über die teils unvermeidbaren, teils enthusiastisch gewollten, jedenfalls bedrückenden Verstrickungen der damals Handelnden besteht weder ein Anlaß noch die allein aus eigener Bewährung abzuleitende moralische Kompetenz. Das Ziel muß die genaue historische Analyse sein und der Versuch, Sicherungen gegen die Wiederholung vergleichbarer Perversionen zu schaffen. Das ist kein Problem allein der Juristen, sondern aller gesellschaftlichen Lebensbereiche.

Dieses Ziel wird vernebelt und unerreichbar, wenn wirklichkeitstreue Personen- und Geschichtsbilder durch verfrühte oder verfehlte, seien es Heldenepen oder seien es Verdammungen, verhindert werden.

In der Rückschau fällt die große Zahl der schwerwiegenden Realitätsverkennungen und Fehlprognosen auf, die sich im Schrifttum Schmitts nicht nur aus heutiger Sicht zeigen, sondern bereits von vielen damaligen Zeitgenossen erkannt oder doch erahnt wurden. Die so oft von ihm beschworenen «Taten des Führers» waren in der Regel Untaten. Der NS-Staat, von dem er schrieb, er sein ein «gerechter Staat», war – neben dem Stalinismus, mit dem er temporär paktierte – ein klassischer Unrechtsstaat. Als Schmitt dem Führer zuschrieb, daß er «kraft seines Führertums als oberster Gerichtsherr Recht schafft», hatte dieser sich gerade seiner

Gegner durch von ihm befohlene rechtsverachtende kollektive Tötungsaktionen entledigt. Der von Schmitt propagierte und mit einer Hitler-
Sentenz pseudoreligiös (!) gerechtfertigte Antisemitismus berief sich auf
den «deutschen Geist» und war Ausdruck finstersten Ungeistes. Er selbst
wollte diesen deutschen Geist mit schwarzen Listen zitierunfähiger jüdischer Autoren von allen jüdischen Fälschungen befreien, verfälschte aber
gerade so die Rolle des Judentums in der deutschen Rechtswissenschaft
in einem unvorstellbaren Ausmaß. Zugleich wurde er so objektiv zu
einem Gehilfen, ja Mittäter des grausamsten Judenpogroms der Geschichte, das in den Völkermord mündete.

Die noch 1941 verkündete mitteleuropäische «Großraumordnung»,
wiederum als «Tat des Führers» gefeiert, führte zur Spaltung des Reiches
in zwei stark beschnittene deutsche Klein- und Teilstaaten und zum ver-
stärkten Einfluß «raumfremder» Großmächte in Europa. Die von
Schmitt verkündete «Raumrevolution» (1940 und 1942!) hat in der Tat
den Raum Europas und der Weltmächte revolutioniert, allerdings nicht
im Sinne des Autors. Die unmittelbare Einflußsphäre der Sowjetunion
reicht durch die Taten des Führers jetzt bis zur Elbe. Die «große völkerrechtliche Zukunft» des Reichsgedankens, die er beschwor, war eine tragische Fehlspekulation. Das «Reich» ist tot. Das totale Engagement der
Rechtswissenschaft, das er propagierte, führte zu deren fast totaler Kor-
rumpierung. Dieser thesenhafte Überblick zu den Fehlurteilen und falschen Prophetien – immer in geistreicher Diktion vorgetragen – mag genügen. Der Leser mag über die Größe und Klassizität solcher Äußerungen urteilen.

Eine abgewogene Würdigung des Gesamtwerkes steht noch aus. Möglicherweise ist es dafür auch immer noch zu früh. Vielleicht gibt es – im
Sinne eines einheitlichen Konzeptes und einer systematisierenden Aussage – gar kein «Gesamtwerk», sondern eine lockere, situativ entstandene
Abfolge von Begriffen, Positionen und (politischen) Intentionen, die eher
auf einen Aphoristiker als auf einen Systematiker, sowohl in Analysen
wie Kritiken, sowohl bei Apotheosen wie bei Ächtungen, sowohl bei
geschickten historischen Zitatensammlungen als auch bei Rechtferti-
gungsversuchen schließen lassen.

Gleichwohl sind durchgehende Leitlinien und Feindbilder seiner Theo-
rienbildungen nicht zu verkennen. Gerade seine Aversionen und Gegner-
schaften haben die verschiedenen Umbrüche politischer Systeme, die er
erhob und überlebte, erkennbar überdauert. Individualismus, Liberalismus, Pluralismus und Parlamentarismus erscheinen ihm als ebenso ge-
fährliche wie widerwärtige, in einem spezifischen Sinne «westlich-demo-
kratische» Verfallserscheinungen. Der tief verwurzelte antiliberale Af-
fekt, gespeist aus der von ihm vielfach zitierten spanisch-katholischen
Restaurationsphilosophie des 19. Jahrhunderts, ist unverkennbar. Die

Demokratie als Verfassungsform der rationalen Diskussion hat bei seiner Liebe zu einem Staat, in dem das Wesen des Politischen ausschließlich in der Unterscheidung von Freunden und Feinden besteht, keine Chance. Sein Wesen des Politischen verfehlt in der Reduktion auf die Frage nach der Handlungs- und Entscheidungsfähigkeit der «politischen Einheit» alle Inhalte der Politik. So kann die «Tat» des Führers als *Entscheidung* jenseits aller moralischen Bindungen und Bedenken gefeiert werden.

So viel ist sicher: Die Propaganda-Publikationen Schmitts in der Aufbauphase des Nationalsozialismus sind einerseits nicht als gleichsam stromlinienförmige Fortbildung seiner antiliberalen, antiparlamentarischen und antidemokratischen Tendenzen in den Schriften aus der Zeit vor 1933 einzuordnen. Es gibt, besonders zur letzten Schrift «Legalität und Legitimität» (1932) der Weimarer Zeit, einen deutlichen Umschwung nach der Machtergreifung. Der Systemwechsel löste einen Positionswechsel aus. Andererseits läßt sich sein umfangreiches Schrifttum im Nationalsozialismus, und zwar in allen seinen Phasen, nicht aus dem Gesamtwerk – als gleichsam weniger bedeutende Zwischenphase – herausschneiden. Alle diese Schriften und Aufsätze, Zeitungsbeiträge und politischen Leitartikel wurden, auch von ihrem Autor selbst, als situativ variierte Weiterentwicklung seiner vor allem in der Weimarer Zeit deklarierten Grundpositionen und Theorien verstanden und vertreten. Das NS-Regime gab ihm Gelegenheit darzulegen, und gibt uns Gelegenheit zu erkennen, wohin diese Positionen und Theorien *auch* führen können. Das verdient, festgehalten zu werden.

II. Wie war das möglich?

Die Frage, wie führende Vertreter der Staatsrechtslehre, des Staatskirchenrechts, der Philosophie, der Geschichte, der Germanistik, ja aller Disziplinen und Institutionen in Deutschland nach 1933 zu so grandiosen Fehleinschätzungen der Gefahren des Nationalsozialismus gelangen konnten, ist bis heute offen. Sie wurde lange gemieden, weil die Beteiligten und Betroffenen noch lebten. Man schonte sich gegenseitig. Sie wurde zudem meist primär als ein Problem der persönlich-moralischen Beurteilung der damals Handelnden mißverstanden, während es in Wirklichkeit um die Versuchbarkeit und Irrtumsfähigkeit politischen Denkens in einem primär *überindividuellen* Zusammenhang geht. Erst die Erkenntnis der generellen Gründe und Zusammenhänge dieses Unheils macht es möglich, sinnvolle Vorkehrungen gegen seine Wiederholung zu treffen.

1. Carl Schmitts eigene Rückschau

Es liegt nahe, die Antwort auf die Frage: «Wie war das möglich?» von Schmitt selbst zu erwarten. Er hat sich nach 1945 in zwei Schriften zur Zeitsituation geäußert, einmal sehr persönlich in «Ex-Captivitate Salus»[173] und dann eher beiläufig und verdeckt auch in der Einleitung zu «Donoso Cortés in gesamteuropäischer Interpretation».[174] Auf die Frage: «Wer bis Du eigentlich?», vor die er sich von Eduard Spranger Ende Juni 1945 gestellt sah, reagiert er empfindlich und empört. In die Verweigerung einer Antwort mischt er den vielsagenden, in Frageform gekleideten Hinweis: «Ist Durchsichtigkeit des Denkens mit Undurchsichtigkeit des Wesens überhaupt vereinbar?»

Schmitt sieht also selbst sein Denken als «durchsichtig» an. Die Frage ließe sich auch umgekehrt stellen. Weiter heißt es bei Schmitt: «Was sollte ich tun? Sollte ich mich anstrengen, durchsichtig zu werden? Oder sollte ich versuchen, den Nachweis zu liefern, daß ich in Wirklichkeit vielleicht doch gar nicht so undurchsichtig bin, sondern . . . völlig transparent?»[175]

In den Fragen von Spranger sah er « . . . in ihrer letzten Auswirkung nur Schlingen und Fallen . . .»[176]

Eine Antwort, die er gleichwohl gibt, lautet: «Ich bin heute[177] . . . der einzige Rechtslehrer dieser Erde, der das Problem des gerechten Krieges, einschließlich des Bürgerkrieges, in allen seinen Tiefen und Gründen erfaßt und erfahren hat. Ich kenne also auch die große Tragik menschlicher Rechthaberei.»[178]

An anderer Stelle sagt Schmitt: «Ich bin der letzte, bewußte Vertreter des ius publicum Europaeum, sein letzter Lehrer und Forscher in einem existenziellen Sinne . . .»[179]

Der Text spricht für sich. Er enthält neben einem bemerkenswerten Selbstwertgefühl unübersehbar tragische Elemente. Er bestätigt zugleich des Autors mehrfache Feststellung: «Der Selbstbetrug gehört zur Einsamkeit.»[180]

Schmitt hat sich auch mit der unvermeidbaren Verstrickung juristischer Forscher und Gelehrter mit dem jeweils herrschenden politischen Regime beschäftigt. Wenn die Situation völlig abnorm werde und ihn «nie-

---

[173] Erfahrungen der Zeit 1945/47, Köln 1950.
[174] Köln 1950.
[175] C. Schmitt, Ex Captivitate Salus, Köln 1950, S. 9f.
[176] C. Schmitt, a. a. O., S. 10.
[177] Der Text ist «Sommer 1945» datiert.
[178] C. Schmitt, Ex Captivitate Salus, Köln 1950, S. 11f.
[179] C. Schmitt, a. a. O., S. 75.
[180] C. Schmitt, a. a. O., S. 87.

mand von Außen gegen den Terror im Innern» schütze, so müsse er selbst die Grenzen seiner Loyalität bestimmen: «Die Pflicht, einen Bürgerkrieg zu entfesseln, Sabotage zu treiben und zum Märtyrer zu werden, hat ihre Grenzen.»[181]

Dem wird niemand widersprechen können, der nicht selbst in gleicher Lage Todesmut bewiesen hat. Allerdings ging es, betrachtet man Schmitts Rolle in der NS-Zeit, weniger um Märtyrertum als häufig um schwer verständliche verbale Exzesse.

Schmitt fügt hinzu, unter Berufung auf einen – wie immer gern genutzten – antiken Autor: «non possum scribere in eum qui potest proscribere.» (Ich kann nicht gegen den schreiben, der die Macht hat, mich zu beseitigen.)[182]

Auch das wird man – nach der bürgerlichen Moral des Durchschnittlichen – schwerlich in Frage stellen können. Die Kritiker Schmitts haben ihn jedoch nicht danach gefragt, warum er als bedeutender Staatsrechtler nicht *gegen* Hitler geredet und geschrieben hat. Fragwürdig erscheint vielmehr, warum er 1934 *für* die Morde des 30. Juni und 1936 *für* den «Exorzismus» gegen die jüdischen Kollegen geredet und geschrieben hat. War auch das unvermeidbar?

Sein Gewissen in dieser Frage war, nach dem, was er im Winter 1945/ 46 schrieb, völlig ruhig: «Vor dem Forum des Geistes hat unsere wissenschaftliche Arbeit nichts zu fürchten, nichts zu verhehlen und nichts zu bereuen.»[183]

Welcher «Geist», so fragen sich die Zweifelnden, stand auf diesem Forum? War es auch in der Rückschau und nach den Massenmorden der NS-Machthaber an den Juden und allen innenpolitischen Gegnergruppen nicht zu bereuen, was 1936 auf der Tagung «Die deutsche Rechtswissenschaft im Kampf gegen den jüdischen Geist» geredet und danach geschrieben und getan worden war?

Aus der erklärten Gewißheit, nichts zu verhehlen und nichts zu bereuen zu haben, lehnte Schmitt jede literarische «Beichte» und jedes Schuldbekenntnis ab: «Ein Jurist, der sich selbst und viele andere zur Objektivität erzogen hat, geht psychologischen Selbstbespiegelungen aus dem Wege.»[184]

Er sah sich eher als einen unschuldig Entrechteten, physisch und psychisch Gequälten:

«Und wenn sie[185] ihn selber trifft, dann enthält die Lage des entrechteten Juristen, des zum outlaw gemachten lawyers, des hors-la-loi ge-

---

181 C. Schmitt, a. a. O., S. 21.
182 C. Schmitt, a. a. O., S. 21.
183 C. Schmitt, a. a. O., S. 22.
184 C. Schmitt, a. a. O., S. 76.
185 Lies: die totale Entrechtung.

setzten Legisten doch wohl noch einen besonders herben Zusatz, der zu allen anderen physischen und psychischen Qualen hinzutritt, einen Stachel des Wissens, der die brennende Wunde immer von neuem entzündet.»[186]

Die Erklärungs- und Rechtfertigungsversuche, die die Schrift «Ex Captivitate Salus» enthält, enden mit einem Gedicht («Gesang des Sechzigjährigen» vom 11. 7. 1948). Es enthält zwei Strophen, die alles Vorstehende in Frage stellen. Sie lauten:

> «Ich kenne die vielen Arten des Terrors,
> Den Terror von oben und Terror von unten,
> Terror auf dem Land und Terror aus der Luft,
> Terror legal und außerlegal,
> Braunen, roten und gescheckten Terror,
> Und den schlimmsten, den keiner zu nennen wagt.
> Ich kenne sie alle und weiß ihren Handgriff.

> Ich kenne die Sprechchöre der Macht und des Rechts,
> Die Lautverstärker und Sinnverfälscher der Regime,
> Die schwarzen Listen mit vielen Namen,
> Und die Kartotheken der Verfolger. . . .»[187]

Der Text spiegelt die Wirklichkeit und die Erfahrung der Jahre nationalsozialistischer Herrschaft in der unmittelbaren Nähe der Machthaber wider. Wer erinnert sich bei den «Sprechchören der Macht und des Rechts» und bei den «Lautverstärkern der Regime» nicht an die Tagung der «Reichsgruppe Hochschullehrer» in Berlin am 3. und 4. Oktober 1936, die Schmitt leitete? Was hat sich in einem Menschen abgespielt, der seine eigene Rolle im NS-Staat mit solchen Sätzen beschreibt?

Insgesamt betrachtet sind die Äußerungen Schmitts zu seinem Weg *in* die und *durch* die braune Diktatur dürftig und dunkel. Sie bestätigen erneut die von Anhängern und Kritikern konstatierte, allerdings sehr unterschiedlich bewertete «halsbrecherische Vieldeutigkeit». Schmitt fühlte sich – im Hinblick auf seine Schriften und Auftritte während der NS-Zeit ist das bemerkenswert – voll gerechtfertigt und sah keinen Anlaß, etwas zu verhehlen oder zu bereuen. Aussagen zum Inhalt und zur Vertretbarkeit seiner Positionen in der NS-Zeit macht er nicht. Dieses Verhalten hat er mit nahezu allen gemeinsam, die an den Strategien zur «völkischen Rechtserneuerung» nach 1933 beteiligt waren.

---

[186] C. Schmitt, Ex Captivitate Salus, Köln 1950, S. 60.
[187] C. Schmitt, a. a. O., S. 92.

2. Die These von der «inneren Emigration» Schmitts

Ein durchgehendes Kennzeichen der Schrift «Ex Captivitate Salus» ist das in der Rückschau zutage tretende, unverhohlene Selbstmitleid des Autors. Er hält sich – in seinem Schicksal nach 1945 – deutlich für einen zu unrecht Kritisierten, Angegriffenen, Verfolgten und Verfemten. Seine Rechtfertigungsversuche überzeugen kaum, weil er es nicht fertigbringt, die Sachverhalte seiner Verstrickung in die Rechtsperversion aus seiner Sicht zu erklären. Schüler und Verehrer haben später häufig versucht, Schmitt nicht nur nach den Angriffen im «Schwarzen Korps», vom Dezember 1936, sondern sogar bei seinem Rechtfertigungsartikel zu den Hitler-Morden des Juni 1934 («Der Führer schützt das Recht!») in eine Position des heimlichen Widerstandes hineinzustilisieren.

Schmitt selbst hat zu dieser Legende von seinem inneren, gut versteckten Widerstand die Grundlagen gelegt, indem er sich als «Benito Cereno des Völkerrechts» bezeichnete. Die Figur ist einer Novelle von Hermann Melville entliehen. Dort ist Cereno nach außen der Kapitän eines Piratenschiffes, in Wirklichkeit aber die tödlich bedrohte Geisel in den Händen seiner meuternden Negersklaven. Manche haben das für bare Münze genommen.[188] Er habe sich schon beim Röhm-Putsch-Massaker wegen seiner Nähe zu von Schleicher selbst bedroht gefühlt. Sie sehen ihn seit 1937, also nach den zwei Artikeln im «Schwarzen Korps», in einer Art «innerer Emigration», durch die er sich vom Führerstaat abgewendet habe.

Schmitt hatte zu jener Zeit – einerseits wohl auf dem Höhepunkt seines literarischen Einflusses auf die «Rechtserneuerung», andererseits auch bei Freunden nach der rüden Antisemitismus-Tagung vom Herbst 1936 im Zwielicht – wie bereits gezeigt wurde – nicht wenige Konkurrenten, Neider und Gegner. Die scheinbare juristische Strenge und Logik seiner Publikationen mußte zudem bei den ebenso rechtsfeindlichen[189] wie skrupellosen Führern der Bewegung, vor allem der der SS, wegen drohender lästiger normativer Fesseln für ihre Gesetzlosigkeiten auf Mißtrauen und Widerstand stoßen. Schmitt lebte in seiner selbst angestrebten Rolle des Kronjuristen der Rechtserneuerung nicht ungefährlich. Er mag sich auch bedroht gefühlt haben oder sogar ernstlich in Gefahr gewesen

---

[188] Vgl. E. Straub, Der Jurist im Zwielicht des Politischen, in: Beilage zur FAZ vom 18. 7. 1981 und G. Maschke, Positionen inmitten des Hasses – Der Staat, der Feind und das Recht – Der umstrittene Denker Carl Schmitt/Zu seinem Tode, in: FAZ vom 11. 4. 1985, S. 25; H. Rumpf, Carl Schmitt und der Faschismus, Der Staat 1978, 233 (242).

[189] Vgl. B. Rüthers, Die unbegrenzte Auslegung – Zum Wandel der Privatrechtsordnung im Nationalsozialismus, 2. Aufl., Frankfurt a. M. 1973, S. 104–111.

sein.[190] Die Gründe der Angriffe gegen ihn, der Erschütterung seiner Führungsposition in den NS-Rechtsorganisationen und seiner möglichen Gefährdungen um die Jahreswende 1936/37 lagen aber nicht in einer von ihm eingenommenen Widerstandshaltung oder auch nur einer freiwilligen Abkehr von den NS-Positionen. Seine Reden und Beiträge zwischen 1934 und 1936, aber auch danach bis weit in den Krieg hinein, belegen das Gegenteil: Nicht er hat sich 1936/37 vom Nationalsozialismus abgewandt. Ein Teil der NS-Machthaber hatte sich von ihm abgewandt. Er wurde eher ein Opfer seines zu stürmischen Ehrgeizes bei dem Versuch eines Aufstiegs in die NS-Rechtshierarchie und ein Opfer des Neides und der Gegnerschaft altgedienter Nationalsozialisten unter seinen Kollegen, vor allem Höhn, Koellreutter und Eckhardt.

Schmitts Verhalten und seine literarischen Äußerungen zwischen 1936 und 1945 zeigen alles andere als erkennbaren Widerstand oder auch nur Ansätze einer «inneren Emigration». Eine Abwendung Schmitts vom NS-Staat ist nicht erkennbar. Es ist daher historisch unrichtig, von einem «vorübergehenden Engagement» Carl Schmitts für den Nationalsozialismus zu reden.[191]

Angesichts der nicht SA-angehörigen Opfer der Tötungsaktion vom 30. Juni 1934, unter denen auch Vertraute Schmitts waren, und seiner fortdauernden literarischen Emphase für den NS-Staat, ist die These vom Widerstand Schmitts ebenso befremdlich wie unglaubwürdig. Sie kommt allerdings seinem eigenen Verständnis nach 1945 von seiner Rolle während der NS-Zeit sehr nahe. Dabei wird eine verbreitete Zeiterscheinung sichtbar. Nach 1945 war es äußerst schwierig, Funktionsträger, sonstige Repräsentanten oder auch bedeutende juristische Autoren der völkischen Erneuerung anzutreffen, die ihre Beiträge nicht im Geiste eines inneren, sorgfältig verborgenen Widerstandes geleistet hatten. Veranstaltungen wie der «Kampf der deutschen Rechtswissenschaft wider den jüdischen Geist» lassen sich allerdings in dieses Erklärungsschema nicht einordnen. Mindestens war hier die Tarnung potentieller Widerstandsgesinnung perfekt gelungen.

---

[190] Vgl. G. Schwab, The Challenge of the Exception, An Introduction to the Political Ideas of Carl Schmitt between 1921 and 1936, Berlin 1970, S. 138 f.; dazu auch H. Muth, Carl Schmitt in der deutschen Innenpolitik des Sommers 1932, Historische Zeitschrift, Beiheft 1, München 1971, S. 75 (78 ff. mit Fn. 14 und 17); W. Gurian kommentierte den unfreiwilligen Verzicht Schmitts auf seine NS-Funktionen in zwei Beiträgen der «Deutschen Briefe» mit den Titeln «Die NS Treibjagd gegen NS Kronjuristen Carl Schmitt hat eingesetzt», 1936, Bd. II, S. 498 f. und «Auf dem Wege in die Emigration oder ins Konzentrationslager?», 1936, Bd. II, S. 510.

[191] So aber H. Rumpf, Carl Schmitt und der Faschismus, Der Staat 1978, 233 (242).

3. *Einschätzungen seines Werkes*

Die komplexe Vieldeutigkeit seiner Schriften, seiner mehrfachen Positionenwechsel und seiner selbsterzeugten Umdeutungen,[192] die zahlreichen Analysen und Polemiken im Umfeld seiner Person und seines Werkes haben es mit sich gebracht, daß sich die Diskussion über ihn in verschiedenen Kreisen bewegt, die meist völlig unverbunden nebeneinanderstehen.[193] Da ist die Gruppe seiner Anhänger und Verehrer, die ihn vorbehaltlos als einen «Klassiker» der politischen Theorie, einen «Großen» der Staatslehre und des Völkerrechts feiern. Da ist die Gruppe der Kritiker[194] und Gegner, die ihn als «Zuhälter der Gewalt»,[195] als den «wohl charakterlosesten und geistig unredlichsten Vertreter des orientierungslosen deutschen Bürgertums der zwanziger Jahre»,[196] als «intellektuelle fons et origo malorum Germanicorum» und als «Mephisto der deutschen Vor-Hitlerzeit»[197] bezeichnete.

Da ist schließlich die Gruppe derer, die von der unbefangenen Weiterverwendbarkeit seiner Begriffsprägungen in der heutigen politischen und staatsrechtlichen Diskussion ausgehen.[198] Die politisch gezielte Erfindung und Verwendung dieser Formeln durch Schmitt jeweils in bestimmte politische Situationen hinein ist heute bei der unkritischen Weiterverwendung seiner Terminologie meist nicht mehr bewußt.[199] Dadurch werden mit seinen Begriffen auch seine Denkweisen nebst ihren erheblichen Risiken perpetuiert, weil ihre fragwürdigen politischen Effekte im Zeitpunkt ihrer ersten Verwendung und in der jüngeren deutschen Vergangenheit außerhalb der Betrachtung bleiben. Die Irritationen, die daraus entstanden sind und noch entstehen können, sind beträchtlich.[200] Eine

---

[192] Vgl. H. Muth, Carl Schmitt in der deutschen Innenpolitik des Sommers 1932, Historische Zeitschrift, Beiheft 1, München 1971, S. 75.

[193] H. Muth, a. a. O., S. 75 (81).

[194] Vgl. etwa R. Leicht, Die unselige Lust an der Ausnahme – Zum Tod des deutschen Staatsrechtlers Carl Schmitt, in: Süddeutsche Zeitung v. 11. 4. 1985, S. 11.

[195] Chr. v. Krockow, in: FAZ-Magazin vom 18. 4. 1986, S. 28.

[196] R. König, Zur Soziologie der Zwanziger Jahre, in: L. Reinisch (Hrsg.), Die Zeit ohne Eigenschaften – Eine Bilanz der zwanziger Jahre, Stuttgart 1961, S. 82 (113).

[197] K. Löwenstein, Max Weber als «Ahnherr» des plebiszitären Führerstaats, Kölner Zeitschrift für Soziologie und Sozialpsychologie, 13. Jhrg. (1961), S. 275 (287).

[198] Vgl. etwa E.-W. Böckenförde, Stichwort: Ordnungsdenken, konkretes, in: J. Ritter/K. Gründer, Historisches Wörterbuch der Philosophie, Band 6, Basel und Stuttgart 1984, Sp. 1312ff.; A. Kaufmann, Analogie und «Natur der Sache», 2. Aufl., Heidelberg 1982, S. 12ff.; J. H. Kaiser, Die Parität der Sozialpartner, Karlsruhe 1973, S. 31f. m. Fn. 74; H. Rumpf, Carl Schmitt und der Faschismus, Der Staat, 1978, 233ff.

[199] Dazu aufschlußreich H. Muth, Carl Schmitt in der deutschen Innenpolitik des Sommers 1932, Historische Zeitschrift, Beiheft 1, München 1971, S. 75 (80ff., 87ff.) und passim.

breite Nachwirkung haben die Schriften Carl Schmitts bis heute im Ausland, vor allem in den romanischen Ländern.[201] Der Bericht von G. Maschke im «Staat» ist neben seinem Informationsgehalt bemerkenswert als ein Musterbeispiel der Polemik und Polarisierung, die in der Literatur über Carl Schmitt unter den beteiligten Autoren häufig anzutreffen sind.[202] Das vorbehaltlose Freund-Feind-Denken prägt sowohl die literarischen Defensiv- und Huldigungsbemühungen der Anhänger und Jünger wie auch die Diffamierungs- und Verdammungsstrategien der Gegner.[203] Dieses große Auslandsecho Schmitts wird ferner belegt durch den Umstand, daß zwei der bedeutenden neueren Monographien über Carl Schmitt von amerikanischen Autoren stammen.[204] Die Tatsache dieses Auslandsechos läßt es umso wünschenswerter erscheinen, daß in Deutschland ein abgewogenes, verläßliches Bild über das Werk und den Autor Carl Schmitt zustande kommt.

Bemerkenswert ist schließlich die starke Ausstrahlung der Schriften von Schmitt auf marxistische und sozialistische Theorie-Diskussionen.[205] Neuerdings hat Ellen Kennedy mit ihrem Beitrag «Carl Schmitt und

---

[200] Vgl. etwa die Hinweise von W. Hennis auf Schmitts Einflüsse im Kreis der «Frankfurter Schule» und Teile der sog. außerparlamentarischen Opposition, in: W. Hennis, Verfassung und Verfassungswirklichkeit, Ein deutsches Problem, Tübingen 1968, S. 34 f. mit Fn. 74; weitere Nachweise bei H. Muth, a. a. O., S. 80 mit Fn. 15.

[201] Vgl. dazu den materialreichen Bericht von G. Maschke, Carl Schmitt in Europa, Bemerkungen zur italienischen, spanischen und französischen Nekrologdiskussion, Der Staat 1986, 575; ferner P. Manent, Carl Schmitt (1888–1985) u. J. Freund, Une existence et une pensée faites de contrastes, in: Commentaire, 1985/1986, Volume 8, Numéro 32, p. 1099 f. u. 1101–1109.

[202] Vgl. ferner H. Rumpf, Carl Schmitt und der Faschismus, Der Staat 1978, 233; A. Mohler, Links-Schmittisten, Rechts-Schmittisten und Establishment-Schmittisten – Über das erste Carl-Schmitt-Symposium (Speyer/1.–3. Oktober 1986), Criticon 1986, 265.

[203] Vgl. beispielhaft Th. Rasehorn, Der Kleinbürger als politischer Ideologe – Zur Entmythologisierung von Carl Schmitt, Die Neue Gesellschaft, Frankfurter-Hefte 10/1986, S. 929 mit zahlreichen falschen Angaben zur Biographie Carl Schmitts, die einen neuen Mythos bilden könnten; vgl. ders., Das lange Fortleben des NS – Staatsrats Prof. Carl Schmitt, Die Neue Gesellschaft, Frankfurter-Hefte 10/1985, S. 741.

[204] G. Schwab, The Challenge of the Exception, An Introduction to the Political Ideas of Carl Schmitt between 1921 and 1936, Berlin 1970; J. W. Bendersky, Carl Schmitt, Theorist for the Reich, Princeton University Press 1983.

[205] Vgl. etwa I. Maus, Bürgerliche Rechtstheorie und Faschismus – Zur sozialen Funktion und aktuellen Wirkung der Theorie Carl Schmitts, 2. Aufl., München 1980; dies., Zur «Zäsur» von 1933 in der Theorie Carl Schmitts, Kritische Justiz 1969 (Heft 2), S. 113, nachgedruckt in KJ-Sonderheft: Der Unrechtsstaat, Recht und Justiz im Nationalsozialismus, 2. Aufl., Baden-Baden 1983, S. 47; V. Neumann, Der Staat im Bürgerkrieg – Kontinuität und Wandlung des Staatsbegriffs in der politischen Theorie Carl Schmitts, Frankfurt 1980; sehr instruktiv auch C.-D. Wieland, Die Linke und Carl Schmitt, Recht und Politik 1985, 107; vgl. ferner R. Wassermann, Zur Aktualität von Carl Schmitt, Recht und Politik 1984, 118.

die ‹Frankfurter Schule› – Deutsche Liberalismuskritik im 20. Jahrhundert»[206] die vielfältigen Verbindungen zwischen dem Denken Schmitts und Teilen der deutschen «Linken» die Diskussion über diesen Aspekt der Rezeption und Ausstrahlung seiner Schriften noch einmal angeregt. Unbeschadet der Frage nach inhaltlichen Differenzierungen oder Vorbehalten zeigt die ebenso prompte wie engagierte Entgegnung von Alfons Söllner[207] als wie brisant diese Berührungspunkte zu den Lehren Schmitts von den Vertretern der «Frankfurter Schule» empfunden werden.[208]

Neben scharfer Verurteilung von Person und Werk wegen der Verstrickung im Nationalsozialismus stehen deutliche Affinitäten der linken Theorie zu Lehren Schmitts in mehreren Bereichen: Die Kritik Schmitts am Parlamentarismus in der Weimarer Zeit, der ihm funktionslos und inhaltsleer erschien, wurde und wird von der marxistischen Kritik am «bürgerlichen» Rechtsstaat bis heute gern übernommen. Auch seine Theorie des totalen Staates und – vor allem – seine Definition des «Politischen» im Sinne der Freund-Feind-Formel finden in der marxistischen Literatur wegen der strukturellen Ähnlichkeit totalitärer Ideologien und Systeme notwendigerweise zahlreiche offene oder (weit mehr) verdeckte Entsprechungen.[209]

In diesem Zusammenhang ist auch das Verhältnis zwischen Legalität und Legitimität zu nennen. Es war das Begleitthema zur Zerstörung der Weimarer Republik.[210] Dasselbe Thema fesselt sozialistisch-revolutionäre Theoretiker heute, wenn es darum geht, Gesetze oder Verfassungen «bürgerlicher» Staaten unter Berufung auf das «wahre», «gerechte» Recht in Frage zu stellen. Die angedeuteten Affinitäten erklären, warum es in den letzten Jahren in «linken» Theorie-Zirkeln (Frankfurt, Berlin) zunehmend zu Seminarveranstaltungen über Wert und Funktion der Lehren Schmitts gekommen ist. Die Inhalte seiner Beiträge sind nach allem augenscheinlich wandelbar, ihre instrumentale Verwendbarkeit für verschiedene Wert- und Weltanschauungssysteme ist vielfältig. Das entspricht einem Grundmuster seines Denkens.

---

[206] E. Kennedy, Carl Schmitt und die «Frankfurter Schule» – Deutsche Liberalismuskritik im 20. Jahrhundert, in: Geschichte und Gesellschaft 12 (1986), S. 380.

[207] A. Söllner, «Jenseits von Carl Schmitt», Wissenschaftsgeschichtliche Richtigstellungen zur politischen Theorie im Umkreis der «Frankfurter Schule», in: Geschichte und Gesellschaft 12 (1986), S. 502.

[208] Vgl. auch die Hinweise bei G. Lübbe-Wolf, Von der Unperson zum Klassiker – Eine Tagung über Carl Schmitts Stellung in der Rechts- und Geisteswissenschaft, in: FAZ v. 8. 10. 1986; vgl. ferner A. Schäffer, Ein Trauma, in: FAZ v. 18. 2. 1987, S. 33.

[209] Nachweise etwa bei C.-D. Wieland, Die Linke und Carl Schmitt, Recht und Politik 1985, 107 (109 ff.), der auch die Wandlungen der Kritik an Schmitt bei seinen linken Kritikern belegt.

[210] C. Schmitt, Legalität und Legitimität, München und Leipzig 1932.

Gerade Carl Schmitt selbst hat sein Wirken immer unter den jeweiligen
(«konkreten») zeitgeschichtlichen Umständen gesehen und gewertet
wissen wollen. Seine verfassungsrechtlichen Begriffe sollten so beschaffen
sein, daß sie «die gegenwärtige innenpolitische Lage» berücksichtigten.[211]
Schmitt wollte – immer – situationsgebundene Lösungen bieten. Er bezeichnete das selbst mit der einprägsamen Sentenz: «Jeder Satz ist eine
Antwort – jede Antwort antwortet auf eine Frage – jede Frage entspringt
einer Situation.»[212]

Schmitts Fähigkeit, seine Forschungsgegenstände und -ergebnisse «situativ» auszuwählen und zugespitzt zu formulieren, kennzeichnet das
Gesamtwerk des Autors. Die Belegstellen sind zahllos. 1933/34 schreibt
er eine Fülle von Beiträgen, die das Ziel verfolgen, die überkommene
Gesetzesordnung auf die Bedürfnisse des nationalsozialistischen Staates
und der völkischen Rechtserneuerung umzuwerten. Das schmiegsame
Allzweckinstrument dazu ist das «konkrete Ordnungsdenken»: «Wir
denken die Rechtsbegriffe um. . . . Wir sind auf der Seite der kommenden
Dinge.»[213]

Nach 1960 wendet er in der Abgeschiedenheit seines Hauses in Plettenberg («San Casciano»!) sein Interesse u. a. einer «Theorie der Partisa-
nen»[214] zu. Die Aufgabe des Wissenschaftlers und sein Verhältnis zu den
Begriffen sieht er nun genau umgekehrt: «Der Theoretiker kann nicht
mehr tun, als die Begriffe wahren und die Dinge beim Namen nennen.»[215]

Das Partisanenthema ist beziehungsreich für Schmitts Denken und Arbeiten. Mochten die Flaggen wechseln, er sah sich jeweils in einer missio-
narisch-seherischen Funktion, sei es an der Spitze der «neuen Ordnungen», sei es im Untergrund oder im heimlichen (vermeintlichen?) Widerstand. Er wußte die jeweils neuen Namen, mit denen die Dinge in der
veränderten politischen Lage zu benennen oder umzudenken waren.

Der weniger zeitwendige Leser ist ratlos. Was ist nun wirklich die
Aufgabe des Wissenschaftlers? Hat der die Begriffe «umzudenken» oder
zu «wahren»? Der Rechtswahrer dachte sie um. Der Partisanentheoreti-
ker will sie wahren. An neuen Namen, bei denen die Dinge genannt
werden sollten, hat es jedenfalls in keiner Epoche gefehlt. Die Situations-
bezogenheit aller Äußerungen Schmitts, die er selbst durchgängig betont,

---

[211] C. Schmitt, a. a. O., S. 7; zu dieser Schrift erhellend H. Muth, Carl Schmitt in der
deutschen Innenpolitik des Sommers 1932, Historische Zeitschrift, Beiheft 1, München
1971, S. 75 (87ff. u. 108ff.).

[212] Zitiert nach A. Mohler, Begegnungen bei Ernst Jünger, in: Freundschaftliche
Begegnungen, Festschrift für Ernst Jünger zum 60. Geburtstag, Frankfurt a. M. 1955,
S. 196 (198).

[213] C. Schmitt, Nationalsozialistisches Rechtsdenken, DR 1934, 225 (229).

[214] Es handelt sich um einen Vortrag in Spanien vom März 1962, zitiert nach der
1. Aufl., Berlin 1963.

[215] C. Schmitt a. a. O., S. 96.

kann als ein zentraler Ansatzpunkt seines Selbstverständnisses angesehen werden. Es darf danach als ein werk- und personengerechtes Vorgehen gelten, wenn der Versuch gemacht wird, das Werk und das Verhalten Carl Schmitts aus der jeweiligen Situation heraus zu schildern und – soweit erforderlich und möglich – zu deuten.

4. Herkunft und Biographie als Deutungsansätze?

Will man mehr über die Gründe und Hintergründe seiner möglicherweise für erhebliche Teile der damaligen Rechtswissenschaft exemplarischen Um- und Irrwege erfahren, so muß man nach anderen Quellen und Deutungsmöglichkeiten suchen. In diesem Sinne werden nachstehend *einige* Erklärungsversuche auf die Frage «Wie war das möglich?» aufgeführt, die sich teils aus der Biographie Schmitts ergeben, teils von Schülern und Freunden, teils von Kritikern oder Gegnern vorgebracht worden sind.

Schmitt (geb. 1888) war Sohn eines katholischen Bahnbeamten im sauerländischen Plettenberg. Elternhaus, Schule und Kirche mögen für ein kirchlich-konservatives Welt- und Staatsbild des jungen Juristen gesorgt haben, der sich 1916 in Straßburg habilitierte. Zahlreiche Publikationen zwischen 1917[216] und 1923[217] kennzeichnen ein lebhaftes Engagement im Kreis der katholischen Intellektuellen jener Jahre, zu deren führenden Köpfen er vielfältige Kontakte unterhielt.

Einzelne seiner Veröffentlichungen erschienen mit bischöflicher Druckerlaubnis («Imprimatur»), so z. B. die 2. Auflage von «Römischer Katholizismus und politische Form».[218] Die Nähe vieler katholischer Intellektueller und des Episkopats zur Weimarer Demokratie und zum Pluralismus war nicht sehr groß. Dieses evidente Faktum ließe sich vielfältig belegen. Der Hinweis auf die Kontroversen in dem von Romano Guardini geleiteten Bund «Quickborn» und auf die Publikationen Schmitts in den «Schildgenossen» mag genügen.[219] Die antiparlamentarische Grundhaltung Schmitts in seiner gesamten Staatslehre dürfte in dieser geistigen Herkunft und dem an autoritären Strukturen orientierten juristischen Denken seiner Studienjahre *eine* von mehreren Ursachen haben.

Zu den verschiedenen Richtungen und Flügeln im politischen Katholi-

---

216 Die Sichtbarkeit der Kirche, in: Summa, Zweites Viertel, 1917, S. 71.
217 Römischer Katholizismus und politische Form, Hellerau, 1923.
218 München 1925.
219 C. Schmitt, Um das Schicksal des Politischen, Die Schildgenossen 1925, 313 (bei P. Tommissen irrtümlich 1926, vgl. P. Tommissen, Versuch einer Carl-Schmitt-Biographie, Düsseldorf 1953, S. 18); ders., Der bürgerliche Rechtsstaat, Die Schildgenossen 1928, 127; vgl. H. B. Gerl, Romano Guardini, Mainz 1985, S. 201; vgl. ferner C. Schmitt, Der Gegensatz von Parlamentarismus und moderner Massendemokratie, Hochland, 1926 Bd. 2, 257 ff.

zismus der Weimarer Zeit hielt C. Schmitt im übrigen deutliche Distanz.[220] Seine Bekenntnisse zum «römischen Katholizismus» und zur politischen Theologie waren sicherlich bis 1925 eine Grundlage seiner Weltsicht und seiner juristisch-politischen Schriften. Seine Einstellung gegenüber der katholischen Kirche und ihren Amtsträgern hat sich dann durch seinen erfolglosen kirchlichen Eheprozeß[221] erheblich gewandelt. Aus einem erklärten gläubigen Mitglied der Kirche war für viele Jahre ein Kritiker und Skeptiker gegenüber kirchlichen Autoritäten geworden, der die Amtskirche als «zölibatäre Bürokratie» bezeichnete. Gleichwohl wirkten bestimmte Strukturelemente des römischen Katholizismus, die ihn seit jeher als Jurist und Staatstheoretiker fasziniert hatten, auch über diese persönliche Beziehungskrise hinweg weiter auf seine Schriften ein.

Schmitt verehrte die formvollendet autokratische Struktur der katholischen Hierarchie i. S. eines staatstheoretischen Leitbildes. Er versuchte die komplexe Wirklichkeit in Formeln von knapper, souverän erscheinender Rationalität einzufangen, und er war ein Anhänger der Idee der Identität durch vollständige Repräsentation. Daraus ergab sich eine leidenschaftliche Parteinahme für den autoritären Staat, gegen Parlamentarismus, Liberalismus und Pluralismus. Hier liegt auch die lebenslänglich durchgehaltene Affinität und Sympathie Schmitts zu dem Denken von Donoso Cortes und Emmanuel Sièyes.

5. Die Fähigkeit Schmitts zu personalen und wertbezogenen Urteilen

Die Ausstrahlungskraft der Person und des Werkes von C. Schmitt beruhte nach dem insoweit übereinstimmenden Zeugnis vieler Schüler, Zeitgenossen und Kritiker auf der Kraft seines analytischen Verstandes und der Fähigkeit, das blitzartig Erfaßte in griffige Formulierungen von großer Breitenwirkung zu bringen.

Die Kombination von analytischer Denkschärfe, der Neigung zur Definition in nur scheinbar scharfen Begriffsentgegensetzungen und in der Spannung zwischen Ausnahmezustand und Normallage sowie von brillanter Formulierungsgabe trug ihm die Bewunderung, teilweise auch die unkritische Gefolgschaft gerade im Kreise solcher Intellektueller ein, die, in der Weimarer Zeit wie nach 1945, gleich ihm von der Unlust oder Skepsis gegenüber der Normallage einer parlamentarischen Demokratie ergriffen waren. Auffällig ist besonders die fehlende Fähigkeit und/oder Bereitschaft, die entwickelte, technisierte Industriegesellschaft als die unverrückbare ökonomische Basis der Staatsordnung zu erkennen und in

---

[220] Vgl. dazu H. Muth, Carl Schmitt in der deutschen Innenpolitik des Sommers 1932, Historische Zeitschrift, Beiheft 1, München 1971, S. 75 (125 ff.)

[221] Vgl. dazu unten 5.

die Lehre vom Staat einzubeziehen. Der Staat der Industriegesellschaft wurde von Schmitt und seinen Schülern als eine fremde, feindliche, ja illegitime Realität und Bedrohung aufgefaßt.

Spricht man mit Anhängern Schmitts über die Frage, wie die erklärt antidemokratischen und antiliberalen Arbeiten vor 1933, vor allem aber die begeistert nationalsozialistischen Huldigungen und die antisemitischen Pamphlete Schmitts nach 1933 zu erlären seien, so erhält man nur zögernde Antworten. Die Hochachtung und Verehrung gegenüber dem «begnadeten Lehrer» und dem «brillanten Analysierer» hemmt die Bereitschaft zu kritischen Äußerungen. Einer seiner bedeutendsten und kenntnisreichsten Schüler aus der Berliner Zeit vor 1945 hat mich in einem Gespräch 1955 in diesem Zusammenhang auf zwei Schriften zwischen 1919 und 1921 verwiesen, die als Autor Carl Schmitt-Dorotić ausweisen.[222] Hier liege, so meint er, ein Schlüssel zum Verständnis der Ambivalenz im Wesen Carl Schmitts unmittelbar nach seiner Habilitation (Februar 1916).

Dieser habe damals auf einer Kreuzfahrt im Mittelmeer eine jugoslawische Reichsgräfin «Pawla Dorotić» kennen und lieben gelernt und bald geheiratet. Theodor Haecker habe bereits bei der ersten persönlichen Begegnung mit der «Reichsgräfin» in Berlin Zweifel an deren Abstammung geäußert («Kinder, det is keene Reichsgräfin, det is 'ne Hiesige!»). Nach kurzer Zeit habe sich herausgestellt, daß Schmitt einer Hochstaplerin, nämlich einer Handwerkerstochter aus Nürnberg, aufgesessen sei. Die sofort eingeleitete Aufhebung der Ehe habe 1924 vor den staatlichen Gerichten Erfolg gehabt. Beim kirchlichen Ehegericht («Rota» in Rom) sei er gescheitert. Aus der bisher verehrten Römischen Kirche sei für Schmitt fortan die «zölibatäre Bürokratie» geworden.

Der Erzähler fügte sinngemäß hinzu: Schmitt ist ein phänomenaler begrifflich-scharfer Analytiker. Personale oder werthafte Zusammenhänge komplexer Art sind ihm schwer zugänglich. Die Irrtümer über die personale Substanz seiner ersten Frau und die Fehleinschätzung Hitlers und seiner Partei sind strukturverwandt.

Die Angaben des Erzählers, der später selbst viele Beiträge zu den Leistungen Carl Schmitts geschrieben hat, diese Episode aber nie mehr

---

222 Politische Romantik, 1. Aufl., München und Leipzig 1919; Die Diktatur – Von den Anfängen des modernen Souveränitätsgedankens bis zum proletarischen Klassenkampf, 1. Aufl., München und Leipzig 1921. In den 2. Auflagen erscheint nur noch der Name Carl Schmitt. J. W. Bendersky, Carl Schmitt, Theorist for the Reich, Princeton University Press 1983, S. 7, sagt dazu: «... Schmitt was ambitious; he would try to compensate for his humble origins by winning public recognition of his achievements. The search for social distinction later led him to add the more exotic name of his first wife to his own. Several of his early publications thus bear the name Carl Schmitt-Dorotić.»

erwähnte, sind bisher nicht belegt. Der Biograph von Leben und Werk, Joseph W. Bendersky, äußert sich – trotz umfangreichen Materialstudiums – sehr verhalten. Über die erste Frau Pawla Dorotić sei wenig bekannt. Zur Privatsphäre in Bonn meint er:

«Nevertheless, there is reason to believe that so far as Schmitt's private life was concerned his first years in Bonn were not happy ones. In 1922 he ceased publishing under the hyphenated name Schmitt-Dorotić, and in 1924 his marriage to Pawla Dorotić was annulled. Since Schmitt has always been very reticent about his personal life, the reasons behind this annulment have remained shrouded in mystery.»[223]

Die einschneidende Bedeutung einerseits der Hintergründe dieser Eheaufhebung nach staatlichem Recht, andererseits der späteren Zurückweisung der von Schmitt angestrebten kirchlichen Eheaufhebung vor der Rota für einen aufstrebenden und ehrgeizigen jungen katholischen Intellektuellen wird von Bendersky – wie vorher schon von Schwab[224] – nicht erkannt. Hier liegt jedenfalls ein Komplex, der für das Verständnis des weiteren Lebensweges von Carl Schmitt nicht vernachlässigt werden sollte.

Nicolaus Sombart, der als junger Mann in Berlin zu Schmitt ein enges persönliches Verhältnis hatte, deutet in seinen Erinnerungen «Jugend und Berlin»[225] denselben Sachverhalt an. Die erste Ehe Schmitts nennt er «eine dunkle Geschichte . . . Nur soviel sei gesagt, daß ‹Frau Schmitt›[226] sich, auch in meiner Gegenwart, rühmte ‹diese Hochstaplerin . . . entlarvt› . . . und ‹Herrn Schmitt› von ihr befreit zu haben.»

Das ganze war so etwas wie ein böses Anti-Märchen in der Biographie Schmitts. Im Märchen trifft üblicherweise der Prinz – sei es im Wald, sei es vor der rußigen Köhlerhütte – auf ein schönes, ärmlich, aber reinlich gekleidetes, vermeintliches «Mädchen aus dem Volke». Er verliebt sich in sie, wählt sie sich zur Frau und – siehe da! – seine Liebe bricht den bösen Zauberbann und das arme Mädchen ist in Wirklichkeit eine reiche Königstochter, die er aus ihrem verwunschenen Dasein in Armut und Einsamkeit befreit. Hier ist es umgekehrt. Der aufstrebende junge Wissenschaftler aus einfachen Verhältnissen glaubt eine «Reichsgräfin» zur Frau gewonnen zu haben. Aber sie entpuppt sich bald nach der Heirat als Hochstaplerin. Ein böser Zauber, der Zauber einer bösen Frau, hat ihn getroffen, gefährdet alle hochfliegenden Pläne und Träume.

Für den ehrgeizigen Carl Schmitt muß die Täuschung und Enttäuschung durch seine erste Frau persönlich wie gesellschaftlich ein Schock,

---

[223] J. W. Bendersky, a. a. O., S. 44.
[224] G. Schwab, The Challenge of the Exception, An Introduction to the Political Ideas of Carl Schmitt between 1921 and 1936, Berlin 1970, S. 15.
[225] München und Wien 1984, S. 254.
[226] Lies: die zweite Frau.

ja eine Katastrophe gewesen sein, welche die Grundlagen seiner menschlichen wie beruflichen Existenz erschütterte. Erstaunlich ist der Umstand, daß in der reichhaltigen Deutungsliteratur zur Person und zum Werk Schmitts diese Fakten, denen einige seiner Schüler, die ihn gut gekannt haben, große Bedeutung beimessen, völlig unbeachtet bleiben. Vielleicht liegt hier eine Erklärung für die Zwiespältigkeit von Person und Werk.

6. Die Thesen von Nicolaus Sombart

Zu den Auswirkungen dieser persönlichen Krise auf das Denken und Fühlen Schmitts finden sich bei N. Sombart prüfenswerte Hinweise und Eindrücke. Das anthropologische Problem der Bisexualität des Menschen sei die Lebens- und Schicksalsfrage dieser Generation, auch die von Carl Schmitt gewesen.[227] Die pauschale Behauptung für eine ganze Generation ruft Zweifel wach. Für manche Mitglieder der damaligen Jugendbewegung («Wandervögel», «DJ 1/11» etc.) und manche Intellektuelle mag sie zutreffen. Unter dem Eindruck der Niederlage des Deutschen Reiches, so Sombart, habe sich der junge Schmitt für die «patriarchalische Männergesellschaft» und für den «militanten Männerstaat» entschieden, «mit dem Ziel Berlin, Staatsrechtslehrer, Nachfolger von Hegel»[228] zu werden.

Immerhin regen Sombarts Thesen zum Nachdenken an: Sollte die in den Persönlichkeitskern eines ehrgeizigen Mannes einschneidende persönliche Niederlage der ersten Ehe für sein künftiges Wollen und Wirken ganz ohne Bedeutung gewesen sein? Sombart deutet die fortwirkende Wunde an:

«Freilich das ‹Ewig-Weibliche› – das war zunächst der Feind. Seine berühmten Distinktionen sind immer Ausgrenzungen, Operationen einer männlichen, angstbesetzten Abwehrstrategie. Hinter dem Distinguo von Staat und Bürger, von Staat und Nicht-Staat, staatsbeherrschter und staatsfreier Gesellschaft, Autorität und Anarchie, Ordnung und Chaos, Land und Meer, bleibt jedoch immer das tiefe Wissen um die eigentlich fundamentale Dichotomie lebendig: die Polarität von männlicher Gewaltherrschaft und einer anderen, ‹matriarchalischen› Gesellschaft, in der das weibliche Prinzip zu seinem Recht kommt. *Seine Doppelzüngigkeit spiegelt die Duplizität eines Denkens an der Grenze. Sein Dezisionismus ist im Grunde nichts anderes als der zum Rang einer wissenschaftlichen ‹Theorie des Politischen› stilisierte Ausdruck einer nie wirklich überwundenen Unentschiedenheit.* Er hat versucht, das Weibliche zu verdrängen, es zu bannen. Dazu

---

[227] N. Sombart, Jugend in Berlin, München und Wien 1984, S. 276 f.
[228] N. Sombart, a. a. O., S. 277 f.

brauchte er den Apparat der Wissenschaft. Ohne ‹Wissenschaft› hätte er diese Verdrängungsleistung überhaupt nicht ausgehalten. *Der Staat wurde der Fetisch seiner Männerphantasien.* So emphatisch er auch immer auf die Erkenntnis der ‹konkreten Wirklichkeit› pocht, seine politische Theorie beruht doch immer auf einer neurotischen Verkennung der Realität. ...»[229]

Der Deutungsversuch Sombarts zu Person und Werk Schmitts ist angreifbar. Aber Sombart ist ein Beobachter, der aus persönlicher Kenntnis nach Erklärungen für den schwer verständlichen politischen Weg Schmitts sucht. Nimmt man die bitteren Erfahrungen hinzu, die Schmitt in der ersten Ehe mit einer angeblichen «Reichsgräfin» machte und durch die Namensverbindung «Schmitt-Dorotić» auch der gesamten Fachwelt offenlegte, so wird die Sombart'sche These von der Fixierung auf eine partriarchalische Männergesellschaft und auf den Fetischismus eines militanten Männerstaates mit allen daraus folgenden Einseitigkeiten und Verkürzungen des Realitätsbewußtseins mindestens als Hypothese diskussionswürdig. Hier liegen viele offene Fragen und unerforschte Hintergründe seines Selbstverständnisses.

Aus den Beobachtungen von N. Sombart, die er 1941 – als Achtzehnjähriger – auf gelegentlichen Spaziergängen mit Schmitt im Grunewald machte, ist noch etwas bemerkenswert. Er schildert den Wahrheitsbegriff Carl Schmitts, der dem seines berühmten Vaters Werner Sombart genau entgegengesetzt war. Für Werner Sombart galt: «Die Wahrheit war die Summe dessen, was man wissen konnte, ... allgemein verständlich, verifizierbar, übertragbar. ... Jedem zugänglich, der das Wissensniveau seiner Zeit erreicht hatte, immer einsehbar und aussprechbar.»

Bei Carl Schmitt war nach N. Sombart der Denktypus genau umgekehrt:

«Die Wahrheit ist das, was man nie aussprechen kann und darf. Sie ist ihrer Natur nach ‹geheim›. Das Wissen, das mit ihr verbunden ist, kann nicht ohne weiteres vermittelt werden. Was öffentlich ausgesprochen und gewußt werden kann, ist nicht wert, gewußt zu werden. Man erschließt sich die Wahrheit nicht durch logisch-diskursives Denken, sondern ‹erschaut› sie, wenn man den nötigen Reifegrad erreicht hat. Darüber in der Öffentlichkeit zu sprechen, ist ein Sakrileg. Sie ist das streng gehütete Geheimnis-Monopol einer kleinen Zahl von ‹Eingeweihten› .... Man muß dazu berufen, ‹auserwählt› sein. Das Medium der Verständigung darüber (der Vermittlung des Unaussprechbaren) ist das mythische Bild.»[230]

---

[229] N. Sombart, a. a. O., S. 278f. – Hervorhebungen vom Verfasser.
[230] N. Sombart, a. a. O., S. 257f.

Diese These vom elitären Wahrheitsbegriff als eines Geheimnis-Monopols für «Eingeweihte» und «Auserwählte» enthält Hinweise auf männerbündlerische Züge im Denken und Wirken Schmitts. Sie finden Entsprechungen in der Sprech-, Schreib- und Wirkungsweise Schmitts auch nach 1945, etwa in dem «Privatdruck» eines Diskussionsbeitrages von 1959 zum Thema «Die Tyrannei der Werte», den er «den Ebrachern des Jahres 1959» widmete und nur an einen kleinen Kreis von Freunden und Schülern verschickte.[231] Zu diesem Zeitpunkt hätte es mindestens so nahe gelegen, statt über die «Tyrannei der Werte» über die willkürliche «Werterei der Tyrannen» und ihrer juristischen Stabseliten nachzusinnen. Dazu fehlt jedes Wort. Die Seminare in Ebrach – von Forsthoff geleitet – waren außeruniversitäre, nicht-öffentliche Veranstaltungen. Viele damals jüngere deutsche Staatsrechtslehrer, auch Philosophen und Historiker nahmen teil. Die Aura des Elitären wurde gepflegt. Man mußte «zugelassen» werden, «auserwählt» sein. Auch in Joachim Ritters Seminar in Münster war Carl Schmitt vor speziell geladenen Teilnehmern gelegentlich zu Gast. Aber auch hier galten Verehrung und Schonung als selbstverständliche Verhaltenserwartungen. Wer Thesen von Schmitt offen in Frage stellte oder kritisierte, wie August Nitschke das einmal wagte, verfiel dem Tadel und der Ausladung durch den Veranstalter. Ein noch höherer Reifegrad war dem beschieden, der zur Privataudienz in Plettenberg zugelassen wurde. Das Haus, in dem Schmitt dort nach 1945 bis zu seinem Tode lebte, hatte er – um bescheidene historische Parallelen auch im Persönlichen nie verlegen[232] – «San Casciano» genannt, nach jenem Dorf also, in dem Machiavelli sein Exil verbrachte. Er selbst umgab sich so durch die Vieldeutigkeit seiner Aussagen und Gesten zunehmend mit einer inszenierten Aura von Widerstand und Größe, die für seine Anhänger seinen Namen «... mit einer Dämonie umgibt, wie wir sie um die Namen Machiavelli und Hobbes finden. ... nur eine solche Atmo-

---

[231] Die Aufnahme des Wertproblems durch Schmitt im Jahre 1959 ist historisch wie in der aktuellen Zeitsituation bemerkenswert. Wertfragen und Substanzfragen gehörten zu jenen Bereichen, zu denen er nach Anlage und Erfahrung einen weniger zuverlässigen Zugang hatte als zu formalen Strukturproblemen.

[232] In einem anderen Zusammenhang verglich er sich mit Plato, der Mitarbeiter des Tyrannen in Syrakus gewesen sei und gelehrt habe, daß man sogar dem Feinde einen guten Rat nicht verweigern dürfe. Auch Thomas Morus, der Schutzheilige der geistigen Freiheit, habe, so Schmitt zu seiner Rechtfertigung, dem Tyrannen erstaunliche Konzessionen gemacht, ehe er zum Märtyrer und Heiligen geworden sei. (C. Schmitt, Ex Captivitate Salus – Erfahrungen der Zeit 1945/47, Köln 1950, S. 21) Man wird allerdings im Hinblick auf die Schriften Schmitts nach 1933 fragen müssen, welchen *guten* Rat Schmitt dem Tyrannen seiner Zeit gegeben hat. R. Leicht hat zurecht darauf hingewiesen, daß zu Märtyrern damals jedenfalls andere wurden; vgl. zum Ganzen: R. Leicht, Aufbruch zur politischen Vernunft – Die Herausforderung des deutschen Parlamentarismus, München und Wien 1983, S. 117.

sphäre, gleich welcher Art (!) konstituiert bei einem Denker – wie immer man sich zu ihm verhält – ‹Klassizität›.»[233]

G. Offene Fragen

Die Verknüpfung von rationaler Wissenschaft und «erschauender» Mythologie ist, das kennzeichnet N. Sombart zutreffend, ein Merkmal der Schriften Schmitts. Oszillierender Begriffs- und Bilderzauber ist eine der Ursachen seiner intellektuellen Breitenwirkung. Er prägte für die von ihm betrachteten Lebensphänomene in der Regel Begriffsformeln (meist Begriffspaare oder «Dreigliederungen»), die er als suggestive Schlagwörter in Umlauf setzte.[234]

Dienten juristische Begriffe bis dahin dem Zweck, die zu regelnde Lebenswirklichkeit nach genau benannten und rational überprüfbaren Merkmalen zu erkennen, zu bestimmen, gleichsam abzubilden und so zu «begreifen», so war das bei den Begriffsverwendungen von Schmitt ganz anders. Er setzte seine Begriffskombinationen als Anregungen für die Phantasie ein. Seine Texte waren einer musikalischen Partitur, einem lyrischen Gedicht oder auch einer bewußt an die Emotionen appellierenden Polemik oft ähnlicher als einem juristischen Beitrag. Sie mußten mindestens in gleichem Maße nach-empfunden wie nach-gedacht werden. Der Leser konnte sich aus diesen Bausteinen eine eigene, seinen Empfindungen entsprechende Bilderwelt bauen. Vielleicht waren die scheinklaren Begriffsbildungen und Formeln Carl Schmitts gar nicht als juristische Darstellungs- und Ordnungsbegriffe zur Erfassung der staatsrechtlich bedeutsamen Realitäten gemeint. Eher erscheinen sie als suggestiv wirkende Sprachinstrumente zur Erzeugung eines bestimmten Bewußtseins, einer «Stimmung» im Dienste sehr genau berechneter politischer Ziele, die von Schmitts Ängsten, Aversionen und Feindbildern vorgeprägt waren.

Hier liegt wohl auch ein Grund für die erstaunliche (Über-)Lebensfähigkeit vieler der von Schmitt geprägten begrifflichen Formeln. In einem genauen Gegensatz zu der programmatisch verkündeten Konkretheit der «konkreten» Begriffe und Ordnungen waren und sind diese Formeln auf eine bemerkenswerte Weise unscharf und schillernd. Jeder Rechtsanwen-

---

[233] G. Maschke, Positionen inmitten des Hasses – Der Staat, der Feind und das Recht – Der umstrittene Denker Carl Schmitt/Zu seinem Tode, in: FAZ vom 11. 4. 1985, S. 25.

[234] Vgl. etwa die Titel und Formeln: «Gesetz und Urteil», «Legalität und Legitimität», «Freund/Feind», «Staat – Bewegung – Volk», «Nehmen, Teilen, Weiden», «Land und Meer», «Reich und Raum».

der, jede neue Epoche kann ihre Regelungsbedürfnisse, ihre Wertorientierungen und Ideologien in solchen Begriffshülsen unterbringen und anschließend, scheinbar streng wissenschaftlich, daraus hervorzaubern.

Dieser Umstand ist auch die Ursache für die fortwirkende Faszination, aber auch die fortdauernden Risiken der heute zu beobachtenden Rezeption Schmittscher Begriffe und Lehren. Die Gefahr einer unhistorischen Tradierung seines Werkes ist von der Kritik eindeutig gekennzeichnet worden.[235]

Über die Deutung und den Gebrauch seiner schillernden, oft bewußt unklar geprägten Begriffe hatte Schmitt auch nach der Auffassung einzelner Anhänger schließlich bei sich und bei anderen keine Kontrolle mehr.[236] Er und sein Publikum wurden gleichsam von der mythisch-irrationalen Gewalt seiner doppelbödigen Formeln zuerst hin- und dann mitgerissen.

Seine unbestreitbare, bestechende Formulierungsgabe setzte er in vielen Fällen nicht (nur) für die brillante Analyse, sondern vielmehr für die übersteigerte und polemische Zuspitzung, für die bewußte verbale Radikalisierung der Problemsituation mit politischen Absichten ein. Beispielhaft dafür ist etwa seine bereits früher erwähnte Agitation für den «totalen Staat» und gegen demokratische Wahlen.[237] Der Aufsatz, der Anfang Februar 1933, also wenige Tage nach der «Machtergreifung» Hitlers, in der «Europäischen Revue» erschien, ist ein höchst interessantes, für die Entwicklung Schmitts und vieler intellektueller Weggefährten aufschlußreiches Zeitdokument. Schmitt beschreibt darin den unzweifelhaft desolaten Zustand des politischen Gemeinwesens «Weimarer Republik» in den düstersten Farben als ein «in der totalen Auflösung befindliches System». Die Abgeordneten seien keine Abgeordneten, das Parlament sei kein Parlament, der Reichstag kein Reichstag im Sinne der Verfassung mehr.

---

[235] Vgl. R. Leicht, Aufbruch zur politischen Vernunft – Die Herausforderung des deutschen Parlamentarismus, München und Wien 1983, S. 116 f.: «Es geht dabei freilich weniger um ein Nachsprechen einiger aus dem Zusammenhang gebrochener Lehrsätze oder das ahnungslose, aber stimmungsvolle Nachbeten einzelner Leerformeln, sondern vielmehr um eine bestimmte Attitüde, sich mit politischen Problemen auseinanderzusetzen. Auch heute haben wir es – rechts wie links – immer wieder mit Leuten zu tun, deren ‹politische› Phantasie offenbar allein durch den Ludergeruch des Verfalls angeregt wird, und die sich (sei es aus offenen oder verdrängten Machtphantasien) die vielfältige Wirklichkeit nötigenfalls im Sinne einer *Verfallslehre* zurechtstilisieren, welche doch – strukturell betrachtet – nur das finstere Gegenstück zu einer ebenso ahistorischen Fortschrittstheorie sein kann.»

[236] Vgl. G. Maschke, Zum «Leviathan» von Carl Schmitt, in: C. Schmitt, Der Leviathan in der Staatslehre des Thomas Hobbes – Sinn und Fehlschlag eines politischen Symbols, Köln 1982, S. 179 (229) zum Begriff «totaler Staat».

[237] Vgl. C. Schmitt, Weiterentwicklung des totalen Staats in Deutschland (1933), in: C. Schmitt, Verfassungsrechtliche Aufsätze aus den Jahren 1924–1954 – Materialien zu einer Verfassungslehre, Berlin 1958, S. 359 (363 f.).

«Alle diese Verfassungseinrichtungen sind hinfällig geworden und gänzlich denaturiert, alle legalen Befugnisse, selbst alle Auslegungsmöglichkeiten und Argumente sind instrumentalisiert und werden taktische Mittel des Kampfes jeder Partei gegen jede andere und aller Parteien gegen Staat und Regierung».[238]

Der Ausweg ist für Schmitt die vorbehaltlose Hinwendung zum «totalen» Staat, dem er jedes erdenkliche Machtmittel zugesteht:

«Jeder Staat ist bestrebt, sich der Machtmittel zu bemächtigen, die er zu seiner politischen Herrschaft braucht. Es ist sogar das sichere Kennzeichen des wirklichen Staates, daß er das tut».[239]

Der Autor macht an die Adresse der Machthaber konkrete Vorschläge:

«Jede politische Macht ist gezwungen, die neuen Waffen in die Hand zu nehmen. Hat sie dazu nicht die Kraft und den Mut, so wird sich eine andere Macht oder Organisation finden, und das ist dann eben wieder die politische Macht, d. h. der Staat».[240]

Als «neue Waffen» des totalen Staates sieht Schmitt vor allem die gesteigerten technischen Mittel mit ihrer Möglichkeit, ja Notwendigkeit der Massenbeeinflussung. Mit dem Unterton des Bedauerns verzeichnet er den (im Januar 1933) noch vorhandenen Spielraum der freien Meinungsäußerung aufgrund der Pressefreiheit. Sie diene in Wirklichkeit der Parteiagitation und der «propagandistischen Massenbearbeitung». Seine Folgerung lautet:

«Auf die neuen technischen Mittel, Film und Rundfunk dagegen muß jeder Staat selbst die Hand legen. ... Kein Staat kann es sich leisten, diese neuen technischen Mittel der Nachrichtenübermittlung, Massenbeeinflussung, Massensuggestion und Bildung einer ‹öffentlichen›, genauer: kollektiven Meinung einem anderen zu überlassen. Hinter der Formel vom totalen Staat steckt also die richtige Erkenntnis, daß der heutige Staat neue Machtmittel und Möglichkeiten von ungeheurer Intensität hat, ...

Der totale Staat in diesem Sinne ist gleichzeitig ein besonders starker Staat. Er ist *total im Sinne der Qualität und der Energie,* so, wie sich der faschistische Staat einen ‹stato totalitario› nennt, womit er zunächst sagen will, daß die neuen Machtmittel ausschließlich dem Staat gehören und seiner Machtsteigerung dienen. Ein solcher Staat läßt in seinem Innern keinerlei staatsfeindliche staatshemmende oder staatszerspaltende Kräfte aufkommen. Er denkt nicht daran, die neuen Machtmittel seinen eigenen Feinden und Zerstörern zu überliefern und seine Macht unter irgendwelchen Stichworten, Liberalismus, Rechtsstaat oder wie

[238] C. Schmitt, a. a. O., S. 365.
[239] C. Schmitt, a. a. O., S. 360.
[240] C. Schmitt, a. a. O., S. 360.

man es nennen will, untergraben zu lassen. Ein solcher Staat kann
Freund und Feind unterscheiden. In diesem Sinne ist, wie gesagt, jeder
echte Staat ein totaler Staat . . .»[241]
Der Aufsatz Schmitts traf, wie so oft, in eine ganz bestimmte politische
Situation. Wohl noch vor dem 30. Januar 1933 geschrieben, hatte er beim
Erscheinen die neuen, nationalsozialistischen Machthaber als Adressaten.
Sie fanden – um mit Schmitt zu sprechen – sehr schnell «die Kraft und
den Mut», die neuen Waffen in die Hand zu nehmen und damit nicht nur
den Weg in den «totalen Staat» zu vollenden, sondern ein totalitäres
Unrechtssystem zu errichten.

Sicher hätten die Nationalsozialisten ihren Weg auch ohne solche
literarische Unterstützung und Rechtfertigung gemacht. Es wäre unreali-
stisch, in der geistigen Hilfeleistung solcher Literatur die Hauptursache
des heraufziehenden Terrorsystems zu sehen. Der Aufsatz zeigt allerdings, daß diese Unterstützung von den intellektuellen Weggenossen des
totalen Staates nicht ohne die bewußte Inkaufnahme der Risiken eines
allmächtigen Staates geleistet wurde. Die Allmacht der neuen Machthaber
wurde sehend, ja sehnend herbeigeschrieben. Angesichts solcher öffentlichen Ratschläge und Offerten an die Inhaber der «totalen» Staatsgewalt
kann niemand behaupten, man habe das Ausmaß des möglichen Ver-
hängnisses nicht vorhersehen können.

Die Absicht, politische Wirkungen zu erzielen, also mit teils scheinbar
kühler, teils offen parteilicher Analyse auf das Geschehen Einfluß zu
nehmen, ist ein fast durchgängiges Kennzeichen von Schmitts literari-
schem wie rhetorischem Wirken. Seine Fähigkeit zu rabulistischer Sinn-
verkehrung von Begriffen, wie sie sich etwa in seinen Beiträgen zur Diskussion über den «Rechtsstaat» nach 1933 offenbart, aber nicht nur hier,
ist nicht zufällig als «diabolische Dialektik»[242] eingestuft worden.

Schmitt hat in seiner Art, die Sprache als Machtinstrument einzusetzen,
zutreffend erahnt, daß alles politische Geschehen auch ein Kampf um die
Wörter und ihre richtige «Besetzung» und Neuverteilung ist. Er hat in
der Tat mit seinen Begriffsbildungen und Thesen («Wir denken die
Rechtsbegriffe um»)[243] das verbrecherische NS-Regime gestützt, indem
er es gerade in der Anfangsphase nach innen und außen mit dem Schein
der Legitimität umgab. Er hat mit schein-luziden Ausführungen («Der
Führer schützt das Recht»)[244] die erste brutale«Säuberungs»- und Mordaktion des Regimes an unschuldigen Opfern gerechtfertigt. Er hat bis
zuletzt nach außen den mörderischen Expansionskrieg des NS-Regimes

---

[241] C. Schmitt, a. a. O., S. 360 f.
[242] K. A. Bettermann, Rechtsstaat oder unabhängige Richter?, NJW 1947/48, 217
Fn. 3.
[243] C. Schmitt, Nationalsozialistisches Rechtsdenken, DR 1934, 225 (229).
[244] DJZ 1934, Sp. 945.

mit völkerrechtlichen Beiträgen gerechtfertigt und sogar verherrlicht. Es gibt – unbeschadet aller denkbaren inneren Vorbehalte – eine «Schuld der Worte», der sich ihr Autor nicht mit ausgeklügelten literarischen («Cereno») oder historischen («San Casciano») Schein-Parallelen entziehen kann. An dem Wunsch nach historischer Größe hat es Schmitt nie gefehlt.

Die unbezweifelbare und eindrucksvolle Formulierungsgabe, seine Fähigkeit, vielschichtige Sachverhalte auf einen scheinbar rationalen und klaren Begriff zu bringen, das war ein Teil seiner ebenso verführerischen wie verführten Intelligenz, mit der er sich zeitweise an die Spitze der völkischen Rechtserneuerung und der Planung einer rassengebundenen Großraumordnung zu setzen versuchte. Für solche politischen Ambitionen eines juristischen Autors gilt die kritische Feststellung: «... wer sich publizistisch oder praktisch in die Politik einmischt, handelt unausweichlich unter dem Imperativ der Verantwortung und kann sich den Wirkungen nicht durch die Flucht in die Wertfreiheit entziehen.»[245]

Eine andere Frage geht dahin, ob man dem Autor Carl Schmitt nicht Unrecht tut, wenn man sein Werk primär oder ausschließlich an den rationalen und wissenschaftstheoretischen wie wissenschaftsethischen Maßstäben der Jurisprudenz mißt. Sie verlangen in der Tat Widerspruchsfreiheit, Prinzipientreue und moralisch verantwortete Folgenabwägung der Wirkungen des in bestimmten («konkreten») politischen Situationen Geschriebenen. Wenn aber nun Schmitt gar nicht primär Jurist, sondern Aphoristiker, politischer Essayist, kurz «homme de lettres» war, sind dann an ihn dieselben strengen und unnachsichtigen Maßstäbe der Verantwortung für sein Geschriebenes anzulegen? Sind es vielleicht erst der Widerspruch, die Farbigkeit des Abweichenden und Ungewöhnlichen, die den Reiz und Ruhm des Literaten ausmachen? Kann man ihn, den spekulativen Analysierer und Deuter von geistesgeschichtlichen und politischen «Lagen» für seine jetzt offenkundigen und folgenreichen Fehldeutungen haftbar machen? In solchen Fragen steckt die Unterstellung einer je verschiedenen Moral und Verantwortlichkeit für Juristen und Literaten. Eine solche These ist gefährlich, sie kann aber hier auf sich beruhen. Schmitt selber hat sich zeitlebens primär als Juristen gesehen. Seine Verteidigungsreflexionen in «Ex captivitate salus» geben vielfältig Zeugnis davon. Schwere Irrtümer von Juristen in Fragen des Staatsrechts und der politischen Moral staatlichen Handelns, wie sie Schmitt nicht ohne Grund vorgehalten werden, haben fatale Folgen. Sie wirken leicht tödlich – für andere und für die Irrenden selbst. Dieser unmittelbare Zusammenhang besteht in der Lyrik selten. Wenn etwa die

---

[245] R. Leicht, Die unselige Lust an der Ausnahme – Zum Tode des deutschen Staatsrechtlers Carl Schmitt, in: Süddeutsche Zeitung v. 11. 4. 1985, S. 11.

jugendliche Luise Rinser ein hymnisches Gedicht auf den Führer schreibt, dann hat das geringere Einflüsse auf das politische Geschehen als juristische Rechtfertigungen oder gar Anregungen zur Entrechtung der Deutschen jüdischer Abstammung und zu ihrer «Ausmerzung» aus allen geistig einflußreichen Positionen. Juristen irren mit gefährlichen Folgen. Umgekehrt leben sie auch gefährlich, nämlich in der – freilich oft gern und strebsam gesuchten – Nähe der politisch Mächtigen. Das gilt mit Abstufungen zu allen Zeiten, also auch heute.

Aus der Existenz in der (gesuchten oder schicksalhaften) Nähe der Juristen zu den Machthabern können Gefahren entstehen. Das gilt besonders nach Systemwechseln und/oder in totalitären Staatsordnungen. Nicht angepaßte Juristen – vor allem solche, die im Staatsdienst stehen – werden schnell mißliebig, fallen in Ungnade, werden aus ihren Ämtern entfernt, werden bedroht, eingesperrt, vielleicht gar umgebracht.

Es ist durchaus glaubwürdig, daß Carl Schmitt, etwa im Jahre 1936 nach den Angriffen auf ihn im «Schwarzen Korps», dem Organ der SS, sich persönlich bedroht fühlte. Diese Bedrohung – als real vorhanden unterstellt – hatte eine Reihe von Ursachen, die schon geschildert wurden.[246] Das wichtigste Moment lag wohl in der von ihm gesuchten maßgeblichen Einflußnahme auf die völkische Rechtserneuerung. Sein radikaler politischer Umschwung nach 1933 einerseits und sein Streben nach einer (rechts-)politischen Karriere andererseits lösten den Neid, die Mißgunst und die Aggressionen sehr verschiedener Gegenspieler aus. Widerstand gegen den Nationalsozialismus ist bei Carl Schmitt jedenfalls nach 1933 nicht erkennbar.

Wer sich in solcher Weise willentlich in die Nähe und damit in die Gefahren eines totalitären Regimes begibt, kann aus den persönlichen Risiken, die daraus entstehen, keine Rechtfertigung für seine verbale Beteiligung an den Untaten dieses Regimes ableiten. Das gilt für Literaten. Das gilt mehr noch für Juristen. Es ist im historischen Rückblick bisher kein Fall bekannt geworden, daß ein Jurist bereits für sein Schweigen zu den totalitären Auswüchsen des Regimes in Lebensgefahr geraten sei.

Das Werk Schmitts ist vielfältig beschrieben, analysiert, kritisiert und gefeiert worden. Zahlreiche Monographien beschäftigen sich mit einer Analyse und Würdigung seiner Hauptwerke.[247] Eine abschließende Beurteilung, ja auch nur eine gelassene, emotionsfreie und nüchterne Diskussion ist bis heute schwierig. Name und Werk sind Polarisierungsfaktoren in der Rechtswissenschaft, der Politikwissenschaft und in der Zeitge-

---

[246] Vgl. oben D. IV.
[247] Zur Breitenwirkung der Schriften von C. Schmitt bis 1945, vgl. etwa die Carl-Schmitt-Bibliographien von P. Tommissen in den beiden Festschriften für Carl Schmitt, Berlin 1959 und 1968 sowie deren Ergänzung in: P. Tommissen, Over en in zake Carl Schmitt, Brüssel 1975, S. 127.

schichte geblieben. Schmitt wirkt über die nationalen und die Disziplingrenzen hinweg. Eine kleine, aber eifrige Schüler- und Verehrerschar überhäuft ihn mit unkritischen Lobreden. Hat ein Mann seiner Wirkungsmacht solches nötig? Seine Bedeutung wird erst in kritischer Distanz sichtbar. Anderes hat er – wie immer man urteilen mag – nicht verdient.

Die Vieldeutigkeit seines Werkes gebietet Vorsicht gegenüber allen einseitigen Be- oder Verurteilungen. Es repräsentiert einen Abschnitt deutscher Staatsrechts- und Völkerrechtsgeschichte. Man kann daraus lernen. Das setzt das unverfälschte Aufnehmen und Verstehen der Geschichte von Recht und Rechtswissenschaft in der NS-Zeit voraus. Sie ist noch nicht geschrieben. Verdrängungen oder Verfälschungen gefährden Gegenwart und Zukunft des Rechts.

Eine sachgerechte Einordnung des Werkes und des Wirkens von Carl Schmitt ist, wie der Verlauf der Diskussion dazu zeigt, derzeit noch schwierig. Unbestreitbar ist die von ihm ausgehende Anziehungskraft auf Anhänger und Gegner. Einige Grundelemente seines Werkes verdienen im Zusammenhang seiner Rolle im Nationalsozialismus besondere Aufmerksamkeit.

Schmitt war ein überzeugter Antiliberaler. Seine Schriften während der Weimarer Zeit, vor allem «Die geistesgeschichtliche Lage des heutigen Parlamentarismus» (1923), und «Der Begriff des Politischen» (1927) sind von der Gegnerschaft zum Liberalismus bestimmt. Demokratie, Wirkungsweise politischer Parteien und der diese Staatsform bestimmende Kompromiß bei politischen Entscheidungen waren ihm im Grundsatz fremd und im Verlauf der Weimarer Erfahrungen zutiefst zuwider geworden. Schmitt war zugleich ein kämpferischer Gegner dessen, was er mit abschätzigem Unterton «Normativismus» nannte. Seine Programmschrift zu seinem «konkreten Ordnungsdenken», nämlich «Über die drei Arten des rechtswissenschaftlichen Denkens» (1934) ist gegen den Normativismus, d. h. vor allem den Gesetzespositivismus und die «Reine Rechtslehre» Hans Kelsens gerichtet. Er wollte «diesen normativistischen Turmbau zu Babel abreißen und ein gesundes konkretes Ordnungsdenken an seine Stelle setzen».[248]

Schmitt war von der Faszination des Ausnahmezustandes durchdrungen. Er war ein «Romantiker der Ausnahmesituation».[249] Die rechtsstaat-

---

[248] C. Schmitt, Nationalsozialistisches Rechtsdenken, DR 1934, 225 (226).

[249] H. Lübbe, im Rahmen der Diskussion beim Helmut Schelsky Gedächtnissymposion in Münster 1985, abgedruckt in: Recht und Institution, Helmut Schelsky-Gedächtnissymposion Münster 1985, hrsg. von der Rechtswissenschaftlichen Fakultät der Universität Münster, Berlin 1985, S. 99; kritisch zu C. Schmitts Vorliebe für Ausnahmesituationen auch R. Leicht, Die unselige Lust an der Ausnahme – Zum Tode des deutschen Staatsrechtlers Carl Schmitt, in: Süddeutsche Zeitung v. 11. 4. 85, S. 11.

liche Normallage erschien ihm langweilig. Politik, Recht und Staat definierte er von der Ausnahmelage her.[250] Die Verklärung des Ausnahmezustandes, des Staatsnotstandes und der vorrevolutionären Situation durch Schmitt hatte ausgeprägt emotionale und irrationale Elemente. Sie ist von der Lust an intellektueller Beweglichkeit in Situationen durchdrungen, die von der bestehenden Rechtsordnung nicht mehr oder noch nicht erfaßt und beherrscht werden können. Jenseits aller politischen und ideologischen Inhalte und Entscheidungen ist Schmitt erkennbar von einer für ihn dominanten Ästhetik der Ausnahmelagen ergriffen. Das mag dazu beigetragen haben, ihn zum Repräsentanten eines auf das rassisch legitimierte Führertum gestützten Verfassungskonzeptes werden zu lassen. Denn dieses Führertum war im Ergebnis der auf die Dauer des «Dritten Reiches», also auf erwartete tausend Jahre proklamierte und legitimierte Ausnahmezustand.[251]

Auch wenn man die schillernden und widersprüchlichen Facetten der Person Carl Schmitts und seiner politischen Engagements außer acht läßt, bleiben zahlreiche und wichtige Elemente des literarischen Werkes, die einer vorbehaltlosen Anerkennung und Rezeption entgegenstehen.

Die verdrängte und die verfälschte Vergangenheit hat Zukunft. Die Fixierung auf zweifelhafte oder überlebte Formeln von gestern verhindert die Lösung der Probleme von heute und morgen. Die Fixierung auf zweifelhafte Maßstäbe von personaler Größe oder Klassizität kann die Politik und damit die Zukunft ein weiteres Mal vergiften. Falsche Personenbilder produzieren leicht falsche Geschichtsbilder. Es ist daher unerläßlich, die Entstehungsgeschichte, die volle Komplexität und die historisch konkrete Wirksamkeit der Lehren Schmitts in ihre Rezeption und Bewertung einzubeziehen.

Eine auch nur annähernd vollständige oder umfassende Analyse des Werkes und des Wirkens von Carl Schmitt in den Jahren zwischen 1933 und 1945 ist im Rahmen des hier behandelten Themas nicht zu leisten. Der vorstehende Versuch verfolgt den Zweck, das Risiko bestimmter Verfälschungen des Personen- und Geschichtsbildes jener Jahre deutlich und bewußt zu machen. Carl Schmitt ist dabei – in diesem Zusammenhang – nicht nur als Person und Individuum, sondern auch als eine typische Zeiterscheinung von beispielhafter Bedeutung. Er repräsentiert als einer der damals führenden Staatsrechtslehrer und – später – Völkerrechtler das institutionelle Risiko und die Versuchbarkeiten der Disziplin

[250] Vgl. etwa C. Schmitt, Politische Theologie, 2. Ausgabe, München und Leipzig 1934, S. 11, 20, 22 und oben II. 3.

[251] Vgl. H. Lübbe, im Rahmen der Diskussion beim Helmut Schelsky Gedächtnissymposion in Münster 1985, abgedruckt in: Recht und Institution, Helmut Schelsky-Gedächtnissymposion Münster 1985, hrsg. von der Rechtswissenchaftlichen Fakultät der Universität Münster, Berlin 1985, S. 99.

Rechtswissenschaft in bemerkenswert verdichteter Verkörperung. Das Thema des zweiten Kapitels ist also auch der allgemeingültige Problemzusammenhang von Verfassungswandel und Juristenrisiko. Die Behandlung dieses Themas hat von der bezeichneten Zielsetzung her zu einer gleichsam advokatorischen Auswahl der von Schmitt damals behandelten Themen und seiner literarischen Äußerungen geführt. Die Absicht besteht darin, die Festlegung auf vorschnelle Gesamturteile – seien es Glorifizierungen oder Verdammungen – zu verhindern, nicht aber einseitige Sichtweisen zu bekräftigen.

Kennzeichnend für die große Mehrheit der damals schreibenden juristischen Hochschullehrer war die subjektive Vorstellung, ihre literarischen Äußerungen seien nicht etwa Beiträge zur Festigung und zum Ausbau der nationalsozialistischen Herrschaftsordnung, sondern rein wissenschaftliche Analysen eines bestehenden Zustandes gewesen. So hat etwa Robert M. W. Kempner als Vertreter der US-Anklagebehörde Carl Schmitt am 3., 21. und 29. April 1947 in Nürnberg vernommen.[252] Kempner hielt ihm einen Satz aus der 4. Auflage (1941) seines Buches «Völkerrechtliche Großraumordnung»[253] vor, der lautete:

> «Diese jüdischen Autoren haben natürlich die bisherige Raumtheorie so wenig geschaffen wie sie irgendetwas anderes geschaffen haben. Sie waren doch auch hier ein wichtiges Ferment der Auflösung konkreter raumhaft bestimmter Ordnungen.»

Darauf antwortet Carl Schmitt:

> «Ich bestreite, daß das Goebbelsstil ist nach Inhalt und Form. Ich möchte betonen, den hochwissenschaftlichen Zusammenhang der Stelle zu beachten. Der Intention, der Methode und der Formulierung nach eine reine Diagnose.»
>
> . . .
>
> «Alles, was ich gesagt habe, insbesondere dieser Satz ist nach Motiv und Intention wissenschaftlich gemeint, als wissenschaftliche These, die ich vor jedem wissenschaftlichen Kollegium dieser Welt zu vertreten wage.»[254]

Die Autoren der nationalsozialistischen Rechtswissenschaft betrachteten das NS-Regime als die unvermeidbare Basis ihrer wissenschaftlichen Tä-

---

[252] Zitiert wird im Folgenden nach C. D. Wieland, Carl Schmitt in Nürnberg (1947), in: 1999, Zeitschrift für Sozialgeschichte des 20. und 21. Jahrhunderts, 2. Jahrg., Januar 1987, Heft 1, S. 96, hier S. 112f., 117.

[253] C. Schmitt, Völkerrechtliche Großraumordnung mit Interventionsverbot für raumfremde Mächte, Ein Beitrag zum Reichsbegriff im Völkerrecht, 4. Aufl. Berlin/Leipzig/Wien 1941, S. 63.

[254] Vgl. C. D. Wieland, Carl Schmitt in Nürnberg (1947), in: 1999, Zeitschrift für Sozialgeschichte des 20. und 21. Jahrhunderts, 2. Jahrg., Januar 1987, Heft 1, S. 96 (112).

tigkeit. Auf einen entsprechenden Vorhalt von Kempner antwortet Carl Schmitt: «Das war für mich eine Tribüne; eine andere hatte ich nicht.»[255] In einem späteren Verhör (21. 4. 1947), in dem es wesentlich um die Frage ging, ob Schmitt an der Vorbereitung eines Angriffskrieges mitgewirkt habe, weist Kempner den Beschuldigten darauf hin, daß im Urteil seiner Hörer sein Charakterbild schwankend sei. Schmitt antwortet: «Das wird immer so sein, wenn jemand in solcher Situation Stellung nimmt.»

Es folgt der Satz: «Ich bin ein intellektueller Abenteurer.»[256]

Auch wenn man die besonderen Bedingungen einer Vernehmung im Rahmen der Voruntersuchung vor dem Internationalen Militärtribunal in Nürnberg in Rechnung stellt – Carl Schmitt wurde von Kempner bald nach dem letzten Verhör (29. 4. 1947) entlassen – sind die Einlassungen Schmitts wohl über sein individuelles wissenschaftliches wie persönliches Schicksal hinaus für die Rolle der Rechtswissenschaft im Nationalsozialismus beachtenswert. Sie kennzeichnen den gefährlichen Weg jeder Rechtswissenschaft und jedes aktiv tätigen Juristen in einem totalitären Staat. Sie mahnen nach den grausigen Erfahrungen einer verführten Jurisprudenz und Justiz im Dritten Reich dazu, alle erdenklichen, auch juristischen Vorkehrungen gegen das Entstehen und das sich Verfestigen neuer Totalitarismen zu treffen.

---

[255] Vgl. C. D. Wieland, a. a. O., S. 96 (113).
[256] Vgl. C. D. Wieland, a. a. O., S. 96 (117).

3. Kapitel

Rechtsmystik oder Rationalität? – Lehren aus der Rechtsperversion im Nationalsozialismus

A. Ungenutzte Lernchancen

Die Beschäftigung mit der Entwicklung des Rechts durch Rechtswissenschaft und Justiz zwischen 1933 und 1945 erschließt eine große Menge von Anschauungsmaterial und Lernstoff für Einsichten in die realen Vorgänge bei der umfassenden Umdeutung («Erneuerung») einer Rechtsordnung. Die in diesen weithin bedrückenden und schmerzlichen Erfahrungen aus politischen Systemwechseln liegenden Lernchancen sind bisher weitgehend ungenutzt. In der Ausnahmelage[1] einer totalitären Rechtsperversion treten bestimmte allgemeingültige Zusammenhänge und Funktionsweisen der Normbildung durch Richtersprüche und durch Justiz-anleitende Beiträge der Rechtswissenschaft besonders klar zutage. Die *erste Lehre* aus der Rechtsumbildung in der NS-Zeit liegt nach den vorher geschilderten Vorgängen auf der Hand:

Es ist möglich, eine ganze Rechtsordnung allein durch Interpretation umzuwerten.

Der programmatische Satz von Carl Schmitt: «Wir denken die Rechtsbegriffe um»[2] wurde mit Konsequenz und Erfolg in die Tat umgesetzt.

Der Erfolg dieses Programms war so durchschlagend, daß es angemessen erscheint, das Verhältnis zwischen Gesetz und Richterspruch, zwischen Gesetzgebung und Rechtsprechung nach diesen Erfahrungen grundlegend neu zu überdenken.

---

[1] Der Begriff «Ausnahmelage» ist durch Carl Schmitt eingeführt worden und darf heute in der Staatsrechtslehre als feststehend gelten.

[2] C. Schmitt, Nationalsozialistisches Rechtsdenken, DR 1934, 225 (229).

B. Zum Verhältnis von
Gesetzgebung und Rechtsprechung

Das Verhältnis zwischen Gesetz und Richterspruch ist ein komplexes Dauerproblem der Jurisprudenz.[3] Die einzelnen Problembereiche sind vielfältigen Einflüssen der sozialen Verhältnisse, der juristischen Methodendiskussion, vor allem aber der jeweiligen maßgeblichen Verfassungsdoktrin ausgesetzt.

Sicher ist, daß das reine Subsumtionsdenken, das vom Vorhandensein einer vollständigen Kodifikation ausgeht und im Richter nur den Mund des Gesetzgebers sehen will, zu allen Zeiten wirklichkeitsfern und illusionär gewesen ist und bleiben wird. Weil jede gesetzliche Rechtsordnung vom Inkrafttreten an Lücken aufweist und durch sozialen Wandel notwendig ständig lückenhafter wird, muß es in jedem justizstaatlich organisierten Gemeinwesen «Gesetzeslücken» und «Lücken der Rechtsordnung» geben. Solche Lücken müssen durch Richtersprüche geschlossen werden.

Die *zweite Lehre* aus der Rechtsentwicklung der NS-Zeit lautet daher, wenn man die damals gewonnenen Erfahrungen folgerichtig zu Ende denkt und zusammenfaßt:

Richterrecht ist ein notwendiges, «schicksalhaftes» Element jeder justizstaatlichen Ordnung.
Auch Richter sind dem Zeitgeist ausgesetzt und durch ihn beeinflußt.

Diese Feststellung gilt systemneutral, also sowohl in kapitalistischen wie in sozialistischen, in liberalen wie in autoritären oder totalitären Systemen.[4]

Das Verhältnis von Gesetz und Richterspruch ist ein Dauerproblem jeder gesetzlich fixierten Rechtsordnung. Es wird heute normativ durch die Grundsätze der Gewaltentrennung und der Gesetzesbindung der Gerichte vorgeprägt. Beide Grundsätze sind wegen der großen Dynamik des Rechts, die vom gesellschaftlichen und politischen Wandel ausgeht, in ihrer präzisen normativen Bedeutung nicht leicht zu erfassen und ein für alle mal, also auf Dauer, festzulegen. Die *dritte Lehre* aus der NS-Zeit lautet:

---

[3] Vgl. neuerdings R. Ogorek, Richterkönig oder Subsumtionsautomat? – Zur Justiztheorie im 19. Jahrhundert, Frankfurt a. M. 1986.

[4] Anläßlich einer Konferenz über das Thema «Recht und sozialer Wandel am Beispiel des Arbeitsrechts» hatte ich im Februar 1987 Gelegenheit, das Thema des Richterrechts mit etwa dreißig Arbeitsrechtswissenschaftlern der DDR in der Humboldt-Universität zu Berlin zu erörtern. Über die Existenz gesetzesüberschreitenden Richterrechts bestand dabei weitgehende Übereinstimmung.

Den beiden Verfassungsgrundsätzen der Gewaltentrennung und der Gesetzesbindung der Gerichte kommt für die Konstituierung und Erhaltung des Rechtsstaates eine schlechthin grundlegende Bedeutung zu.

Die völlige interpretative Umformung des Rechts bis zur Rechtsperversion wurde damals möglich, weil diese beiden Grundsätze der Weimarer Verfassung teils außer Kraft gesetzt, teils mißachtet wurden.

C. Instrumente der Gesetzesverdrängung und Rechtsfortbildung

I. Die Umdeutung der Rechtsordnung als ein «Dauerproblem» der Juristen

1. Alte Norm und neue Normsituation

Gesellschaftliche, wirtschaftliche, technische und kulturelle Verhältnisse sind einem permanenten Wandel unterworfen. Politische Machtlagen, ganze politische Systeme können sich, wie das Beispiel Deutschlands im 20. Jahrhundert zeigt, in der Spanne eines Lebensalters mehrfach grundlegend ändern. Der verfassungsmäßige Gesetzgeber kann auf solche Veränderungen und Umwälzungen in der Regel nur verspätet reagieren. Oft bleibt er – das gilt für ganz unterschiedliche Staatssysteme gleichermaßen – völlig untätig. Das führt zu einem komplizierten, oft spannungsvollen Verhältnis zwischen Gesetzgebung und Justiz. Für die Gerichte gilt das Rechtsverweigerungsverbot, also der Zwang zur Entscheidung.

Die Jurisprudenz hat im Lauf ihrer Geschichte eine Reihe von Denkfiguren und von Hilfsbegriffen entwickelt, mit denen das ebenso unklare wie spannungsvolle Verhältnis von Gesetzgebung und Rechtsprechung überschaubar, beherrschbar und im jeweils systemkonformen Sinne steuerbar gemacht werden soll.

Diese Hilfsbegriffe gewinnen in gesellschaftlich und/oder politisch bewegten Zeiten besondere Bedeutung, wenn nämlich die «alten» Gesetze für rechtspolitisch erwünschte «neue» Regelungskonzepte umgedeutet und so benutzbar gemacht oder als überholt («obsolet») verdrängt werden sollen. Die *vierte Lehre* aus der NS-Zeit:

Der Systemwechsel von 1933 zeigt am Beispiel einer radikalen Umwälzung der Verfassung und aller politischen Wertvorstellungen – also gleichsam am Extremfall – besonders deutlich die rechtstechnischen Instrumente auf, mit denen eine überkommene alte Rechts-(Gesetzes-)ordnung auf neue gesellschaftliche oder politische Wertetafeln interpretativ «umfunktioniert» werden kann.

Es sind im wesentlichen inhaltliche Neubestimmungen unbestimmter juristischer Begriffe.

2. Schleusen zwischen neuer Wirklichkeit und altem Gesetz

Als besondere Einfallstore oder geeignete Schleusen für die Aufnahme neuer sozialer Sachverhalte, veränderter politischer Machtlagen und veränderter weltanschaulicher Wertvorstellungen in die «alte» Rechtsordnung bieten sich an
- die Proklamation einer neuen «Rechtsidee»,
- die Konstruktion neuer Rechtsquellen mit Vorrang vor den bestehenden Gesetzen,
- die Ausfüllung von Generalklauseln und unbestimmten Rechtsbegriffen mit neuen weltanschaulichen Grundanschauungen,
- die Proklamation der Rechtsqualität konkreter Wirklichkeiten in dem Sinne, daß die konkrete «Lebensordnung» ihr Recht in sich trägt (kOD). Dazu gehören Argumente aus dem «Wesen» dieser «Ordnungen» und aus der «Natur» der Sachen und ihrer Lebenszusammenhänge,
- die Proklamation einer neuen Begriffslehre mit dem Anspruch, daß die «konkreten» und «konkret-allgemeinen» Begriffe, die real feststellbaren «Typen» oder «Typenreihen» normativen Charakter haben sollen. Das konstruierte selbständige und vorrangige Sein der *Begriffe* bestimmt danach den Rechtsinhalt.

Die *fünfte Lehre* aus der NS-Zeit lautet:

Die vielfältige ideologische und politische Verwendbarkeit rechtstheoretischer und rechtsmethodischer Figuren, Begriffe und Instrumente ist ein wichtiger, bisher weithin unbeachteter Risikofaktor bei der Arbeit der Juristen in Wissenschaft und Gerichtsbarkeit. Die «Multivalenz» und die potentielle Ideologisierung des juristischen Instrumentariums muß als ein notwendiger Gegenstand juristischer Lehre und kritischer Analyse betrachtet werden.

Hier liegen ungenutzte Erfahrungsmaterialien der jüngeren deutschen Rechtsgeschichte aus mehreren politischen Systemwechseln. Sie müssen in der Juristenausbildung, in der Rechtstheorie und in der Justizpraxis fruchtbar gemacht werden. Diese zum Teil schmerzliche und dunkle Epoche der Geschichte der Rechtswissenschaft und der Gerichtsbarkeit, kann uns – wissenschaftlich aufgearbeitet – Orientierung und Halt geben in vergleichbaren Entscheidungssituationen der Gegenwart und der Zukunft.

Zu den einzelnen vorher genannten Instrumenten der Umwertung oder Ergänzung des Rechts sind nähere Einzeluntersuchungen erforderlich. Hier können nur wenige, skizzenhafte Bemerkungen gemacht werden.

Im Blick auf die Erfahrungen mit bisherigen Systemwechseln und auf die teilweise unbekümmerte, gleichsam geschichtslose Fortführung bestimmter Argumentationsmuster bei der interpretativen Fortbildung des Rechts sind die folgenden vorläufigen Hypothesen zu diskutieren:

II. Neue Gerechtigkeit gegen alte Gesetze –
Zum Rückgriff auf die «Rechtsidee»

Der Begriff Rechtsidee kennt keine präzise inhaltliche Festlegung. Gemeint ist gleichsam ein «Kernbereich» gemeinsamer Gerechtigkeitsüberzeugungen der Rechtsgemeinschaft. Aber auch der Begriff «Kernbereich» ist, wie die verfassungsrechtliche Doktrin zeigt, nur eine Chiffre für ein unbekanntes, in seinen Grenzen unsicheres Gebiet, dessen Vorhandensein vorausgesetzt wird. Die Schwierigkeit der Verwendung des Begriffs Rechtsidee, zumal in liberalen, also weltanschaulich pluralen Verfassungsstaaten besteht darin, daß auf ihn in der Regel dann zurückgegriffen wird, wenn es in kontroversen Grundsatzfragen einen allgemeinen Konsens der Gerechtigkeitsvorstellungen nicht (mehr) gibt. Wichtig ist die Einsicht, daß der Rückgriff auf die allen gemeinsame «objektive» Rechtsidee, gerade wenn sie in bewegten Zeiten gebraucht wird, zur Entscheidung umstrittener Grundsatzfragen ein Griff ins Leere sein kann. Jede relevante und konkurrierende Gruppe hat ihre eigene gruppen-subjektive Vorstellung von der Rechtsidee und der Gerechtigkeit.[5]

In den gleichen Problemzusammenhang gehören Argumente aus der «Einheit der Rechtsordnung», der «Einheit der Verfassung», dem «Geist» des Rechts oder des Gesetzes oder einer Teildisziplin, schließlich auch das Argument der «praktischen Konkordanz» widersprüchlicher Grundrechte oder anderer Rechtsvorschriften.

Wer in der vorgenannten Weise auf einen übergeordneten Zusammenhang wie «Einheit», «Geist», «Konkordanz» zurückgreift, greift realistisch gesehen auf *seine* Vorstellungen von Einheit, Geist und Konkordanz zurück. Es gibt «die» Einheit, «den» Geist, «die» Konkordanz nicht als objektive Vorgegebenheit, die außerhalb des Interpreten existiert und daher von ihm als verbindlicher Maßstab abgerufen und verwendet werden kann. Die *sechste Lehre* aus der NS-Zeit lautet:

Wenn die «Rechtsidee», der «Geist» oder die «Einheit» des Rechts beschworen und als Begründung für Rechtsfolgen verwendet werden, so erscheinen nicht die beschworenen Geister und Ideen, sondern es erscheinen der Geist und die Ideen des jeweiligen Beschwörers oder seiner Ideologie.

---

[5] Vgl. B. Rüthers, Rechtsordnung und Wertordnung – Zur Ethik und Ideologie im Recht, Konstanz 1986.

III. Der Direktanschluß des Rechts an die Ideologie –
Zur Rechtsquellenlehre

Die geschilderte Konstruktion außer- und übergesetzlicher Rechtsquellen in den Spielarten «Rasse», «Führerwille», Parteiprogramm und NS-Weltanschauung spricht für sich. Sie zeigt die Bedeutung einer klaren, für jeden praktisch tätigen Juristen faßbaren Lehre von den für die Richter verbindlichen Rechtsquellen. Die *siebte Lehre* lautet:

Nebulose neue Rechtsquellen, ungeachtet ihrer eindrucksvollen Etikettierung, aber auch Unklarheiten in ihrer Rangfolge, sind geeignete Mittel, den Inhalt der Rechtsordnung nach den Vorverständnissen der jeweiligen Rechtsanwender zu verändern.

Die interpretative Veränderung («Rechtserneuerung») der Rechtsordnung in der NS-Zeit zeigt als *achte Lehre* noch etwas anderes:

Richter schaffen Recht durch letztinstanzliche Entscheidungen. Die obersten Gerichte bestimmen letzten Endes, was in einem justizstaatlichen System geltendes Recht ist.

Dieses «Richterrecht der letzten Instanzen» ist ein in der deutschen Rechtslehre stark vernachlässigtes Phänomen. Seine Bedeutung wird, aus verschiedenen Gründen, teils verkannt, teils – vor allem von den letzten Instanzen selbst, und zwar wegen der darin enthaltenen verfassungsrechtlichen Brisanz – verharmlost. Das ist umso weniger verständlich, als die geltende Rechtsordnung, vor allem bei älteren Kodifikationen, ganz überwiegend aus solchem Richterrecht, nicht aus Gesetzesrecht besteht. Das Mischungsverhältnis wird deutlich an der Bedeutung der Entscheidungssammlung letztinstanzlicher Gerichte für die Feststellung, was in bestimmten Fragen geltendes Recht ist.

Die Anerkennung des «Gewohnheitsrechts» als einer eigenständigen Rechtsquelle in der traditionellen Rechtstheorie wirkt angesichts der Verleugnung des «Richterrechts» im gleichen Rang wie eine fromme oder auch absichtsvolle Selbsttäuschung. Das sog. Gewohnheitsrecht erhält seine Verbindlichkeit in aller Regel erst dadurch, daß es von der zuständigen letzten Instanz als geltend anerkannt wird. Genau betrachtet «gilt» das sog. Gewohnheitsrecht erst dann, wenn es letztinstanzlich als geltend anerkannt ist. Die *neunte Lehre:*

Das «Richterrecht» entfaltet gesetzesähnliche Wirkungen und damit «Geltung» von dem Zeitpunkt an, in dem die letzte Instanz erstmals so entschieden hat.

Die gerichtliche Umgestaltung der Rechtsordnung nach Systemwechseln, auch in der NS-Zeit, verschafft so Einsichten in die real «geltenden» und sprudelnden Rechtsquellen. Diese Einsichten sind auch für die staatsrechtliche Normallage, also für heute, bedeutsam.

IV. Die «Kuckuckseier» neuer Rechtswertvorstellungen – Zu den Generalklauseln und den unbestimmten Rechtsbegriffen

1. Gesetzliche Klauseln

In diesem Bereich hat die Rechtsentwicklung im Nationalsozialismus vorhandene rechtstheoretische Einsichten bestätigt und verstärkt.[6] Generalklauseln und unbestimmte Rechtsbegriffe sind «ein Stück offengelassener Gesetzgebung», also von der Gesetzgebung geplante Gesetzeslücken.[7] Zutreffend werden sie als «Delegationsnormen» bezeichnet, in denen der Gesetzgeber die Normsetzungsbefugnis auf den Rechtsanwender, also auf die letzte Instanz, überträgt.[8]

Die Bedeutung dieser Begriffskategorie besteht darin, daß alle Teilbereiche der gesetzlichen Rechtsordnung eine große Zahl solcher Generalklauseln und unbestimmter Rechtsbegriffe aufweisen. Genau betrachtet erweisen sich sehr viele, auf den ersten Blick scheinbar festgefügte und klare Begriffe als unbestimmt und vielfältiger Auslegung zugänglich. Besonders beachtenswert ist die große Zahl der Generalklauseln im Verfassungsrecht. Als Beispiele sind etwa die Begriffe der «Würde des Menschen» (Art. 1 GG), der Gleichheit und Gleichberechtigung (Art. 3 GG) oder des «sozialen» Staates (Art. 20 Abs. 1 u. 28 Abs. 1 GG) zu nennen. Speziell im Grundrechtsteil der Verfassung sind nahezu alle Gewährleistungen der Verfassung in generalklauselartiger Weite und Unbestimmtheit formuliert. Entsprechend groß sind die Interpretationsmöglichkeiten, insbesondere wenn die Rechtsanwendung bewußt auf das Aufsuchen «alternativer» Deutungsmöglichkeiten ausgerichtet und durch entsprechende ideologische Anleitungsstrategien beeinflußt wird.

2. Außergesetzliche Klauseln

Eine zusätzliche Erfahrung der interpretativen Rechtsentwicklung und -umdeutung im Nationalsozialismus läßt sich als *zehnte Lehre* so formulieren:

---

[6] Vgl. B. Rüthers, Die unbegrenzte Auslegung – Zum Wandel der Privatrechtsordnung im Nationalsozialismus, 2. Aufl., Frankfurt a. M. 1973, S. 214 ff.

[7] Vgl. J. W. Hedemann, Die Flucht in die Generalklauseln – Eine Gefahr für Recht und Staat, Tübingen 1933, S. 58.

[8] Ph. Heck, Grundriß des Schuldrechts, Tübingen 1929, § 4.1.

Die Gerichte können neben den gesetzlichen auch außergesetzliche Generalklauseln richterrechtlich entwickeln. Das geschieht dort, wo der Rechtsanwender einen neuen, im Gesetz nicht vorhandenen, aber erwünschten Bewertungsmaßstab auf eine griffige, für die Gerichtspraxis weit über den Streitfall hinaus verwendbare Formel bringt. Außergesetzliche Generalklauseln eignen sich besonders gut als Rechtsfortbildungsinstrumente (Beispiel: «Sozialadäquanz») und als «Kampfklauseln» gegen überkommene, als obsolet empfundene Gesetze (Beispiele: «Gesundes Volksempfinden», «volksgenössische Rechtsstellung» oder «Rechtsstandschaft» contra § 1 BGB).

Die «Fallnorm» der erstmaligen Anwendung wird dann unter einer einprägsamen Bezeichnung für ganze Gruppen gleicher oder ähnlicher Fälle analog einer Gesetzesvorschrift verwendbar gemacht.

Im Nationalsozialismus wurden solche außergesetzlich entwickelten, richterrechtlichen Generalklauseln in der Regel als «Kampfklauseln» zur Verdrängung des überkommenen Gesetzesrechts verwendet.

Als außergesetzliche, richterrechtliche Generalklauseln dieser Art wurden in der NS-Zeit etwa die Argumente mit der (Nicht-)Zugehörigkeit zur «Betriebsgemeinschaft», zur «Volksgemeinschaft», zur (arischen) «Hausgemeinschaft» verwendet. Die rassische Nichtzugehörigkeit oder das «Sich-selbst-Ausschließen» aus solchen Gemeinschaften durch «feindliches Verhalten» wurde als Begründung der gesetzlich nicht gerechtfertigten Auflösung von Dauerschuldverhältnissen (Arbeitsverhältnis, Gesellschaft, Miete) verwendet.[9]

Richterrechtlich entwickelte, außergesetzliche Generalklauseln sind auch in der rechtsstaatlichen Normallage eines Justizsystems üblich und vielleicht sogar unentbehrlich, insbesondere bei starkem sozialen Wandel und bei einem zurückhaltenden oder untätigen Gesetzgeber. Als Beispiel sind die Beurteilungsmaßstäbe des richterlichen Arbeitskampfrechts zu nennen, etwa die (inzwischen überholte) «soziale Adäquanz» oder das heute zentrale Kriterium der «Verhältnismäßigkeit» von Arbeitskampfmaßnahmen sowie die Grundsätze der «Kampfparität» oder «Waffengleichheit» und der «ultima ratio».[10]

Vergleichbare richterrechtliche Generalklauseln lassen sich für alle Rechtsgebiete, besonders auch für das Verfassungsrecht nachweisen. Ihre reale, inhaltsbestimmende Bedeutung für das (jeweils) als geltend angewendete Recht in gesellschaftlich und/oder politisch veränderten Situa-

---

[9] Vgl. B. Rüthers, Die unbegrenzte Auslegung – Zum Wandel der Privatrechtsordnung im Nationalsozialismus, 2. Aufl., Frankfurt a. M. 1973, S. 255 ff.

[10] Vgl. BAGE 23, 292; H. Brox/B. Rüthers, Arbeitskampfrecht, 2. Aufl., Stuttgart/ Berlin/Köln/Mainz 1982, Rdnrn. 122 ff., 130 ff.

tionen ist groß. Richterrechtlich entwickelte, außergesetzliche General-klauseln verdienen daher aus rechtstheoretischer, methodischer und verfassungsrechtlicher Sicht (Gewaltentrennung und Gesetzesbindung) ständige kritische Aufmerksamkeit.

V. Der Interpret als Gesetzgeber –
Zum Rechtsdenken in «konkreten Ordnungen» und
«konkret-allgemeinen Begriffen»

1. Die Aktualität der Analyse funktionaler Gemeinsamkeiten

Die Denkmuster der konkreten Ordnungen und der konkret-allgemeinen Begriffe werden unter diesen Bezeichnungen heute nur noch vereinzelt fortgeführt. Das könnte zu dem Schluß verleiten, sie seien in ihrer schillernden Multivalenz erkannt und wegen ihrer Eignung zu politisch-ideologischen Mißbräuchen obsolet geworden. Eine solche Folgerung wäre unzutreffend. Beide Denkmuster leben – teilweise unter anderen begrifflichen Etiketten – fort. Die Analyse ihrer Funktionsweisen ist daher nicht nur historisch, sondern aktuell bedeutsam.

KOD und kaB haben, wenn man ihre Wirkungsweise näher betrachtet, viele Gemeinsamkeiten.

Beide dienten dazu, die überkommenen Rechtsgrundbegriffe (Person, Rechtsfähigkeit, subjektives Recht, Vertrag, Eigentum etc.) im Sinne der Weltanschauung des Nationalsozialismus umzudeuten. *Recht*erneuerung durch *Begriff*erneuerung war das Programm, unter dem die (scheinbar) neuen Denkfiguren eingeführt wurden.

2. Die neue Normativität des Faktischen

Der erste Weg zu diesem Ziel führte über eine Öffnung aller Begriffe für neue Wirklichkeiten. Für beide Lehren galt die Annahme, daß das wirklich Bestehende nicht nur «vernünftig» im Sinne der von Schmitt und Larenz gemeinsam verehrten Philosophie Hegels sei. Das *Wirkliche*, rechtlich gesehen also die etablierte soziale und/oder politische Machtlage, wurde für normativ verbindlich erklärt, vor dem die Norm (der verpönte «Normativismus») zu kapitulieren hatte.

Die Norm, so hieß es jetzt für das kOD, schafft nicht die Ordnung; sie hat vielmehr

> «. . . nur auf dem Boden und im Rahmen einer gegebenen Ordnung eine gewisse (!) regulierende Funktion mit einem relativ kleinen Maß in sich selbständigen, von der Sache unabhängigen Geltens.»[11]

---

[11] C. Schmitt, Drei Arten, S. 13

Ganz ähnlich sagt Larenz für das Denken in kaB:

«Die Lebensverhältnisse sind daher, *sofern sie Gemeinschaftscharakter tragen*, schon mehr als ‹bloße Faktizität›; sie enthalten insofern bereits einen Maßstab für das Verhalten des Einzelnen, der sich in diesen Lebensverhältnissen befindet.»[12]

Die «wirkliche Lebensordnung des Volkes», die «völkische Gesamtordnung» wird als «Recht» definiert.[13] Von der «Volksgemeinschaft» heißt es, daß sie «ihrem eigentlichen Wesen (!) und Kerne nach ... die Grundgesetze ihres Daseins als den Ausdruck der völkischen Eigenart in sich trägt ...»[14]

Entscheidend ist das rechtstheoretische Rangverhältnis zwischen Wirklichkeit und Recht, das hier verkündet wird: Wirklichkeit schafft Recht.

Hilfsmittel für diese Öffnung des Rechts zur Faktizität sind die Begriffe «Typus» und «Typenreihe», die den wirklichkeitsbezogenen Ansatz für die Konstruktion konkret-allgemeiner Begriffe bilden. Niemand wird leugnen wollen, daß es in den jeweiligen Lebensbereichen Gruppen gleichartiger Erscheinungen (Typen) und ferner andere Gruppen mehr oder weniger ähnlicher Erscheinungen (andere Typen) gibt. Aus dieser Beobachtung lassen sich in der Tat Reihen ähnlicher Erscheinungen (Typenreihen) bilden. Solange die Begriffe Typus und Typenreihe als Mittel der Darstellung und der systematischen Erfassung und Ordnung der Lebenswirklichkeit, also des potentiellen «Regelungsstoffes» eingesetzt werden, sind sie sehr nützlich, vielleicht sogar unverzichtbar. Ihre Funktion wird grundlegend verändert, wenn sie nicht zur Beschreibung von Fakten, sondern zur Erzeugung von Geboten eingesetzt werden. Die *elfte Lehre* aus der NS-Zeit lautet:

Das institutionelle Rechtsdenken liefert wissenschaftlich klingende Scheinargumente. Der juristische Irrweg institutionellen Rechtsdenkens beginnt dort, wo die in «Typen» beschriebene Wirklichkeit ihrerseits als normativ verbindlich aufgefaßt wird: Weil etwas so ist, soll es auch so sein. Das Faktum wird zum Gebot erhoben.

«Typus» und «Typenreihe» gewinnen plötzlich normative Autorität, bekommen Geltungsanspruch. Aus wissenschaftlichen Darstellungs- und Ordnungsbegriffen werden über den Zauberstab des kOD und der kaB Gebote, verbindliche Rechtsnormen. Das ist nichts anderes als eine Zweckvertauschung der Begriffe im Stil der technischen Begriffsjurisprudenz. Der Vertauschung der Begriffszwecke entspricht eine Vertau-

---

[12] K. Larenz, Über Gegenstand und Methode des völkischen Rechtsdenkens, Berlin 1938, S. 28.
[13] K. Larenz, a. a. O., S. 10 f. u. 27.
[14] K. Larenz, a. a. O., S. 27.

schung der Funktionen und Kompetenzen bei der Normsetzung: Der Entdecker der jeweiligen «konkreten Ordnung», der Schöpfer oder Interpret des «konkret-allgemeinen Begriffs» tritt an die Stelle des Gesetzgebers. Seine Deutungen der Ordnungen und Begriffe erheben Geltungsansprüche wie, besser als verbindliche Rechtsnormen.

Die Begriffsmystik überdeckt nur mühsam die Proklamation der neuen Normativität des Faktischen. Die mystische normative Überhöhung des «Wirklichen», der «völkischen Lebensordnung» stand im Dienste sehr realer politischer Zwecke.

3. Die neue Normativität des Ideologischen

Der polemische Sinn der neuen Denkfiguren war eindeutig gegen den «alten Geist» der überkommenen Rechtsordnung: Das gesamte deutsche Recht und seine Anwendung mußte nach Carl Schmitt «vom Geist des Nationalsozialismus beherrscht sein»,[15] dessen Substanz er in der «auf Artgleichheit gegründete(n) Ordnung eines Volkes» sah.[16] Die zwölfte Lehre aus den Erfahrungen der NS-Zeit:

> Das Kennzeichnende institutioneller Rechtsbegründungen sowohl des kOD als auch der kaB ist der Umstand, daß alle «Ordnungen», «Typen» und Lebensverhältnisse ihren eigentlichen Sinn, ihre Aufgabe, ihr «Wesen» und die daraus abzuleitenden rechtlichen Beurteilungsmaßstäbe aus einem übergreifenden weltanschaulichen Zusammenhang zugewiesen bekommen.

Dafür werden abwechselnd, wie bereits beschrieben, die nationalsozialistische Weltanschauung, der Geist des Nationalsozialismus, die völkische Gesamtordnung, die auf Artgleichheit gegründete Volksgemeinschaft und ähnliche ideologische Kategorien genannt.[17] Das so definierte «größere sinnbestimmte Ganze» der völkischen Lebensordnung gibt dann allen einzelnen konkreten Ordnungen, Typen, Typenreihen und Begriffen ihren Sinn, ihre Aufgabe und ihre Rechtsgebote. Die Totalität der Weltanschauung, die über beide Denkfiguren als verbindlicher Inhalt des Rechts ausgegeben wird, führt zu einer totalen Ideologisierung aller Rechtsgebiete.

Gerade diese schrankenlose Aufnahmefähigkeit und Umwandlungskraft der beiden Denkfiguren (kOD und kaB) für gewandelte politische und ideologische Wertvorstellungen machte objektiv ihre besondere Eignung für die völkische Rechtserneuerung nach 1933 aus. Diese ebenso

---

[15] C. Schmitt, Nationalsozialismus und Rechtsstaat, JW 1934, 713 (717).
[16] C. Schmitt, Der Weg des deutschen Juristen, DJZ 1934, Sp. 691 (698).
[17] Vgl. oben Erster Teil unter C. IV. 3. e) und V. 4. b).

schnelle und mühelose wie scheinbar rechtstheoretisch «logische» Anpassungsfähigkeit der Auslegungsergebnisse an die jeweils gewünschten ideologischen Tendenzen des herrschenden politischen Systems ist das kennzeichnende Merkmal beider Denkweisen. Hier liegt die eigentliche rechtspolitische, «normerzeugende» Leistungsfähigkeit der Argumentation aus «konkreten Ordnungen» oder «konkret-allgemeinen Begriffen». Die Meinung der Herrschenden wird behende und vorbehaltlos in die «herrschende Meinung» von Wissenschaft und Rechtsprechung umgewandelt. Carl August Emge, der sich selbst aus rechtsphilosophischer Sicht der völkischen Rechtserneuerung angenommen hatte,[18] kam in seinem kritischen Alterswerk «Philosophie der Rechtswissenschaft» zu einer für seine Generation bemerkenswert realistischen Sicht, die er in einer ironisch-zynischen Parabel ausdrückte:

> Der Machthaber steht schmunzelnd neben dem Automaten, aus dem der Jurist, nach allerlei wichtigen Manipulationen, nach genauem Studium der Gebrauchsanweisung schließlich die Bonbons herauszieht, die der Inhaber des Automaten und Verleiher, der Machthaber, vorher hineingesteckt hat.»[19]

Emge wußte, wovon er sprach, hatte er doch selbst «Ideen zu einer Philosophie des Führertums»[20] entwickelt und zu der gewünschten völkischen Rechtserneuerung literarisch beigetragen. Durch politische Gewalthabe legitimierte Ideologien lassen sich über kOD und kaB problemlos in geltendes Recht umsetzen.

VI. Das «institutionelle» Rechtsdenken damals und heute

1. Die historischen Wurzeln

Die geistesgeschichtliche Grundlage des Denkens in «konkreten Ordnungen» und «konkret-allgemeinen Begriffen» ist der Institutionalismus. C. Schmitt nimmt in seiner Programmschrift für das kOD «Über die drei Arten des rechtswissenschaftlichen Denkens»[21] neben der Anführung einer ehrfurchtgebietenden Ahnenreihe von Luther über Hölderlin, Fichte,

---

[18] C. A. Emge, Die Aufgaben einer neuen Rechtsphilosophie, JW 1933, 2104; ders., Über die Beziehungen der nationalsozialistischen Bewegung zu Rechtswissenschaft und Recht, DR 1934, 31; ders., Ideen zu einer Philosophie des Führertums, in: C. A. Emge (Hrsg.), Rudolf Stammler, Festschrift zu seinem 80. Geburtstag am 19. Februar 1936, Berlin 1936.
[19] C. A. Emge, Philosophie der Rechtswissenschaft, Berlin 1961, S. 232.
[20] Berlin 1936.
[21] Hamburg 1934.

Savigny und Schelling bis Hegel[22] ausdrücklich auf Maurice Hauriou[23] (1856–1929) Bezug.[24] Seine Theorie der juristischen Institutionen sah er als den «ersten systematischen Versuch einer Wiederherstellung des konkreten Ordnungsdenkens» an.[25] Schmitt erwähnt nicht den Schüler Haurious, damals Hauptvertreter der institutionellen Schule in Frankreich, Georges Renard.[26]

Die Institutionentheorie und das institutionelle Rechtsdenken haben mehrere historische Wurzeln. Beide gehen von bestimmten, gleichsam äußerlich wahrnehmbaren sozialen Erscheinungen des Rechts («gestalthaften Rechtsgebilden») aus. Als Beispiele werden heute oft die Phänomene «Person», «Familie», «Ehe», «Vertrag», «Wettbewerb», «Arbeitsverhältnis», «Verbände», «Tarifautonomie», «Arbeitskampf», «Presse», «Staat» genannt.

Juristisch wie politisch interessant wird der im Sprachgebrauch unscharfe «Instituts»- oder «Institutions»-Begriff vor allem dadurch, daß er den Inhaltswandel dieser Einrichtungen im Verlauf sozialer, technischer, ökonomischer und politischer Änderungsprozesse umfaßt. Er verbindet also auf eine scheinbar «rationale» Weise die Stabilität und die Dynamik der bezeichneten Einrichtungen.

Gepflegt wurde die Institutionenlehre zunächst im römischen Recht und in der dieser Tradition verpflichteten historischen Rechtsschule.[27] Die Anwendung weit mehr als tausendjähriger Rechtsregeln auf die gewandelten Probleme im Privatrechtsverkehr des 19. Jahrhunderts machten ein dynamisches Rechtsverständnis und eine entsprechend «freie» Theorie der Rechtsanwendung notwendig. Von dort aus wurden viele bedeutende Autoren «institutionell» beeinflußt, etwa F. J. Stahl, L. v. Stein, M. Hauriou, S. Romano, O. Mayer, F. Fleiner, E. Kaufmann.

Die Grundlinien dieses institutionellen Denkansatzes, übertragen auf die Probleme der Rechtswissenschaft, habe ich in zwei früheren Publikationen dargestellt und analysiert.[28]

---

[22] C. Schmitt, Drei Arten, S. 7, 42, 44ff.

[23] Vgl. dazu R. Schnur (Hrsg.), Die Theorie der Institution und zwei andere Aufsätze von Maurice Hauriou, Berlin 1965; das Buch enthält die deutsche Übersetzung der wichtigsten Beiträge von Hauriou zu dessen Institutionenlehre.

[24] C. Schmitt, Drei Arten, S. 21, 54ff.

[25] C. Schmitt, Drei Arten, S. 54.

[26] Vgl. G. Renard, La Theorie de l'Institution I, Paris 1930; ders., L'institution: Fondement d'une renovation de l'ordre social, Paris 1931.

[27] Vgl. Fr. C. v. Savigny, System des heutigen römischen Rechts I, Berlin 1840, § 5 (S. 9ff.).

[28] B. Rüthers, Die unbegrenzte Auslegung – Zum Wandel der Privatrechtsordnung im Nationalsozialismus, 2. Aufl., Frankfurt a. M. 1973, S. 277–293; ders., Institutionelles Rechtsdenken im Wandel der Verfassungsepochen, Bad Homburg v. d. H./Berlin/Zürich 1970, jetzt im Neudruck unter dem Titel: Wir denken die Rechtsbegriffe um ... – Weltanschauung als Auslegungsprinzip, Zürich 1987.

2. Die sozialwissenschaftlichen Theorien

Die wesentlichen Anstöße zu einer institutionellen Betrachtungsweise von Problemen der Rechtstheorie und der Rechtsanwendungslehre haben zunächst soziologische Untersuchungen gegeben, vor allem Arbeiten von Gurvitch,[29] Gehlen[30] und Schelsky.[31]

Maßgebliche Ursache für das Interesse der Soziologen an der Institutionen-Thematik war wiederum – ähnlich wie vorher in der historischen Rechtsschule – die (allerdings erheblich gesteigerte) Dynamik des sozialen Wandels. Die Industriegesellschaft im Umbruch schrie geradezu nach Elementen der (scheinbaren?) Stabilität. Institutionen hatten diesen Anschein.

Die soziologische Theorie der Institution hat zutreffend herausgearbeitet, daß es in jeder Gesellschaft Verhaltensmuster und Rollenverteilungen der Menschen in überschaubaren und abgesonderten Lebensbereichen gibt, etwa die Ehe, das Arbeitsverhältnis, das Eigentum, die Aktiengesellschaft, Gewerkschaften, Parteien oder den Staat. Die von der Tradition und/oder vom gesellschaftlichen Konsens gestützten und bestärkten Verhaltensweisen prägen mehr oder weniger festgefügte Gebilde, «Einrichtungen», «Institute» oder «Institutionen» aus, die wechselseitiges Vertrauen auf ein bestimmtes Rollenverhalten der Menschen («Partner») untereinander begründen. Die «Institution» in diesem soziologischen Sinne hat für die in ihr lebenden Menschen sowohl Anleitungs- wie Entlastungsfunktionen. Der einzelne weiß, was er «institutionsgemäß» zu tun hat, was also von ihm erwartet wird, und was er selbst von seinen Mitmenschen dementsprechend erwarten kann.

Die soziologischen Untersuchungen zu Begriff und Funktion der so als «Verschnaufpausen des sozialen Wandels» verstandenen Institutionen haben in der Regel den realen Gesamtkomplex der jeweiligen Einrichtung im Blick.[32] Der Begriff ist allerdings auch hier – wie in der juristischen Literatur bei allen Autoren – schillernd. Betrachtet man die am häufigsten strapazierten Beispiele (Ehe, Familie, Eigentum, Tarifautonomie, Presse), so fällt auf, daß sie, je nach dem gewählten Blickpunkt, mindestens drei verschiedene Elemente und Bezugszusammenhänge aufweisen, nämlich

---

[29] Les idées maîtresses de M. Hauriou, Archives de philosophie du droit et de sociologie juridique 1931, 155 ff.
[30] Urmensch und Spätkultur, 3. Aufl., Frankfurt a. M. 1975, S. 33 ff., 205 ff., 254 ff.
[31] Über die Stabilität von Institutionen, besonders Verfassungen, Jahrbuch für Sozialwissenschaft, Bd. 3 (1952), S. 1; ders., Die Aufgaben einer Familiensoziologie in Deutschland, Kölner Zeitschrift für Soziologie, 1949/1950, 218 (238 ff.).
[32] Vgl. etwa A. Gehlen, Urmensch und Spätkultur, 3. Aufl., Frankfurt a. M. 1975, S. 33 ff.

– einen Faktenzusammenhang, der die «Lebenseinheit» oder die «soziale Realität» ausmacht,
– einen Ideen- oder Sinnzusammenhang, der die «Aufgabe», die «Moral» und den «Wert» der Institution für die «Gesamtordnung» bestimmt,
– einen Normzusammenhang, der die Rechte und Pflichten der Beteiligten gesetzlich festlegt.

Man muß also drei Seiten des Institutionsbegriffes bedenken, wenn man ihn verwendet,
– die faktische,
– die ideologische oder weltanschauliche und
– die normative.

Behält man diese Komplexität voll im Blick, dann beschreibt der so vor allem in der Sozialwissenschaft verwendete Institutionsbegriff das reale Vorhandensein solcher Gebilde in ihrer Mehrschichtigkeit.

In der juristischen Theorie des «institutionellen Rechtsdenkens» geht diese Komplexität oft verloren. Ein einzelner der drei genannten Aspekte wird verabsolutiert oder bekommt eine einseitige Vorherrschaft. Das geht bis zur Spaltung in drei verschiedene Begriffe, nämlich

      eine faktische   Institution
      eine ideologische Institution
      eine normative   Institution.

Der Begriffsverwender sucht sich gleichsam den Teil der Realität aus und verselbständigt ihn, den er für seine (rechtspolitisch vorbestimmten) Verwendungszwecke für geeignet hält. Die gedrittelte Realität wird dann leicht zum Zerrbild der Wirklichkeit.

3. Von der «Leitidee» der Institutionen zur Herrschaft der Weltanschauung

Aus der soziologischen *Beschreibung* der Wirklichkeit wird bei der Übernahme des Institutionsbegriffs in die Rechtswissenschaft sehr oft die Ableitung einer *normativen Gestaltung*. Aus dem *«Sein»* wird unversehens ein *«Sollen»*. Den Institutionen wird jetzt, schon bei Hauriou, eine normativ wirkende «Leitidee» («idée directrice») zugeschrieben. Kraft dieser Leitidee gewinnen die Institutionen das Moment der historischen Dynamik und der inhaltlichen Wandelbarkeit. Die *Institutionen* sind es, welche Rechtsnormen schaffen, nicht etwa umgekehrt schafft der Gesetzgeber mittels seiner Gesetze die Institutionen.[33] Entscheidend ist dabei,

---

[33] Vgl. M. Hauriou, Die Theorie der Institution und der Gründung (Essay über den sozialen Vitalismus), in: R. Schnur (Hrsg.), Die Theorie der Institution und zwei andere Aufsätze von M. Hauriou, Berlin 1965, S. 27 (65).

daß jede Rechtsnorm auf das «soziale Ganze» bezogen wird und nur in ihm ihren realen Inhalt erfährt.[34]
Entscheidend ist die These von der normsetzenden, rechtserzeugenden Kraft der Institutionen. Sie ermöglicht beide Wege, nämlich einmal die Normativität des Ideologischen, wenn die «Leitidee» («idée directrice») auf eine (historisch wandelbare) Weltanschauung, Religion oder eine andere sozialphilosophische Metaphysik bezogen wird. Das Ergebnis liegt auf der Hand: Es kann als die *dreizehnte Lehre* aus der NS-Zeit gelten:

Die jeweils herrschende – oder aus der Sicht des institutionell argumentierenden Rechtsanwenders bevorzugte – Ideologie bestimmt den «institutionellen» Inhalt des Rechts.

Maßgeblich ist nicht mehr das Gesetz, schon gar nicht der normative, zwecksetzende Wille des Gesetzgebers, sondern der «übergeordnete Zusammenhang», an den die Rechtsordnung über die «Leitideen» der Institutionen angeschlossen wird und aus dem sie sodann ihre «konkreten» Zwecke und Normen vorgeschrieben bekommt.

Die juristische Institutionenlehre lebt von diesem außerjuristischen, transzendentalen Bezug.[35] Jede Rechtseinrichtung, ja jede einzelne Rechtsfrage wird in eine vorausgesetzte «Ganzheit», in eine umfassende Weltdeutung eingeordnet. Aus dieser Ganzheit werden dann ihre Zweckbestimmung und die zugehörigen ganzheitsbezogenen Rechte und Pflichten «abgeleitet». Alles Recht wird «ganzheitsbezogenes» Recht. Diese «Ganzheiten» können sich in kurzer Zeitfolge grundlegend ändern. Am Beispiel der Rechtsprechung zum «Wesen der Ehe» des Reichsgerichts nach 1938 sowie des Bundesgerichtshofs und des Obersten Gerichts der DDR nach 1950 auf der Grundlage derselben Gesetzesvorschriften läßt sich anschaulich nachweisen:[36] Sinn und Aufgaben der Ehe folgten
– für das Reichsgericht aus der «... klaren, alle Lebensgebiete ergreifenden Weltanschauung ...»[37] des Nationalsozialismus,
– für den Bundesgerichtshof aus einer unangreifbar vorgegebenen, den Sinn jedes Einzelschicksals bestimmenden Sittenordnung,[38]
– für das Oberste Gericht der DDR, solange dort das Ehegesetz 1946

---

[34] Vgl. M. Hauriou, a. a. O., S. 27 (35).
[35] Vgl. kritisch schon F. Neumann, Behemoth, Struktur und Praxis des Nationalsozialismus 1933–1945, Deutsche Ausgabe Fischer Taschenbuch 4306, Frankfurt 1984, S. 519f.
[36] Vgl. zu diesem Thema B. Rüthers, Wir denken die Rechtsbegriffe um ... – Weltanschauung als Auslegungsprinzip, Zürich 1987.
[37] Frantz, Richtung und Grundgedanken der reichsgerichtlichen Rechtsprechung zum Ehegesetz, DR 1941, 1028 (1029).
[38] BGH LM 35, 39 zu § 48 Abs. 2 EheG 1946; vgl. ferner BGHZ 18, 14 (17) u. BGH LM 20 zu § 48 Abs. 2 EheG 1946 und BGHZ 40, 239 (249).

galt, aus der «antifaschistisch-demokratischen (lies: sozialistischen) Ordnung» im neuen Staat.[39]

Alle drei «institutionell» abgeleiteten Wesensdeutungen der Ehe zeigen, daß und in welchem Umfang der einzelne Mensch und seine Rechtsfragen in einen ideologisch oder religiös gedeuteten Gemeinschaftsbezug eingebunden werden. Das Recht wird in ein «Gemeinschaftsrecht» verwandelt. Die Gemeinschaftsideologie bestimmt dominant, welchen Freiheitsraum der Einzelne haben darf.

Die Gemeinschaftsgebundenheit aller Rechtspositionen ist dann jeweils so umfassend oder auch «total», wie es die gerade herrschende Gemeinschaftsideologie vorschreibt.

Aus allem folgt schließlich die Feststellung: Herr über den Inhalt des Rechts ist im Geltungsbereich des «institutionellen» Rechtsdenkens derjenige, der über den «Anschluß» der «Institutionen» (kOD, kaB, Wesensargumente etc.) an die jeweils maßgebliche «übergeordnete Ganzheit» (Ideologie, Religion, Sozialphilosophie) entscheidet. Die Annahme, von den Institutionen selbst gehe eine rechtsbildende Kraft aus, ist eine Täuschung oder Selbsttäuschung der institutionellen Rechtsdenker: Die *vierzehnte Lehre* aus der NS-Zeit besagt:

Die These von der normsetzenden Kraft der «Institutionen» läuft, real gesehen, auf eine Verlagerung der Gesetzgebungsbefugnisse vom Gesetzgeber auf die Rechtsanwendungsinstanzen hinaus. Sie läßt sich auf die Formel bringen:
Alle Normsetzungsmacht den Interpreten.

Das Recht setzt der, der die Befugnis hat, Institutionen zu interpretieren.

Nicht ganz überraschend gerät eine Jurisprudenz, die so verfährt, in eine offene Gesellschaft von vermeintlich rechtsanwendenden, in Wahrheit gesetzgebend tätigen Institutionendeutern.

4. Die offene und verdeckte Fortführung institutioneller Denkweisen nach 1945

a) Offener Institutionalismus

(1) Verfassungsrecht

Das Problem einer durch sozialen oder politischen Wandel bedingten Spannung zwischen Recht und Wirklichkeit, zwischen Norm und Normsituation ist ein unentrinnbares Dauerproblem der Jurisprudenz und der Gerichtspraxis. Bisweilen finden sich in der juristischen Literatur Vertreter der Auffassung, die Lehren vom «konkreten Ordnungsdenken» sowie vom «konkret-allgemeinen Begriff» könnten auch heute noch –

---

[39] OGZ 1, 72 (77).

unbeschadet der «zeitbedingten Irrtümer» in der nationalsozialistischen Vergangenheit – vertretbare rechtstheoretische und rechtsmethodische Lösungen dieses Problems bieten.[40]

Das Argumentieren aus einem außerpositiven, also faktischen oder «ideologischen», nämlich auf übergreifende Sinnzusammenhänge gegründeten Institutionsbegriff ist nach 1945 sehr bald wieder üblich geworden. Dabei hat, vielleicht wegen des besonders großen Interpretationsbedarfs, das Verfassungsrecht eine gewisse Vorreiterrolle übernommen.[41] Die schillernden, nebelhaften[42] bis mystischen Konturen dieses Institutionsbegriffs werden deutlich, wenn die Institutionen bezeichnet werden als «. . . relativ stabile, relativ dynamische Gestalten in der Zeit» und als «. . . geschichtlich gewordene und sich ständig erneuernde Wirklichkeiten».

Sie haben erstaunliche Fähigkeiten, denn «sie vermitteln Vergangenheit in die Zukunft, sie retten Gedankengut, die idées, in die Gegenwart hinüber.[43] So gesehen sind sie zwar erfüllte Wirklichkeiten, indessen zugleich immer unterwegs.»[44]

---

[40] Zum konkreten Ordnungsdenken vgl. etwa A. Kaufmann, Analogie und «Natur der Sache» – Zugleich ein Beitrag zur Lehre vom Typus, 2. Aufl., Heidelberg 1982, S. 12ff.; J. H. Kaiser, Die Parität der Sozialpartner, Karlsruhe 1973, S. 24ff.; E.-W. Böckenförde, Stichworte: «Normativismus» und «Ordnungsdenken, konkretes», in: J. Ritter/K. Gründer (Hrsg.), Historisches Wörterbuch der Philosophie, Bd. 6, Basel und Stuttgart 1984, Sp. 932f. und 1312ff.; zum Denken in «konkret-allgemeinen Begriffen» vgl. K. Larenz, Methodenlehre der Rechtswissenschaft, 1. Aufl., Berlin/Göttingen/Heidelberg 1960, S. 322ff., 353ff.; ders., Allgemeiner Teil des deutschen bürgerlichen Rechts, 1. Aufl., München 1967, S. 56 zum Personbegriff und S. 107ff. zum metaphysischen Ehebegriff. In den späteren Auflagen beider Bücher wurde die Bezugnahme auf die konkret-allgemeinen Begriffe und ihre hegelianische Ableitung stark reduziert; vgl. etwa K. Larenz, Methodenlehre der Rechtswissenschaft, 5. Aufl., Berlin/Heidelberg/New York/Tokio 1983, S. 440–443. Das Grundkonzept wird jedoch jetzt in «Typen und Typenreihen» fortgeführt, vgl. a. a. O., S. 443–454.

[41] Vgl. etwa E. Forsthoff, Lehrbuch des Verwaltungsrechts, Bd. I, 10. Aufl., München 1973, S. 164ff.; P. Häberle, Die Wesensgehaltgarantie des Art. 19 Abs. 2 Grundgesetz, zugleich ein Beitrag zum institutionellen Verständnis der Grundrechte und zur Lehre vom Gesetzesvorbehalt, 1. Aufl., Karlsruhe 1962; ders., Allgemeine Staatslehre, Verfassungslehre oder Staatsrechtslehre?, Zeitschrift für Politik, Bd. 12 (1965), 381 (392ff.); – kritisch dazu B. Rüthers, Wir denken die Rechtsbegriffe um . . . – Weltanschauung als Auslegungsprinzip, Zürich 1987; N. Luhmann, Grundrechte als Institution, Berlin 1965; G. Abel, Die Bedeutung der Lehre von den Einrichtungsgarantien für die Auslegung des Bonner Grundgesetzes, Berlin 1964; E. v. Hippel, Grenzen und Wesensgehalt der Grundrechte, Berlin 1965.

[42] K. A. Bettermann, Rundfunkfreiheit und Rundfunkorganisation, DVBl 1963, 41 (42).

[43] Oder herüber?

[44] Die vorgenannten Zitate sämtlich bei P. Häberle, Allgemeine Staatslehre, Verfassungslehre oder Staatsrechtslehre?, Zeitschrift für Politik, Bd. 12 (1965), 381 (393); zur Auslegungstheorie von P. Häberle vgl. ders., Die offene Gesellschaft der Verfassungsinterpreten, JZ 1975, 297.

Die sprachliche Einkleidung dieses Versuches einer Definition und Funktionsbeschreibung weist deutliche Parallelen auf zu den nebulosen Umschreibungen des «konkreten Ordnungsdenkens» und der «konkret-allgemeinen Begriffe». Eine unwillkürliche oder gewollte Unklarheit der Begriffe scheint zu den Eigenheiten des institutionellen Rechtsdenkens zu gehören.

(2) Zivilrecht
Auch im Zivilrecht hat die «institutionelle» Methode eine unbeirrte Gefolgschaft, und zwar sowohl bezüglich der faktischen wie der außerpositiv-metaphysisch vorgegebenen Institutionen.[45]

Bemerkenswert ist dabei das gelegentlich offene Bekenntnis zu den außerpositiven, vor- oder übergesetzlichen Strukturelementen der institutionellen Ableitungen von Rechtsfolgen. So wird etwa von L. Raiser gegen den *gesetzestreuen* Institutionsbegriff, also die Ableitung der Rechtsfigur ausschließlich aus dem geltenden Recht, der Vorwurf erhoben, er sei eine vordergründige rechtstechnische Verkümmerung gegenüber dem Vollbegriff der Institution.[46]

Gerade hier liegt der Streitpunkt. Was das sog. institutionelle Rechtsdenken bei der Rechtsanwendung nach den Grundsätzen einer rational kontrollierten und kontrollierbaren Rechtstheorie und Methodenlehre zu leisten vermag, läßt sich mit dem traditionellen Begriff der *«systematischen Auslegung»* aus der Summe der einschlägigen geltenden Rechtssätze bezeichnen.[47]

Jenseits dieser Grenze beginnt terminologisch gesehen die Begriffszauberei, funktional die Inanspruchnahme normsetzender Kompetenzen durch den Interpreten, ohne daß dieser bereit ist,

---

[45] Vgl. K. Larenz, Lehrbuch des Schuldrechts, Bd. I, Vorwort zur 1. Aufl., München und Berlin 1953; ders., Methodenlehre der Rechtswissenschaft, 1. Aufl., Berlin/Göttingen/Heidelberg 1960, S. 327 ff.; W. Müller-Freienfels, Ehe und Recht, Tübingen 1962, S. 58 ff.; L. Raiser, Rechtsschutz und Institutionenschutz im Privatrecht, in: Summum ius – summa iniuria, Individualgerechtigkeit und der Schutz allgemeiner Werte im Rechtsleben, hrsg. von der rechtswissenschaftlichen Abteilung der Rechts- und Wirtschaftswissenschaftlichen Fakultät der Universität Tübingen, 1963, S. 145 ff.; W. Geiger, Die Eigentumsgarantie des Artikels 14 (Grundgesetz) und ihre Bedeutung für den sozialen Rechtsstaat, in: Eigentum und Eigentümer in unserer Gesellschaftsordnung, Veröffentlichungen der Walter-Raymond-Stiftung, Bd. 1, Köln und Opladen 1960, S. 185 (191, 199).

[46] L. Raiser, a. a. O., S. 147 ff.; E. Forsthoff, Lehrbuch des Verwaltungsrechts, Bd. 1, 10. Aufl., München 1973, S. 166, hält den Begriff insoweit für «positivistisch verflacht»; widersprüchlich ders., Zur Problematik der Verfassungsauslegung, Stuttgart 1961, passim.

[47] Vgl. B. Rüthers, Wir denken die Rechtsbegriffe um ... – Weltanschauung als Auslegungsprinzip, Zürich 1987, S. 64 u. 69 f.; ders., Die unbegrenzte Auslegung – Zum Wandel der Privatrechtsordnung im Nationalsozialismus, 2. Aufl., Frankfurt a. M. 1973, S. 288 f.; ebenso F. Müller, Juristische Methodik, 2. Aufl., Berlin 1976, S. 89.

– seine interpretativ-getarnte rechtspolitische Normsetzung oder Norm-
ergänzung offenzulegen,
– seine Gründe für diese Art der Normsetzung anzugeben.
Auch hier ist und bleibt die «institutionelle Methode» mit außerpositiven
Institutionen eine Normsetzungsoperation unter dem Mantel von
Scheinargumenten.

(3) Rechtstheorie
Auch in der Rechtstheorie besteht eine deutliche Neigung, institutionelle
Denkformen zu beleben. Die Anstöße gehen hier vor allem von den
Sozialwissenschaften aus.[48] Eine Analyse der heterogenen Positionen
rechtstheoretischer Autoren ist hier weder möglich noch erforderlich.
Der Begriff des «Institutionalismus», auch des «Neuen», wird für sehr
verschiedene Dinge verwendet. Eine geschlossene methodische Position,
ein Konzept also, das in Fragen der Spannungsprobleme zwischen Wirklichkeit und Recht durch sozialen und politischen Wandel weiterführen-
de theoretische Lösungen zu bieten hätte, ist bisher unter diesem Namen
nicht erkennbar.

b) Verdeckter Institutionalismus

Gelegentlich werden die institutionellen Denkfiguren der «konkreten
Ordnungen» und der «konkret-allgemeinen Begriffe» noch unter denselben Bezeichnungen, dann allerdings regelmäßig ohne Bezugnahme auf
ihre Rolle bei der nationalsozialistischen Rechtsperversion, etwa bei den
Begriffen «Person» und «Rechtsfähigkeit»[49] verwendet oder empfohlen,
als ob nichts geschehen sei.[50]

---

[48] Vgl. etwa neuerdings J. A. Schülein, Theorie der Institution, Opladen 1987, mit
guter Literaturübersicht; H. Schelsky, Über die Stabilität von Institutionen, besonders
Verfassungen – Kulturanthropologische Gedanken zu einem rechtssoziologischen
Thema, in: H. Schelsky, Auf der Suche nach Wirklichkeit, gesammelte Aufsätze, Düsseldorf und Köln 1965, S. 33; ders. (Hrsg.); Zur Theorie der Institution, Düsseldorf
1970, mit einem Beitrag des Herausgebers sowie dem Aufsatz von N. Luhmann, Insti-
tutionalisierung – Funktion und Mechanismus im sozialen System der Gesellschaft,
S. 27; Recht und Institution, Helmut Schelsky – Gedächtnissymposion Münster 1985,
hrsg. von der Rechtswissenschaftlichen Fakultät der Universität Münster, Berlin 1985,
mit Beiträgen u. a. von E. J. Mestmäcker, O. Weinberger und H. Lübbe; D. N. Mac-
Cormick/O. Weinberger, Grundlagen des institutionalistischen Rechtspositivismus,
Berlin 1985; W. Krawietz, Rechtssystem als Institution?, Über die Grundlagen von
Helmut Schleskys sinnkritischer Institutionentheorie, in: Rechtstheorie, Beiheft 6,
«Recht als Sinn und Institution», hrsg. von Th. Mayer-Maly, O. Weinberger, M. Stras-
ser, Berlin 1984, S. 209; ders., Die Normentheorie Helmut Schelskys als Form eines
neuen Institutionalismus im Rechtsdenken der Gegenwart, in: H. Baier (Hrsg.), Helmut Schelsky – ein Soziologe in der Soziologie in der Bundesrepublik, Eine Gedächtnisschrift von
Freunden, Kollegen und Schülern, Stuttgart 1986, S. 114.
[49] Vgl. dazu oben 1. Kapitel, C. IV u. V.
[50] Hinweise oben 4. a)

Diese Fortführung unter unveränderten Bezeichnungen ist heute eher die Ausnahme. Verbreitet dagegen finden sich in Wissenschaft und Praxis institutionelle Denkansätze und Argumentationsweisen unter anderen begrifflichen Etikettierungen als kOD und kaB.

(1) Wesensargumente

Beliebt sind unvermindert Argumentationen aus dem «Wesen» von Rechtsfiguren oder Einrichtungen der realen Lebenswirklichkeit. Sie finden sich in wissenschaftlichen Beiträgen und Gerichtsentscheidungen nahezu in allen Teilgebieten des Rechts. Eine besondere Konjunktur hatten sie während der Geltungsdauer des Ehegesetzes von 1946. Dieses Gesetz – weitgehend wortgleich mit dem Ehegesetz von 1938 – enthielt an mehreren Stellen (z. B. § 49 Abs. 2) eine ausdrückliche Bezugnahme auf das «Wesen der Ehe».

Die dazu ergangene Rechtsprechung des Bundesgerichtshofes (im Vergleich zum Reichsgericht bis 1945 und zum Obersten Gericht der DDR bis zum Familiengesetzbuch der DDR) ist äußerst aufschlußreich.[51]

Wilhelm Scheuerle hat in seinem Beitrag «Das Wesen des Wesens» nachgewiesen, daß die Wesensargumente als Scheinargumente anzusehen sind.[52] Sie verdecken in wissenschaftlich klingender Terminologie die politisch-weltanschaulichen Vorverständnisse und «Einlegungs»-Operationen des Interpreten bei einer gewünschten Rechtsfortbildung (Lückenergänzung) oder auch bei einer Auslegung gegen das Gesetz.

Das jeweils beschworene «Wesen» liegt nicht in der Sachstruktur der Einrichtung oder der Rechtsfigur. Es wird ihr vielmehr durch die Einfügung in einen größeren, übergeordneten Zusammenhang, durch die Sinn- und Aufgabenzuweisung in einer Gesamtordnung *von außen,* nämlich durch den Wesensdeuter, den Interpreten zugewiesen. Das «Wesen» der Lebenszusammenhänge, um die es bei juristischen Entscheidungen geht, ist in einer weltanschaulich pluralen Gesellschaft kein *objektiv vorgegebenes,* sondern ein vom Interpreten *subjektiv aufgegebenes.* Er muß daher, wenn er nicht naiv oder bewußt seine weltanschaulichen Grundpositionen kraft wissenschaftlich klingender Terminologie für allgemeingültig erklären will, offenlegen, warum er unter den konkurrierenden Modellen in einem pluralen «ideologischen Wettbewerb» gerade diese *seine* Wesensdeutung gegenüber der Vielzahl potentieller abweichender Wesensverständnisse für rechtsverbindlich erklären will. Das Wesensargument ist also nicht bereits die sachliche Begründung einer Entscheidung,

---

[51] Vgl. dazu B. Rüthers, Wir denken die Rechtsbegriffe um . . . – Weltanschauung als Auslegungsprinzip, Zürich 1987.

[52] W. A. Scheuerle, Das Wesen des Wesens, Studien über das sogenannte Wesensargument im juristischen Begründen, AcP 163 (1964), 429.

sondern es kennzeichnet die Notwendigkeit einer plausiblen Begründung. Es zeigt ein Begründungsdefizit an.

(2) Die «Natur der Sache»

Die Natur der Sache als Instrument der Lückenfeststellung, Lückenausfüllung und Gesetzesumdeutung ist wahrscheinlich das in solchen Problemlagen am häufigsten benutzte Argument. Einen konkreten bestimmbaren Inhalt hat der Begriff jedoch nicht. Die dazu vorhandene Literatur ist fast unübersehbar.[53]

Das hat eine Ursache darin, daß der Natur-Begriff in dieser Formel sehr verschieden gedeutet wird. Das Argument aus der «Natur der Sache» (= NdS) ist mithin ein Treffpunkt und Sammelplatz unterschiedlicher rechtsphilosophischer und rechtsmethodischer Auffassungen und Strategien. Eine einverständliche begriffliche Klärung oder auch nur eine Eingrenzung möglicher Bedeutungen ist bisher nicht gelungen. Das ist umso problematischer, als etwa auch das Bundesverfassungsgericht wichtige Rechtsprechungsergebnisse aus dieser Formel ableitet.[54]

Die Vielfalt der verwendeten Naturbegriffe erschwert eine kritische Analyse. Sie ist, soweit ich sehe, zuerst und gründlich von R. Dreier[55] geleistet worden. Beobachtet man die verzögerte, bisher weithin verweigerte Rezeption und Diskussion dieser scharfsinnigen Arbeit, so drängt sich der Eindruck auf, eine rationale Untersuchung und Kritik dieser Denkfigur sei bei ihren Vertretern nicht sehr gefragt. Das Buch von Dreier wird z. B., obwohl 1965 erschienen, bisher in der inzwischen 5. Auflage «Methodenlehre der Rechtswissenschaft» von Larenz nicht einmal erwähnt. Warum wohl? Bei A. Kaufmann, Analogie und «Natur der Sache»[56] finden sich im Anhang wenige Zeilen, welche die Fundamentalkritik Dreiers an der NdS-Argumentation nicht erkennen lassen. Dasselbe gilt übrigens – und das rundet den Eindruck defensiver Verschweigung ab – für die in der gleichen Richtung liegende Kritik W. Scheuerles an den «Wesensargumenten».[57]

Der schillernde Begriffsinhalt entsteht auch bei der NdS-Formel durch

---

[53] Vgl. etwa die Auswahl bei K. Larenz, Methodenlehre der Rechtswissenschaft, 5. Aufl., Berlin/Heidelberg/New York/Tokio 1983, S. 401 ff. m. Fußnote 120; vorsichtig F. Bydlinski, Juristische Methodenlehre und Rechtsbegriff, Wien/New York 1982, S. 51 ff.; kritisch R. Dreier, Zum Begriff der «Natur der Sache», Berlin 1965, bes. S. 71 ff. u. 114 ff.; F. Müller, Juristische Methodik, 2. Aufl., Berlin 1976, S. 34 f., 85 ff. unter dem Aspekt der von ihm vertretenen Theorie der «Normbereiche».

[54] Vgl. etwa BVerfGE 1, 14 (52); 1, 208 (247); 3, 407 (428); 6, 55 (77); 6, 84; 12, 205 (251); 12, 341 (348); 13, 318 (330); 22, 180 (217); 26, 246 (257).

[55] Zum Begriff der «Natur der Sache», Berlin 1965, bes. S. 71 ff.

[56] – Zugleich ein Beitrag zur Lehre vom Typus, 2. Aufl., Heidelberg 1982.

[57] W. A. Scheuerle, Das Wesen des Wesens, Studien über das sogenannte Wesensargument im juristischen Begründen, AcP 163 (1964), 429.

die Vermischung von Sein und Sollen, von Wirklichkeit und Norm. Ein Gesetzgeber, der die soziale Wirklichkeit normativ gestalten oder umgestalten, neue Verhaltensmuster aufstellen, politische Planung in gesellschaftliche Realität umsetzen will, muß die Wirklichkeit, die er gestalten will, kennen.

Jede gesetzliche Regelung hat eine Durchsetzungschance nur dann, wenn sie in ihrem normativen Gehalt an der bestehenden Realität ansetzt und sie nicht verfehlt. Die Frage aber, *wie* diese Wirklichkeit zu gestalten ist, zu welchen politischen *Zwecken*, aus welcher Sinndeutung menschlicher Existenz, das alles folgt nicht aus der sozialen Realität, aus der «Natur» der «Sachen», sondern aus wertphilosophisch-weltanschaulich vorgeformten Entscheidungen und Sinndeutungen des oder der Normsetzer.

Die Vorstellung, die Sache selbst trage kraft ihrer Natur ihr Recht in sich, setzt eine allgemeingültige transzendentale Weltordnung voraus, in der jedes Ding und jedes Lebens- und Rechtsverhältnis in seinem festen und vorbestimmten, jedenfalls vom Gesetzgeber unabhängigen Platz, seinen Sinn und seine Aufgabe hat. Daraus wird verständlich, daß im Gewand der NdS-Formel von der juristischen Literatur in der Regel naturrechtliche Denk- und Argumentationsweisen erneuert werden.[58]

Die «Sachen», also die Lebens- und Rechtsverhältnisse, über die Juristen entscheiden müssen, *«haben»* keine metaphysische Natur oder Sollenstruktur in sich, sie *bekommen* eine solche vielmehr erst aus der Sicht der Beteiligten und der Rechtsgemeinschaft *zugewiesen*. Die Feststellung einer «Sachnatur» ist ein Akt der Sinngebung und Zwecksetzung durch Menschen. Dabei spielen philosophische, religiöse oder ideologische Aspekte und Motive notwendig eine entscheidende Rolle. Eine Formel wie die von der «Natur der Sache» verschleiert diesen grundlegend wichtigen Akt der (metaphysischen) Sinngebung und der politischen Zwecksetzung bei der Ableitung von Rechtsfolgen.

Die NdS-Formel ist daher, wie das Wesensargument, für die Ableitung von Rechtsfolgen immer eine Scheinbegründung. Wird sie in der Kenntnis dieser Zusammenhänge bewußt verwendet, so gilt als *fünfzehnte Lehre* aus der NS-Zeit – wie für das Wesensargument – die Feststellung:

Wer mit der Natur oder Ableitungen aus dem Wesen einer Sache oder Einrichtung argumentiert, verschleiert seine wirklichen Motive; er täuscht objektiv nicht vorhandene wissenschaftliche Begründungen vor.

Rechtspolitisch ist dabei in einer pluralen Gesellschaftsordnung ohne verbindliche «Staatsideologie» oder «Gemeinschaftsideologie» zusätzlich zu bedenken, daß jedes Lebensverhältnis und jede entscheidungsbedürf-

---

[58] Vgl. ähnlich F. Müller, Juristische Methodik, 2. Aufl. 1976, S. 85 ff.

tige Situation je nach dem philosophisch-weltanschaulichen, religiösen oder ideologischen Blickpunkt eine Vielzahl von «Wesen» oder «Naturen» hat. Das NdS- oder Wesens-Argument enthält konkludent immer die juristische «Allgemeinverbindlichkeitserklärung» einer weltanschaulichen Grundposition. Gerade das kennzeichnet in einer pluralen Gesellschaft den besonderen Begründungsbedarf bei dem Gebrauch dieser Argumente in Gerichtsentscheidungen und in der Jurisprudenz allgemein.

(3) Typus und Typenreihen
Der Typusbegriff wird in vielen Wissenschaftsdisziplinen verwendet als ein Erkenntnismittel zur Erfassung und Beschreibung komplexer und vielgestaltiger räumlicher oder geistiger Lebenswirklichkeiten durch vergleichende Betrachtung und begriffliche Zusammenfassung oder auch Idealisierung bestimmter wirklicher oder vorgestellter Erscheinungsformen. In diesem Sinne kann man Realtypen (Das Sauerland ist ein typisches deutsches Mittelgebirge; Herr Meier ist ein typischer vergeßlicher Professor) und Idealtypen (der «ehrbare Kaufmann», der «treusorgende Hausvater») unterscheiden. Die Idealtypen, auf Menschen bezogen, kennzeichnen bestimmte sozialethische Verhaltenserwartungen («Standards»), enthalten also Sollvorstellungen für menschliches Handeln. Werden sie gesetzlich verankert («Treu und Glauben», «gute Sitten», «verkehrserforderliche Sorgfalt» etc.), so handelt es sich um Rechtsgebote, die an das Handeln der von der Rechtsnorm erfaßten Personen bestimmte, typisierte, aber nicht abschließend umrissene Anforderungen stellen.

Auch die Lebens- und Rechtsverhältnisse werden von der Rechtsordnung in bestimmter Weise typisiert. Beispiele sind etwa die offenen, variablen Vertragstypen im Recht der Schuldverhältnisse oder die gesetzlich fixierten «geschlossenen» Typen der dinglichen Rechte. Für die zutreffende Erfassung und die sinnvolle systematische Ordnung der Lebenswirklichkeit als Vorstufe rechtlicher Einordnung, aber auch für die Unterscheidung von Gleichem und Ungleichem, Ähnlichem und Unähnlichem kann die Typenbildung dem Juristen eine wertvolle Hilfe sein. In diesem Sinne hat das Denken in Typen in den letzten Jahrzehnten auf die Juristen eine verständliche Anziehungskraft ausgeübt und bedeutende rechtsdogmatische Erkenntnisfortschritte ermöglicht.[59]

---

[59] Vgl. etwa K. Engisch, Die Idee der Konkretisierung in Recht und Rechtswissenschaft unserer Zeit, Heidelberg 1953; H. J. Wolff, Typen im Recht und in der Rechtswissenschaft, Studium Generale, Bd. 5 (1952), 195; A. Koller, Grundfragen einer Typuslehre im Gesellschaftsrecht, Freiburg (Schweiz) 1967; D. Leenen, Typus und Rechtsfindung, Berlin 1971; H. P. Westermann, Vertragsfreiheit und Typengesetzlichkeit im Recht der Personengesellschaften, Berlin/Heidelberg/New York 1970; A. Kaufmann, Analogie und «Natur der Sache» – Zugleich ein Beitrag zur Lehre vom Typus, 2. Aufl., Heidelberg 1982, S. 37 ff.; W. Hassemer, Tatbestand und Typus, Köln/Berlin/Bonn/München 1968.

Das gilt sowohl für das materielle Recht wie auch für die Rechtstheorie und die juristische Methodenlehre.[60] Problematisch wird das juristische Denken in Typen dort, wo dem Rechtsanwender suggeriert wird, er habe im Typus und der Typenreihe – ähnlich wie bei Hegels «konkretem Begriff»[61] eine Denkfigur, in der ihm durch sein «elastisches Merkmalsgefüge», durch die Variabilität und Graduierbarkeit der Merkmale im Ergebnis der systematischen Ordnung der Typenreihen die «Einheit in der Vielfalt» vermittelt werde.[62]

Das starke Echo, das die «typologische Rechtsfindung» neuerdings in Theorie und Praxis findet, verdient Aufmerksamkeit im Hinblick auf die Geschichte der Wiederbelebung dieser Denkfigur. Larenz hat sie in der dritten Auflage seiner «Methodenlehre der Rechtswissenschaft»[63] bei seinen Bemühungen um praktikable Kriterien für eine über das Gesetz hinausgehende richterliche Rechtsfortbildung aus dem «inneren System» verstärkt in die Diskussion gebracht. Diese Rechtsfortbildung aus der Bestimmung von (auch außergesetzlichen) «Typen» und «Typenreihen» schließt sich in ihren gedanklichen Schritten fugenlos an die bis dahin von Larenz vertretene Rechtsfortbildung aus «konkret-allgemeinen» Begriffen an.[64] Beide Denkformen eignen sich – wie auch das Denken in konkreten Ordnungen, die Wesensargumente und die Argumente aus der Natur der Sache – als Anpassungsinstrumente an beliebige Veränderungen der sozialen Faktenlage und der politischen Wertvorstellungen.[65] Es handelt sich in Wirklichkeit um Scheinbegründungen für interpretative Normsetzungen.

Die Ähnlichkeit der methodischen Instrumente zeigt sich augenfällig an den verwendeten unscharfen und terminologischen Umschreibungen.

Aufmerksamkeit verdienten im Rahmen der Beschreibung dieser Denkfiguren Begriffe wie «elastisch», «beweglich», «variabel», «graduierbar». Sie bedeuten den – vielleicht unvermeidlichen – Verzicht auf

---

[60] Vgl. etwa K. Larenz, Methodenlehre der Rechtswissenschaft, 5. Aufl., Berlin/Heidelberg/New York/Tokio 1983, S. 209ff., 280, 288ff., 443ff.; H. M. Pawlowski, Methodenlehre für Juristen, Theorie der Norm und des Gesetzes, Ein Lehrbuch, Heidelberg und Karlsruhe 1981, Rdz. 145ff.; kritisch L. Kuhlen, Typuskonzeptionen in der Rechtstheorie, Berlin 1977; H. J. Koch/H. Rüssmann, Juristische Begründungslehre, Eine Einführung in Grundprobleme der Rechtswissenschaft, München 1982, S. 73ff.

[61] K. Larenz, a. a. O., S. 452.

[62] K. Larenz, a. a. O., S. 452.

[63] Berlin/Heidelberg/New York 1975, S. 458ff.

[64] Der Übergang vom «konkret-allgemeinen Begriff» auf Typus und Typenreihe und die Neukonzeption dieses Teils der Methodenlehre von Larenz fällt zeitlich mit den ersten literarischen Analysen der Wirkungsgeschichte der «konkret-allgemeinen Begriffe» in der NS-Zeit zusammen.

[65] Vgl. kritisch generell auch H. Hubmann, Wertung und Abwägung im Recht, Köln/Berlin/Bonn/München 1977, S. 148ff.

Festigkeit, Klarheit und Dauerhaftigkeit der Inhalte einer solchen Denkfigur. Sie ist für alle neu auftretenden Tatsachen, Lebenszusammenhänge
und Werturteile offen. Der jeweilige Typ und die Typenreihe sind ähnlich unscharf definiert und definierbar wie früher «konkrete Ordnungen»
und «konkret-allgemeine Begriffe».[66]

Werden solche Typen und Typenreihen als *Darstellungs-* und *Ordnungsbegriffe,* also rein deskriptiv verwendet, so können sie – als unbestimmte Rechtsbegriffe mit konkretisierungsbedürftigem Inhalt – durchaus nützlich sein unter rechtstheoretischen und methodischen Gesichts-
punkten. Es bestehen insoweit keine Bedenken. Das wird grundlegend
anders, wenn aus den Darstellungsbegriffen unversehens Gebotsbegriffe,
also Rechtsnormen, abgeleitet werden sollen:

> «Der Erkenntniswert des Typus als einer Denkform liegt darin, daß er,
> im Gegensatz zum abstrakten Begriff, die Fülle der in ihm beschlosse-
> nen Einzelzüge gerade in ihrer sinnvollen (!) Verbindung deutlich
> macht und festzuhalten erlaubt. In der Fülle dieser Einzelzüge spiegelt
> sich die ‹Natur der Sache›. Denn sie sind nichts anderes als die besonde-
> ren rechtlichen Aspekte von in der Realität des Rechtslebens immer
> wieder verwirklichten konkreten zwischenmenschlichen Beziehungen.
> Daher ist, wie *Arthur Kaufmann*[67] betont, ‹das Denken aus der Natur
> der Sache typologisches Denken›.»[68]

Der Bezug, ja die Identität des typologischen Denkens mit der «Natur
der Sache» weist auf die scheinbare gebotsbildende, normerzeugende
Kraft der Typen hin. Aus dem «Sein» des Typus wird ein «Sollen». Er
indiziert normative Ableitungen, sei es aus der Faktenstruktur, sei es aus
der – notwendig «eingelegten» – Ideologiestruktur der «Typenreihen».
Der Typusbegriff ist nach dieser Auffassung – wie früher der konkret-
allgemeine Begriff – klüger als sein Verwender. Er umfaßt die Einheit in
der Vielfalt, das Sein und das Sollen. Er ist den begrenzten Erscheinungen
und Erkenntnismöglichkeiten der Gegenwart immer weit voraus, wie
früher die «konkreten Ordnungen» und die «konkret-allgemeinen Begriffe». Mit den Typenreihen ist man, wie mit dem konkreten Ordnungsdenken, auf der Seite des «lebendigen Wachstums», der «kommenden

---

[66] Vgl. oben Erstes Kapitel unter C.IV.3. u. V.3.

[67] A. Kaufmann, Analogie und «Natur der Sache» – Zugleich ein Beitrag zur Lehre
vom Typus, 2. Aufl., Heidelberg 1982, S. 47.

[68] K. Larenz, Methodenlehre der Rechtswissenschaft, 5. Aufl., Berlin/Heidelberg/
New York/Tokio 1983, S. 454; bei dieser engen, von Larenz mehrfach betonten Ver-
wandtschaft zwischen dem typologischen Denken und dem Argument aus der «Natur
der Sache» wird verständlich, warum er jede Auseinandersetzung, ja auch nur Erwäh-
nung der kritischen Literatur zu den Wesensargumenten, zur «Natur der Sache», zum
konkreten Ordnungsdenken und zu den konkret-allgemeinen Begriffen (W. A. Scheuerle, R. Dreier, P. Schwerdtner u. v. a.) vermeidet.

Dinge»,[69] mag es sich um neue Tatsachenzusammenhänge oder um neue Wertvorstellungen handeln.

Das Bundesarbeitsgericht hat sich bei der Ausfüllung unbestimmter Rechtsbegriffe gelegentlich ausdrücklich auf die «typologische Methode» berufen. Bei der Abgrenzung zwischen «Arbeitnehmern» und (mehrfach oder längerfristig tätigen) «freien Mitarbeitern» der Rundfunkanstalten hat es sich ausdrücklich auf eine «typologische» Arbeitsweise berufen:[70] «Es gibt kein Einzelmerkmal, das aus der Vielzahl möglicher Merkmale unverzichtbar vorliegen muß, damit man von persönlicher Abhängigkeit sprechen kann. ... Ebensowenig gibt es ein Merkmal für die Abhängigkeit, das sich nicht auch gelegentlich bei Selbständigen findet. Es ist deshalb (!) unvermeidlich, die unselbständige Arbeit typologisch abzugrenzen».[71]

Diese Aussage des Bundesarbeitsgerichts macht die prinzipielle theoretische und methodische Problematik der «typologischen» Rechtsfindung deutlich. Sie wird vom Bundesarbeitsgericht nicht erörtert. «Typologie» bei der Rechtsanwendung bedeutet im Ergebnis das Eingeständnis des Rechtsanwenders, daß es verläßliche, klar definierte und intersubjektiv nachprüfbare Kriterien für die getroffene Entscheidung nicht gibt. Die Vertreter der typologischen Methode meinen, daß die Merkmale, auf die es ankomme, dem Rechtsanwender «durch den Sachverhalt zwingend vorgegeben» seien. Ihm bleibe nur übrig, «das ermittelte Merkmal rechtlich einzuordnen».[72] Gerade das erscheint zweifelhaft. Der Richter, der «typologisch» vorgeht, entscheidet *wertend* darüber, welche Merkmale mit welcher Gewichtung rechtlich erheblich sein sollen. Nicht der Sach-

---

[69] C. Schmitt, Nationalsozialistisches Rechtsdenken, DR 1934, 225 (229).

[70] BAG EzA § 611 BGB Arbeitnehmerbegriff Nr. 21 = AP Nr. 34 zu § 611 BGB Abhängigkeit, (Aus den Gründen: II 3).

[71] In der Literatur wird diese typologische Abgrenzung vertreten von W. Herschel, Die typologische Methode und das Arbeitsrecht, in: Recht und Rechtsleben in der sozialen Demokratie, Festgabe für Otto Kunze zum 65. Geburtstag, Berlin 1969, 225 (237); M. L. Hilger (Vors. Richterin des damals zuständigen Senats), Rundfunkfreiheit und «freie Mitarbeiter», RdA 1981, 265; K.-P. Martens, Die Rechtsprechung des Bundesarbeitsgerichts im Jahre 1978, RdA 1979, 347 (348); G. Picot, Das soziale Schutzbedürfnis des Arbeitnehmers – Verantwortlichkeit des Arbeitgebers oder des sozialen Steuerstaates, RdA 1979, 16; A. Söllner, in: Münchener Kommentar zum Bürgerlichen Gesetzbuch, Bd. 3, 1. Halbbd., München 1980, § 611 Rdz. 130; ders., Arbeitsrecht, 7. Aufl., Stuttgart/Berlin/Köln/Mainz 1981, S. 27, Fn. 21; W. Zöllner, Arbeitsrecht, 3. Aufl., München 1983, S. 48. Allerdings wird bisweilen das irrationale Element der typologischen Rechtsfindung klar erkannt: W. Herschel, Anm. zu AP Nr. 23 zu § 611 BGB Abhängigkeit; kritisch B. Rüthers, Programmfreiheit der Rundfunkanstalten und Arbeitsrechtsschutz der freien Mitarbeiter – Zum Beschluß des Bundesverfassungsgerichts vom 13. Januar 1982 – DB 1982, 1062 – DB 1982, 1869 (1871 f.).

[72] W. Herschel, Zur Abgrenzung des Richterrechts, AuR 1983, 353 (358).

verhalt, sondern der Interpret setzt die Wertungsmaßstäbe. Er nennt sie «Typen».

Der Rechtsanwender versucht also, nüchtern betrachtet, in einem gesetzlich und dogmatisch noch nicht geklärten oder «unbefriedigend» gelösten Problemgebiet, von Entscheidung zu Entscheidung tastend, vorläufige Fallgruppen zu bilden, die *aus seiner Sicht* Gemeinsamkeiten aufweisen und deshalb gleichbehandelt werden sollen. Mehr gibt das typologische Argument nicht her. Es ist insbesondere als vermeintliche «wissenschaftlich» gesicherte und verläßliche normative Grundlage für konkrete Ergebnisse inhaltsleer. Die typologische Methode ist dann nichts anderes als eine petitio principii, also ein logischer Zirkelschluß. Münchhausen zieht sich am eigenen Schopf aus dem Sumpf.

Am Beispiel der Rechtsprechung zur Abgrenzung der «freien Mitarbeiter» von Arbeitnehmern bei Rundfunkanstalten hat sich herausgestellt, daß diese Methode in der praktischen Anwendung zu einem Höchstmaß von Rechtsunsicherheit führt, weil die Variabilität und Graduierbarkeit schwankender Merkmale des Arbeitnehmerbegriffs letztlich der Willkür Tür und Tor öffnet.[73] Die Rechtsprechung des Bundesarbeitsgerichts zur Abgrenzung des Begriffs der «leitenden Angestellten»[74] nach § 5 Abs. 3 Ziff. 3 BetrVG ist nach der Preisgabe der gesetzlichen Kriterien an ähnlichen methodischen Unzulänglichkeiten im Ergebnis in vergleichbarer Weise gescheitert.[75] Die *sechzehnte Lehre* aus der NS-Zeit lautet:

Die Begriffe «Typus» und «Typenreihe» sind in einer auf Rationalität bedachten Rechtsmethode nur als Darstellungs- und Ordnungsbegriffe verwendbar. Werden sie im Stil der «Natur der Sache» zu Gebotsbegriffen umgedacht, aus denen Rechtsnormen abgeleitet werden, so handelt es sich um Scheinbegründungen für Normsetzungen des Rechtsanwenders.

---

[73] Das Bundesverfassungsgericht hat die «typologische» Rechtsprechung des BAG zur Abgrenzung des Arbeitnehmerbegriffs wegen des Verstoßes gegen die Rundfunkfreiheit aufgehoben, vgl. BVerfGE 59, 231 = DB 1982, 1062.

[74] Vgl. K. Larenz, Methodenlehre der Rechtswissenschaft, 5. Aufl., Berlin/Heidelberg/New York/Tokio, 1983, S. 447.

[75] Das Bundesarbeitsgericht hat durch die Unklarheit und Unvorhersehbarkeit seiner Merkmale und Ergebnisse aus einer Rechtsfrage praktisch eine der Mitbestimmung unterworfene Regelungsfrage gemacht. Die betriebliche Praxis ist in hunderte überflüssiger Abgrenzungsprozesse geführt worden. Vgl. dazu kritisch B. Rüthers, Gesetzesanwendung oder Rechtspolitik? – Bemerkungen zum Beschluß des BAG vom 5. 3. 1974 über die Definition der «leitenden Angestellten» in der Betriebsverfassung, JZ 1974, 625; ders., Gibt es mehr leitende Angestellte? – Neue Aspekte zum Abgrenzungsproblem durch das Mitbestimmungsgesetz, in: 25 Jahre Bundesarbeitsgericht, München 1979, S. 455; B. Rüthers/J. Brodmann, Anmerkung zum Beschluß des BAG vom 29. 1. 1980 – 1 ABR 45/79, SAE 1980, 305 (312ff.).

VII. Die unkritische Wertverwirklichungsfunktion juristischer Methoden

1. Der Anspruch der Rechtserneuerer auf die «artgemäße» Rechtsmethode

Die Vertreter der «völkischen Rechtserneuerung» waren 1933/34 angetreten mit dem Anspruch, ihre Methoden verdienten deswegen den Vorzug vor der konkurrierenden Interessenjurisprudenz, weil sie – wie der Nationalsozialismus – von der Gemeinschaft, vom Ganzen, von der inneren Totalität des völkischen Lebens ausgingen.[76] Das neue Rechtsdenken sollte von der NS-Weltanschauung und ihrem Gemeinschaftsgedanken geprägt sein. Gemeinschafts- und Sonderinteressen bildeten danach eine Einheit.[77]

Betont wurde vor allem die Ausrichtung der Rechtsmethoden auf die Rangordnung völkischer Werte, auf die materialen, metaphysischen Aspekte der Weltanschauung des Nationalsozialismus.[78] Diese behauptete materiale Verknüpfung der institutionellen Denkmethoden in konkreten Ordnungen und konkret-allgemeinen Begriffen mit der nationalsozialistischen Weltanschauung war ein Irrtum, eine Selbsttäuschung oder eine Täuschung der Autoren.

Die Analyse der Funktionsweisen von kOD und kaB zeigt, daß die Rechtsfolgen, die aus institutionellen Denkschemata abgeleitet werden können, mit der Ideologie wechseln, die als «übergeordneter Zusammenhang» für die Inhaltsbestimmung der «Ordnungen», «Typen» und Einrichtungen zugrundegelegt wird.

2. Die Wertneutralität methodischer Wertverwirklichung

Diese Einsicht führt zu der Frage, welche Rolle kann die juristische Methode überhaupt bei der Anwendung oder bei der Umdeutung einer Rechtsordnung spielen?

Ist die *Methode* eine geeignete und verläßliche Schranke gegen eine interpretative Umwertung des gesetzten Rechts? Die *siebzehnte Lehre* aus dem juristischen Erfahrungen der NS-Zeit lautet:

---

[76] K. Larenz, Über Gegenstand und Methode des völkischen Rechtsdenkens, Berlin 1938, S. 39; E. Forsthoff, Zur Rechtsfindungslehre im 19. Jahrhundert, ZgS 96 (1936), 49 (70); vgl. oben 1. Kap. B. III. 2.

[77] K. Larenz, Rechts- und Staatsphilosophie der Gegenwart, 2. Aufl., Berlin 1935, S. 20 ff. (23); J. Binder, Bemerkungen zum Methodenstreit in der Privatrechtswissenschaft, ZHR 100 (1934), 4 (64).

[78] E. Forsthoff im Rahmen der Besprechung von Ph. Heck, Rechtserneuerung und juristische Methodenlehre, in: ZgS 97 (1937), 371; K. Larenz, Rechts- und Staatsphilosophie der Gegenwart, 2. Aufl., Berlin 1935, S. 1 ff. u. 150 ff.

Die juristische Methodenlehre entwickelt Theorien der formalen Ver-
wirklichung materialer Wertentscheidungen der Gesetzgebung.

Sie hat als Theorie der praktischen Rechtsanwendung («Rechtsverwirklichung») keine eigenständigen, außer- oder übergesetzlichen Maßstäbe,
um die nach der Rechtsquellenlehre «geltenden» Rechtssätze in «gerechte», als anwendbare Normen einerseits und «ungerechte», deshalb nicht
anwendbare andererseits zu unterscheiden. Solche Unterscheidungen
mögen nach materiellem Recht (Verfassung, Rechtsgrundwerte, Rechtsidee etc.) möglich sein. Die Methodenlehre vermag das nicht zu leisten.

Was die juristische Methode zu leisten vermag, das betrifft die engere
oder lockerere Bindung des Richters (Rechtsanwenders) an das geltende
Gesetz. Darüber gibt die Geschichte der Rechtsmethoden Auskünfte, die
die Umwertung der Gesetze im Dienste des neuen Staates und seiner
Ideologie nach 1933 verständlicher machen können.

3. *Das Beispiel der Freirechtslehre*

Um die Jahrhundertwende haben die Vertreter der Freirechtsschule (Eu-
gen Ehrlich, Hermann Kantorowicz, Ernst Fuchs, Hermann Isay)[79] die
Abwendung vom Gesetzespositivismus und von der strengen Gesetzesbindung der Gerichte befürwortet.

Die Hauptlehre dieser Schule war, daß neben oder vor dem staatlichen
Recht, den Gesetzen also, ein «freies Recht» stehe, das sich aus dem
rechtlichen Urteil und dem Rechtsbewußtsein der Rechtsgenossen, der
Rechtswissenschaft und, vor allem, der Rechtsprechung bilde. Nicht das
Gesetz und die Logik, sondern das freie Recht und der Wille der «Rich-
terkönige» galten als die eigentliche Grundlage der richterlichen Entscheidungen und der Rechtsentwicklung. Alles andere sei leerer Schein.[80]
Hier zeigt sich eine deutliche, gegen die überholte Begriffsjurisprudenz,
aber auch gegen die strenge Gesetzesbindung der Richter gerichtete Stoßrichtung. Die Richter sollten frei von den Fesseln vorgeordneter Willens-
bindungen des Gesetzgebers entscheiden. In der Entstehungszeit der
Freirechtsschule mag auch ein kaum verhüllter innerer Aufstand der Verfechter des «freien Rechts» gegen den wilhelminischen Obrigkeitsstaat

---

[79] Vgl. E. Ehrlich, Freie Rechtsfindung und freie Rechtswissenschaft, Leipzig 1903;
G. Flavius (H. Kantorowicz), Der Kampf um die Rechtswissenschaft, Heidelberg
1906; E. Fuchs, Schreibjustiz und Richterkönigtum, Leipzig 1907; ders., Die Gemein-
schädlichkeit der konstruktiven Jurisprudenz, Karlsruhe 1909; ders., Juristischer Kul-
turkampf, Karlsruhe 1912; H. Isay, Rechtsnorm und Entscheidung, Berlin 1929; ein
Vorläufer dieser Bewegung war O. Bülow, Gesetz und Richteramt, Leipzig 1885; vgl.
dazu R. Ogorek, Richterkönig oder Subsumtionsautomat? – Zur Justiztheorie im
19. Jahrhundert, Frankfurt a. M. 1986, S. 257 ff., 269 ff.
[80] Vgl. E. Fuchs, Schreibjustiz und Richterkönigtum, Leipzig 1907.

der Jahrhundertwende eine Rolle gespielt haben. Der staatliche Gesetzgeber wird von ihnen eher als ein mögliches Hindernis auf dem Weg zur wahren (richterköniglichen) Gerechtigkeit gesehen.[81]
Der Preis solcher Freiheit der Richter vom Gesetz kann sehr hoch sein. Das haben kritische Zeitgenossen der Freirechtsbewegung früh erkannt. Th. Loewenfeld, politisch engagierter Wissenschaftler und Praktiker, nimmt im «Staudinger» zu den Bestrebungen der Freirechtler, ausgehend von den Lehren Oskar Bülows, kritisch Stellung:

«Eine ‹richterliche› Satzung von derartiger Subjektivität und Unbestimmtheit wäre die Negation jeder Rechtssetzung auf konstitutionellem Weg; sie findet sich in keinem kontinentalen Recht; ohne ausdrückliche Einräumung auf dem Weg des Gesetzes muß sie entschieden bestritten werden.»[82]

Der Widerstand gegen die Irrationalität und Willkür, aber auch gegen den Antiparlamentarismus einer solchen Methode wird von Loewenfeld klar ausgesprochen:

«Die Freirechtlerei entnimmt ihre Schöpfungsakte direkt dem Gefühl[83] und soziologischen Erwägungen. Ihre Autorität hierzu erklärt sie gegenüber verfassungsmäßigen Einwänden als selbstverständlich und keiner weiteren Begründung für bedürftig.»[84]

Das bedeute im Ergebnis, so folgert Loewenfeld in der Voraussicht künftigen Unheils,

«Schutzwehren der bürgerlichen Freiheit niederzulegen, Verwaltung, Rechtspflege und Rechtserzeugung in der Hand des Richters als Richter zu verquicken, wie sie zuletzt in der Hand des absoluten Fürsten vereinigt waren.»[85]

Vergleicht man die Grundkonzeption der Freirechtslehre mit den Aussagen der Rechtswissenschaft und der Gerichtsentscheidungen zur Rechtserneuerung nach 1933, so sind Berührungspunkte unverkennbar. Die drastische Lockerung, ja Aufhebung der Gesetzesbindung dort, wo die Interpreten glauben, die neue Gerechtigkeit mit den alten Gesetzen nicht

---

[81] In den Lehren der Topik (Th. Vieweg, Topik und Jurisprudenz, Ein Beitrag zur rechtswissenschaftlichen Grundlagenforschung, 5. Aufl., München 1974) und der neueren Argumentationstheorie wirken Ansätze der Freirechtsschule teilweise bis heute fort. Vgl. K. Larenz, Methodenlehre der Rechtswissenschaft, 5. Aufl., Berlin/Heidelberg/New York/Tokio, 1983, S. 140ff.
[82] Th. Loewenfeld, in: J. v. Staudingers Kommentar zum Bürgerlichen Gesetzbuch und dem Einführungsgesetz, 7./8. Aufl., München 1912, Einl. S. 26; vgl. auch Ph. Lotmar, Der Arbeitsvertrag nach dem Privatrecht des deutschen Reiches, Bd. 1, Leipzig 1902, S. 26; zitiert nach J. Rückert, Das «gesunde Volksempfinden» – Eine Erbschaft Savignys? ZSGerm 103 (1986), 199 (226f. m. Fn. 120).
[83] Lies: des Richters.
[84] Th. Loewenfeld, a. a. O., S. 31.
[85] Th. Loewenfeld, a. a. O., S. 37.

verwirklichen zu können, ist der wesentliche Aspekt dieser Parallelität. Die völlige Verschiedenheit der ideellen und politischen Beweggründe bei den Freirechtlern einerseits und den Rechtserneuerern andererseits steht der Benutzbarkeit der methodischen Argumente und der Rechtsfiguren nicht im Wege. Es erweist sich hier in besonders augenfälliger Weise die *achtzehnte Lehre* aus der NS-Zeit:

Methodische Instrumente sind nicht an die Durchsetzung spezifischer Werte oder Weltanschauungen gebunden. Sie können in zeitlicher Folge verschiedensten Ideologien und politischen Zwecken dienen. Die Wiederkehr von Rechtsfiguren, Denkfiguren und anderen Methodenoperationen ist ein lohnendes Objekt zur Anregung methodischer und philosophischer Selbstbesinnung und Selbstkritik der Juristen in Wissenschaft und Praxis. [86]

4. Rechtsordnung als Wertordnung

Die Erfahrungen mit dem Recht im Nationalsozialismus lassen als *neunzehnte Lehre* eine weitere allgemeingültige Folgerung zu:

Staatlich gesetztes Recht ist der Ausdruck eines im Normsetzungsverfahren verfestigten politischen Gestaltungswillens, eine zu normativer Dauerhaftigkeit und Durchsetzungsfähigkeit «geronnene» Politik. Die jeweilige Rechtstheorie und Methodenlehre kann den Grundtatbestand gestaltungspolitischer Zweck- und Zielorientierung aller Rechtsnormen nicht leugnen oder verdrängen, ohne ihren Gegenstand zu verlieren und – als Folge davon – die Wirklichkeit des Rechts- und Justizvollzuges zu verfehlen.

Der Rechtsvollzug bedeutet für jeden Juristen unausweichlich ein aktives Mitwirken an der vom Normgeber beabsichtigten Politikverwirklichung durch Normen. Die Unausweichlichkeit dieser engen Verknüpfung von Rechtsvollzug und Politikverwirklichung durch die Justiz erweist ein in Deutschland lange verbreitetes Leitbild vom «unpolitischen» Richter bereits im Ansatz als unzutreffend.

Im Bereich der Gesetzes- und Rechtslücken, aber auch der unbestimmten Rechtsbegriffe und Generalklauseln wird zudem der Rechtsanwender zum notwendigen Partner des Gesetzgebers durch seine richterliche Normsetzung. Die *zwanzigste Lehre* aus der NS-Zeit:

Die rechtspolitische Funktion der Justiz ist ein notwendiger Bestandteil justizstaatlicher Organisation. Richterrecht ist unverzichtbar. Die

---

[86] Vgl. dazu M. Senn, Rechtshistorisches Selbstverständnis im Wandel, Zürich 1982; Th. Mayer-Maly, Die Wiederkehr von Rechtsfiguren, JZ 1971, 1.

rechtspolitische Aufgabe der Gerichte erfordert ein besonderes Maß parteipolitischer und allgemeinpolitischer Zurückhaltung der Richter. Andernfalls wird das Vertrauen in die Unabhängigkeit und in die Unparteilichkeit der Justiz gefährdet.

Die Rechtsentwicklung im Nationalsozialismus verweist am Extrembeispiel der umfassenden Ideologisierung der gesamten Rechtsordnung in jenen Jahren auf einen allgemeingültigen Zusammenhang, der in der staatsrechtlichen Normallage eines liberalen und weitgehend weltanschaulich neutralen Verfassungsstaates oft in seiner Bedeutung verkannt wird. Die *einundzwanzigste Lehre* aus der NS-Zeit lautet:

Staat und Recht sind auf einen unverzichtbaren Grundbestand «metaphysischer» Glaubenssätze (Weltanschauung, Religion, transzendentale Sozialphilosophie, «Grundwerte») gegründet.[87]

Jede Rechtsordnung beruht auf einer vorausliegenden, im Normsetzungsverfahren für verbindlich erklärten Wertordnung, einer das Recht inhaltlich prägenden Sozialethik. Eine Rechtsordnung ohne eine solche metaphysisch begründete Wertgrundlage ist nicht denkbar. Wandeln sich diese weltanschaulichen Grundlagen der Rechtsordnung durch politisch etablierte neue Kräfte und Gruppen in der Bevölkerung einschneidend, so wirkt ein solcher Wertwandel, sei es auch mit zeitlicher Verzögerung, über zahlreiche Auslegungsinstrumente, Denkfiguren und gezielte Interpretationsakte der Rechtsanwender auf den Inhalt der Rechtsordnung ein: *Der Wandel der Metaphysik bewirkt einen Wandel des Rechts.*

VIII. Waffen des Rechts gegen staatliches Unrecht? – Die Chancen richterlichen Widerstandes

1. Die begrenzte Stabilitätsgarantie des Rechts

Angesichts der interpretativen Umdeutung des Rechts im Nationalsozialismus drängt sich die Frage auf, welche Vorkehrungen erforderlich, welche rechtlichen Instrumente geeignet sind, um die Wiederholung einer solchen Entwicklung zu verhindern. Die Väter des Grundgesetzes haben versucht, Lehren aus dem Verfall der Weimarer Republik und aus dem scheinlegalen Übergang des liberalen Verfassungsstaates von Weimar in ein totalitäres Unrechtssystem zu ziehen. Neue Verfassungen sind in der Regel Antworten auf bestimmte, meist leidvolle geschichtliche Erfahrungen der Verfassungsgeber.

---

[87] Vgl. G. Leibholz, die Auflösung der liberalen Demokratie in Deutschland und das autoritäre Staatsbild, München und Leipzig 1933, S. 9

Die Gewährleistungen der «Grundrechtsdemokratie» des Grundgesetzes mit einer äußerst stark ausgebauten Rechtswegegarantie (Art. 19 GG) haben sich bisher im wesentlichen bewährt. Dabei ist zu bedenken, daß die Stabilität von Staatsordnungen nicht in erster Linie vom Recht und von Juristen gesichert wird. Die wichtigste Grundlage der Bestandskraft einer Staats- und Rechtsordnung ist die Loyalität der Bürger, ihre Identifikation mit der bestehenden Ordnung. Fehlende Loyalität der Bürger kann allenfalls – wie totalitäre Systeme zeigen – durch die Repression der Machthaber ersetzt werden. Im Mangel an Loyalität lag, besonders in der Endphase, die entscheidende Schwäche der Weimarer Republik. Sie hatte von Anfang an mit dem Mißtrauen, ja der Abneigung breiter Bevölkerungsschichten, insbesondere des Bürgertums gegenüber der republikanischen Staatsform, zu kämpfen. Ursächlich dafür waren die Entstehung der Republik aus der militärischen Niederlage und der Revolution von 1918, der Versailler Vertrag und die «Dolchstoßlegende», die Vermögensverluste der Sparer in der Inflation und schließlich die von großer sozialer Not begleitete Wirtschaftskrise. Viele Bürger fanden im Weimarer Staat ihre nationale Identität nicht.

Vergleichbare Bewährungsproben sind der Bundesrepublik bisher erspart geblieben. Sie hat, wie die politische Entwicklung seit 1949 zeigt, bisher weitgehend das Vertrauen ihrer Bürger gefunden und behalten, nicht zuletzt durch eine im internationalen Vergleich erfolgreiche Wirtschafts- und Gesellschaftspolitik. Wie es um die Stabilität dieses Gemeinwesens im Fall einer großen Wirtschaftskrise mit entsprechender sozialer Not in breiten Bevölkerungsschichten bestellt wäre, ist eine offene Frage. Die Sicherung und der Ausbau wirtschaftlicher und sozialer Stabilität sind in industriell organisierten freiheitlichen Massengesellschaften der wichtigste Beitrag zur Verhinderung radikaler politischer Bewegungen und zur Eindämmung von Trends in politischen Randgruppen zu totalitären politischen Systemen.

2. Grenzen richterlichen Widerstandes in etablierten Unrechtssystemen

Die Frage nach den Möglichkeiten richterlichen Widerstandes gegen Strategien eines totalitären Staates ist komplex und schwierig. Widerstand gegen eine bereits etablierte, zur Macht gelangte totalitäre politische Gruppe oder Bewegung mit juristischen Mitteln ist in aller Regel wenig erfolgreich. Die totalitären Machthaber betrachten Justiz, Staatsanwaltschaft und Polizei ausschließlich als Instrumente ihrer Machterhaltung und -erweiterung. Sie werden jede leiseste Regung offenen Widerstandes in diesen Bereichen als Angriff auf ihren Machtapparat ansehen und die «Angreifer» eliminieren. Es kommt hinzu, daß Richter zwar ein in der staatsrechtlichen Normallage wichtiges und unabhängiges Amt ausüben, aber, anders als etwa Armeeführer, Polizeichefs, Industrielle oder Gewerkschaften (Arbeitskampfaufruf) über keinerlei reale Machtbasis verfügen. Der Kampf gegen ein totalitäres Unrechtssystem mit juristischen Mitteln muß, wenn er Erfolgschancen haben soll, vor der «Machtergreifung» geführt werden. Nachher wird er von den Machthabern im Zweifel schnellstens im Keim erstickt. Die Justiz ist kein potentielles Zentrum aussichtsreicher Gegenwehr gegen etablierte Unrechtssysteme.

3. Richterlicher Widerstand im NS-Staat

Analysiert man das vorhandene und reichhaltige Rechtsprechungsmaterial aus der Zeit zwischen 1933 und 1945, so hat es in allen Gerichtszweigen Entscheidungen gegeben, die den Wünschen und Tendenzen der NS-Führung etwa nach einer rigorosen Durchsetzung ihrer Rassenpolitik oder der Verdrängung politischer Gegner aus dem Arbeits- und Wirtschaftsleben zuwiderliefen oder diese erkennbar zu bremsen versuchten.[88]

Es hat auch in der NS-Zeit zahlreiche Urteile gegeben, in denen richterliche Eigenwertungen, besonders bei Generalklauseln, den Widerstand des Gerichts gegen rassisch-völkische Wertvorstellungen des NS-Regimes erkennen lassen.

Die NS-Führung hatte 1935 gemeint:

«Die deutsche Rechtspflege kann stolz darauf sein, daß sie die erste Hoheitssparte des Dritten Reiches ist, die in der Personalpolitik den Grundsatz der Einheit von Bewegung, Volk und Staat im ganzen Reich und für alle Beamtengruppen durchgeführt hat.»[89]

Das war ein Irrtum. Es gab auch unter Richtern und Staatsanwälten nicht wenige, die der totalen Ideologisierung des Rechts und der Justiz in innerer Ablehnung gegenüberstanden und dies, wo sie es konnten, auch in den Ergebnissen ihrer Entscheidungen ausdrückten. Natürlich geschah das in Formen, die durch die Rahmenbedingungen eines etablierten Unrechtsstaates vorgezeichnet waren.

Der Stil dieser Judikatur verdient Aufmerksamkeit. So wird etwa die dem NS-Rassegedanken und seiner Verschärfung teilweise deutlich wi-

---

[88] Vgl. dazu etwa B. Rüthers, Die unbegrenzte Auslegung – Zum Wandel der Privatrechtsordnung im Nationalsozialismus, 2. Aufl., Frankfurt a. M. 1973, S. 233 u. 238 ff. sowie 269 mit Hinweisen; H. Schorn, Der Richter im Dritten Reich, Frankfurt a. M. 1959, ein Buch mit stark defensiver Tendenz und fraglicher Gesamtwertung; I. Müller, Furchtbare Juristen, Die unbewältigte Vergangenheit unserer Justiz, München 1987, S. 187 mit deutlicher Gegentendenz zu Schorn und einseitiger Tatsachenauswahl.

[89] R. Freisler (damals Staatssekretär im Reichsjustizministerium), Die Einheit von Partei und Staat in der Personalpolitik der Justiz (zur allgemeinen Verfügung des Reichsjustizministers vom 14. 11. 1935), DJ 1935, 1685 (1686).

dersprechende Tendenz der Judikatur des Reichsarbeitsgerichts versuchsweise überdeckt durch fleißige Zitate in den Urteilen aus dem Parteiprogramm der NSDAP und durch eifrige Betonungen der nationalsozialistischen Rechtsanschauung.[90]

4. Folgerungen

a) Ausscheiden aus dem Dienst oder begrenzte Anpassung?

Diese «systemfremde» Rechtsprechung zeigt m. E. deutlich die Grenzen richterlichen Widerstands in etablierten Unrechtsstaaten auf. Der offene Aufstand eines Gerichts gegen die herrschenden Anschauungen der totalitären Machthaber hätte die sofortige Amtsenthebung der betroffenen Richter zur Folge gehabt. Die Richter in etablierten Systemen totalitärer Machtansprüche, die dem System ablehnend gegenüberstehen, haben also nur die Wahl, entweder ihre Ablehnung zu tarnen und sich im Rahmen einer formal angepaßten Judikatur verdeckte Freiräume gegenläufiger richterlicher Eigenwertung vorzubehalten oder den Dienst zu quittieren. Beide Wege gefährden nicht den Bestand eines bereits bestehenden totalitären Systems. Die *zweiundzwanzigste Lehre* aus der NS-Zeit:

Richterlicher Widerstand in bestehenden («etablierten») totalitären Systemen hat – für sich betrachtet – keine Aussicht, eine Systemveränderung zu bewirken. Selbst die kollektive Dienstverweigerung von Richtern würde im Zweifel nur zu ihrer Verdrängung aus dem Amt führen.

Das Problem eines richterlichen Widerstandes wird gegenwärtig (1986/87) unter dem Aspekt atomarer Verteidigungssysteme in der Bundesrepublik Deutschland erneut diskutiert. So hat etwa eine Gruppe von Richtern und Staatsanwälten der Gewerkschaft ÖTV in der von ihnen sonst eher kritisch kommentierten Amtsrobe eine Sitzblockade vor dem amerikanischen Militärstützpunkt Mutlangen organisiert. Einige gesinnungsverwandte Anwälte, ebenfalls in der Amtsrobe, sind ihnen gefolgt. Die Medien (Rundfunk, Fernsehen, Presse) sind geneigt, hier Verbindungslinien zu Widerstandsproblemen der juristischen Berufe im Nationalsozialismus zu ziehen.

Dabei drohen wichtige Unterschiede vernachlässigt zu werden. Die Bundesrepublik Deutschland ist ein demokratischer und liberaler Verfassungsstaat, kein totalitäres Unrechtssystem. Sein Verteidigungskonzept beruht auf einem demokratischen Willensbildungsprozeß. Es ist in meh-

---

[90] Nachweise bei B. Rüthers, Die unbegrenzte Auslegung – Zum Wandel der Privatrechtsordnung im Nationalsozialismus, 2. Aufl., Frankfurt a. M. 1973, S. 234 ff. mit Fußnoten 40–47.

reren Bundestagswahlen und von unterschiedlichen Regierungskoalitionen zur Leitlinie der Verteidigungs- und Außenpolitik erhoben worden. «Widerstand» ist hier die Aktion von elitären Minderheiten gegen den im verfassungsmäßigen Prozeß gebildeten Mehrheitswillen. Die Akteure des Widerstandes reklamieren das Recht, der Mehrheit des Volkes ihren abweichenden, aber «klügeren» Willen aufzuzwingen.

Dabei wird ein fundamentales Prinzip des demokratischen und liberalen Verfassungsstaates verkannt: Gehorsam gegen das demokratisch zustandegekommene Gesetz ist die Grundlage eines freiheitlichen Staats- und Gesellschaftssystems. Das ist das Fundament der Demokratie. Wenn Richter, Staats- oder Rechtsanwälte – bewußt in voller Robe, also unter Berufung auf ihre Dienstfunktion am Recht – gegen das demokratisch verabschiedete Gesetz und gegen den demokratisch gebildeten Mehrheitswillen aufstehen unter dem verfälschenden Etikett einer «Demonstration», die als Rechtsbruch konzipiert ist, dann verstoßen sie nicht nur gegen das Demokratieprinzip. Sie bauen den Rechtsstaat ab, der allein die grundrechtlichen Freiheiten gewährleisten kann. Sie zerstören das Vertrauen in eine unabhängige und unparteiliche Gerichtsbarkeit.

Richtern und Staatsanwälten, auch Rechtsanwälten, in der Bundesrepublik steht es frei, ihre kritische Meinung zu politischen Entwicklungen, auch zu gesetzlichen Regelungen ohne Nachteile für ihr Amt und ihre Funktion zu äußern. Wo sie – angeblich zu demonstrativen Zwecken – bewußt das Recht brechen, um mit Hilfe dienstbereiter Medien ihrer abweichenden Minderheitsmeinung ein elitäres Übergewicht zu verschaffen, da sägen sie an den liberalen und demokratisch-rechtsstaatlichen Ästen auf denen sie sitzen. Sie versuchen «Widerstand» gegen vermeintliches Unrecht zu simulieren, wo es um politische Meinungsverschiedenheiten geht, bei denen sie – nach demokratischem Verfahren – in der Minderheit geblieben sind. Sie verwischen – zusammen mit ihren Bundesgenossen in den Medien – bewußt den Unterschied zwischen liberaldemokratischen Verfassungsstaaten und totalitären Systemen. Sie suchen den Glanz der Widerstandskämpfer in Diktaturen, wo in der Realität nur der zweifelhafte Ruhm medialer Tagesberühmtheit erreichbar ist. Sie möchten beides: Die Berichterstattung im Fernsehen und den gefälligen Wochenblättern einerseits und die Fortzahlung der Bezüge, erst recht der Pensionen andererseits, zusammen mit dem Ruhm, für die elitäre Wahrheit und die Gerechtigkeit gegen die tumbe Mehrheit eingetreten zu sein. Die Rechnung geht angesichts der Willfährigkeit der einschlägigen Medien in der Regel auf.

b) Die bösen Juristen?

In der Presse und Literatur über die Zeit des Nationalsozialismus ist es üblich geworden, die Juristen als einen besonders bösartigen Berufsstand zu kennzeichnen. Sie werden als «Furchtbare Juristen»[91] gekennzeichnet. In der Tat ist – vielleicht zu einem Teil als Folge der relativ schwachen Position der Judikative und der Jurisprudenz gegenüber den etablierten Machthabern in Unrechtssystemen – die Feststellung unbestreitbar: Wissenschaft und Gerichtspraxis haben damals die Forderung nach einer «völkischen Rechtserneuerung» aus dem Geist des Nationalsozialismus ingesamt zur Zufriedenheit der Machthaber erfüllt.

Waren also die Juristen im Vergleich zu anderen geistigen Berufen in jenen Jahren besonders böse, verführbar oder gefügig? Die Antwort ist nicht leicht. In allen weltanschauungsbezogenen Tätigkeitsbereichen und Disziplinen, in den Schulen und Hochschulen, in Zeitungen und Rundfunk, in Illustrierten und bei den Schriftstellern, sogar in so neutralen Sparten wie der angewandten Mathematik, der Physik, der Chemie, der Musik und der Industrie setzten sich die Führungs- und Kontrollstrategien der NS-Machthaber durch. Selbst in erheblichen Teilen der kirchlichen Organisationen war ihr Einfluß nicht nur spürbar, sondern partiell dominant.

Gleichwohl werden im öffentlichen Bewußtsein an Richter und Rechtsprofessoren offenbar andere, strengere Anforderungen des moralischen Verhaltens in Zeiten politischer Verirrungen gestellt als an Journalisten, Rundfunk- und Fernsehredakteure, Musiker oder auch Lehrer, Historiker, Schauspieler und Germanisten. Darin drückt sich versteckt vielleicht sogar eine besondere Hochachtung vor den juristischen Berufen, mindestens die Erwartung größerer Charakterstärke von ihren Funktionsträgern aus. Ob solche Erwartungen von der Mehrheit einer Berufssparte erfüllt werden können, muß hier dahinstehen. Wahrscheinlich ist eher, daß Standfestigkeit, Prinzipientreue und Moralität ziemlich gleichmäßig über die Bevölkerung und die verschiedenen Berufsstände verteilt sind.

Vor diesem Hintergrund ist das fast reibungslose Funktionieren der interpretativen Umdeutung des Rechts nach 1933 zu sehen. Zu der Entscheidung von amtierenden Richterinnen und Richtern, von sich aus wegen ihrer politisch-weltanschaulichen Distanz zum Regime den Dienst zu quittieren, gehört, insbesondere, wenn eine Familie zu ernähren ist, ein erhebliches Maß an Opfer- und Risikobereitschaft. Es sind bei Richtern – wie bei Rechtsprofessoren – nur wenige solcher Fälle bekannt geworden. Die Entscheidungsbedingungen in einer solchen Drucksituation sind wohl zutreffend nur von denen zu ermessen, die selbst in ähnlicher Lage gestanden und gegen die eigenen materiellen und Sicherheitsinteressen entschieden haben.

Die generelle Schelte des gesamten Berufsstandes der Juristen wird man

---

[91] I. Müller, Furchtbare Juristen – Die unbewältigte Vergangenheit unserer Justiz, München 1987.

also nur im größeren Rahmen eines generellen Unwerturteils über das gesamte Bürgertum und die «tonangebenden Schichten» jener Epoche erörtern können. Solche Formen der «Vergangenheitsbewältigung», wie sie mit deutlichen Absichten auf die politische Verurteilung gegenwärtiger Institutionen des liberalen Verfassungsstaates Bundesrepublik Deutschland verbreitet werden,[92] sind in ihrer Einseitigkeit des Blickwinkels und der Tatsachendarstellung realitätsfeindlich, tragen aber vor allem zur sachgerechten gegenwärtigen und künftigen Aufgabenerfüllung der Justiz und der Rechtswissenschaft wenig bei.

c) Einsicht und Berufsethos

Richterlicher Widerstand gegen totalitäres Unrecht hat nach allem zwei Funktionsbedingungen. Die erste Voraussetzung ist eine selbstkritische Analyse und Beurteilung des eigenen Tuns und seiner gesellschaftlichen und politischen Folgen durch die Juristen. Die *dreiundzwanzigste Lehre* aus der NS-Zeit lautet:

Die Richter müssen erkennen, daß und in welchem Ausmaß sie bereits im bloßen Vollzug gesetzlicher Wertungen, erst recht aber bei Akten der richterlichen Rechtsfortbildung zu rechtspolitischen Funktionsträgern des jeweiligen politischen Systems werden.

Hier liegt die für die gesamte juristische Tätigkeit fundamentale Bedeutung der Rechtstheorie und der juristischen Methodenlehre. Ihrem Rang entsprechend muß sie in der Ausbildung und bei den Juristen einen größeren Raum einnehmen.

Der zweite Aspekt ist ein berufsethischer. Er führt zur *vierundzwanzigsten Lehre* aus der NS-Zeit:

Juristen müssen ihr Verhältnis zu dem der Rechtsordnung zugrunde liegenden Wertsystem als ein Kernproblem ihres Berufes erkennen. Es gibt keine unpolitische, weltanschaulich neutrale, ethisch wertfreie Jurisprudenz. Wertfreies Recht wäre buchstäblich wert-los.

Es gibt, auch das zeigt die NS-Zeit wie jedes andere staatliche Unrechtssystem in Vergangenheit und Gegenwart, Situationen, in denen das Verbleiben von Richtern oder Rechtsprofessoren im Amt die Übernahme von Mitverantwortung für das im System begangene gesetzliche Unrecht, ja auch eigene schwere Mitschuld an den Untaten des Systems bedeuten kann.

---

[92] Vgl. etwa U. Reifner, Juristen im Nationalsozialismus, ZRP 1983, 13; I. Müller, Furchtbare Juristen – Die unbewältigte Vergangenheit unserer Justiz, München 1987.

Die Analyse der Rechtslehren und der Gerichtspraxis im Dritten Reich fördert ein reichhaltiges Erfahrungs- und Lernmaterial für Juristen zutage. Die übrigen politischen Systemwechsel auf deutschem Boden (1918/19 und 1945/49) sind nicht weniger ergiebige Quellen für den Einfluß, den Wechsel politischer Machtlagen und weltanschaulicher Grundvorstellungen auf den Inhalt der Rechtsordnung auch dort ausüben, wo die einzelnen Gesetze und Vorschriften unverändert bleiben. Das vorhandene Material ist bisher unzureichend ausgewertet und zu einem wachen methodischen Bewußtsein, zur Fähigkeit selbstkritischer Funktionsanalyse der Juristen verarbeitet worden. Dazu will dieses Buch anregen.

Anhang

Zusammenfassung
der Lehren aus der Rechtsperversion im Nationalsozialismus

1. Lehre:
Es ist möglich, eine ganze Rechtsordnung allein durch Interpretation umzuwerten.

2. Lehre:
Richterrecht ist ein notwendiges, «schicksalhaftes» Element jeder justizstaatlichen Ordnung.
Auch Richter sind dem Zeitgeist ausgesetzt und durch ihn beeinflußt.

3. Lehre:
Den beiden Verfassungsgrundsätzen der Gewaltentrennung und der Gesetzesbindung der Gerichte kommt für die Konstituierung und Erhaltung des Rechtsstaates eine schlechthin grundlegende Bedeutung zu.

4. Lehre:
Der Systemwechsel von 1933 zeigt am Beispiel einer radikalen Umwälzung der Verfassung und aller politischen Wertvorstellungen – also gleichsam am Extremfall – besonders deutlich die rechtstechnischen Instrumente auf, mit denen eine überkommene alte Rechts-(Gesetzes-)ordnung auf neue gesellschaftliche oder politische Wertetafeln interpretativ «umfunktioniert» werden kann.

5. Lehre:
Die vielfältige ideologische und politische Verwendbarkeit rechtstheoretischer und rechtsmethodischer Figuren, Begriffe und Instrumente ist ein wichtiger, bisher weithin unbeachteter Risikofaktor bei der Arbeit der Juristen in Wissenschaft und Gerichtsbarkeit. Die «Multivalenz» und die potentielle Ideologisierung des juristischen Instrumentariums muß als ein notwendiger Gegenstand juristischer Lehre und kritischer Analyse betrachtet werden.

6. Lehre:
Wenn die «Rechtsidee», der «Geist» oder die «Einheit» des Rechts beschworen und als Begründung für Rechtsfolgen verwendet werden, so erscheinen nicht die beschworenen Geister und Ideen, sondern es erscheinen der Geist und die Ideen des jeweiligen Beschwörers oder seiner Ideologie.

7. Lehre:
Nebulose neue Rechtsquellen, ungeachtet ihrer eindrucksvollen Etikettierung, aber auch Unklarheiten in ihrer Rangfolge, sind geeignete Mittel, den Inhalt der Rechtsordnung nach den Vorverständnissen der jeweiligen Rechtsanwender zu verändern.

8. Lehre:
Richter schaffen Recht durch letztinstanzliche Entscheidungen. Die obersten Gerichte bestimmen letzten Endes, was in einem justizstaatlichen System geltendes Recht ist.

9. Lehre:

Das «Richterrecht» entfaltet gesetzesähnliche Wirkungen und damit «Geltung» von dem Zeitpunkt an, in dem die letzte Instanz erstmals so entschieden hat.

10. Lehre:

Die Gerichte können neben den gesetzlichen auch außergesetzliche Generalklauseln richterrechtlich entwickeln. Das geschieht dort, wo der Rechtsanwender einen neuen, im Gesetz nicht vorhandenen, aber erwünschten Bewertungsmaßstab auf eine griffige, für die Gerichtspraxis weit über den Streitfall hinaus verwendbare Formel bringt. Außergesetzliche Generalklauseln eignen sich besonders gut als Rechtsfortbildungsinstrumente (Beispiel: «Sozialadäquanz») und als «Kampfklauseln» gegen überkommene, als obsolet empfundene Gesetze (Beispiele: «Gesundes Volksempfinden», «volksgenössische Rechtsstellung» oder «Rechtsstandschaft» contra § 1 BGB).

11. Lehre:

Das institutionelle Rechtsdenken liefert wissenschaftlich klingende Scheinargumente. Der juristische Irrweg institutionellen Rechtsdenkens beginnt dort, wo die in «Typen» beschriebene Wirklichkeit ihrerseits als normativ verbindlich aufgefaßt wird: Weil etwas so *ist, soll* es auch so sein. Das Faktum wird zum Gebot erhoben.

12. Lehre:

Das Kennzeichnende institutioneller Rechtsbegründungen sowohl des konkreten Ordnungsdenkens als auch des konkret-allgemeinen Begriffs ist der Umstand, daß alle «Ordnungen», «Typen» und Lebensverhältnisse ihren eigentlichen Sinn, ihre Aufgabe, ihr «Wesen» und die daraus abzuleitenden rechtlichen Beurteilungsmaßstäbe aus einem übergreifenden weltanschaulichen Zusammenhang zugewiesen bekommen.

13. Lehre:

Die jeweils herrschende – oder aus der Sicht des institutionell argumentierenden Rechtsanwenders bevorzugte – Ideologie bestimmt den «institutionellen» Inhalt des Rechts.

14. Lehre:

Die These von der normsetzenden Kraft der «Institutionen» läuft, real gesehen, auf eine Verlagerung der Gesetzgebungsbefugnisse vom Gesetzgeber auf die Rechtsanwendungsinstanzen hinaus. Sie läßt sich auf die Formel bringen:
Alle Normsetzungsmacht den Interpreten.

15. Lehre:

Wer mit der «Natur» oder Ableitungen aus dem «Wesen» einer Sache oder Einrichtung argumentiert, verschleiert seine wirklichen Motive; er täuscht objektiv nicht vorhandene wissenschaftliche Begründungen vor.

16. Lehre:

Die Begriffe «Typus» und «Typenreihe» sind in einer auf Rationalität bedachten Rechtsmethode nur als Darstellungs- und Ordnungsbegriffe verwendbar. Werden sie im Stil der «Natur der Sache» zu Gebotsbegriffen umgedacht, aus denen Rechtsnormen abgeleitet werden, so handelt es sich um Scheinbegründungen für Normsetzungen des Rechtsanwenders.

17. Lehre:

Die juristische Methodenlehre entwickelt Theorien der formalen Verwirklichung materialer Wertentscheidungen der Gesetzgebung.

18. Lehre:

Methodische Instrumente sind nicht an die Durchsetzung spezifischer Werte oder Weltanschauungen gebunden. Sie können in zeitlicher Folge verschiedensten Ideologien und politischen Zwecken dienen. Die Wiederkehr von Rechtsfiguren, Denkfiguren und anderen Methodenoperationen ist ein lohnendes Objekt zur Anregung methodischer und philosophischer Selbstbesinnung und Selbstkritik der Juristen in Wissenschaft und Praxis.

19. Lehre:

Staatlich gesetztes Recht ist der Ausdruck eines im Normsetzungsverfahren verfestigten politischen Gestaltungswillens, eine zu normativer Dauerhaftigkeit und Durchsetzungsfähigkeit «geronnene» Politik. Die jeweilige Rechtstheorie und Methodenlehre kann den Grundtatbestand gestaltungspolitischer Zweck- und Zielorientierung aller Rechtsnormen nicht leugnen oder verdrängen, ohne ihren Gegenstand zu verlieren und – als Folge davon – die Wirklichkeit des Rechts- und Justizvollzuges zu verfehlen.

20. Lehre:

Die rechtspolitische Funktion der Justiz ist ein notwendiger Bestandteil justizstaatlicher Organisation. Richterrecht ist unverzichtbar. Die rechtspolitische Aufgabe der Gerichte erfordert ein besonderes Maß parteipolitischer und allgemeinpolitischer Zurückhaltung der Richter. Anderenfalls wird das Vertrauen in die Unabhängigkeit und in die Unparteilichkeit der Justiz gefährdet.

21. Lehre:

Staat und Recht sind auf einen unverzichtbaren Grundbestand «metaphysischer» Glaubenssätze (Weltanschauung, Religion, transzendentale Sozialphilosophie, «Grundwerte») gegründet.

22. Lehre:

Richterlicher Widerstand in bestehenden («etablierten») totalitären Systemen hat – für sich betrachtet – keine Aussicht, eine Systemveränderung zu bewirken. Selbst die kollektive Dienstverweigerung von Richtern würde im Zweifel nur zu ihrer Verdrängung aus dem Amt führen.

23. Lehre:

Die Richter müssen erkennen, daß und in welchem Ausmaß sie bereits im bloßen Vollzug gesetzlicher Wertungen, erst recht aber bei Akten der richterlichen Rechtsfortbildung zu rechtspolitischen Funktionsträgern des jeweiligen politischen Systems werden.

24. Lehre:

Juristen müssen ihr Verhältnis zu dem der Rechtsordnung zugrunde liegenden Wertsystem als ein Kernproblem ihres Berufes erkennen. Es gibt keine unpolitische, weltanschaulich neutrale, ethisch wertfreie Jurisprudenz. Wertfreies Recht wäre buchstäblich wert-los.

Namensverzeichnis

Von Bernd Rüthers sind erschienen

Die unbegrenzte Auslegung
Zum Wandel der Privatrechtsordnung
im Nationalsozialismus
2. Aufl., Frankfurt a. M. 1973

Arbeitsrecht und politisches System
Frankfurt a. M. 1973

Universität und Gesellschaft
Thesen zu einer Entfremdung
Konstanz 1981

Die offene ArbeitsGesellschaft
Regeln für soziale Beweglichkeit
Zürich 1985

Rechtsordnung und Wertordnung
Zur Ethik und Ideologie im Recht
Konstanz 1986

Grauzone Arbeitsrechtspolitik
Zürich 1986

Wir denken die Rechtsbegriffe um ...
Weltanschauung als Auslegungsprinzip
Zürich 1987

Allgemeiner Teil des BGB
6. Aufl., München 1986

Deutsche Vergangenheit

Hans-Ulrich Wehler
Entsorgung der deutschen Vergangenheit?
Ein polemischer Essay zum „Historikerstreit"
1988. 249 Seiten. Paperback
(Beck'sche Reihe 360)

Renate Jäckle
Die Ärzte und die Politik
1930 bis heute
1988. Etwa 180 Seiten. Paperback
(Beck'sche Reihe 361)

Horst Möller
Exodus der Kultur
Schriftsteller, Wissenschaftler und Künstler
in der Emigration nach 1933
1984. 136 Seiten. Paperback
(Beck'sche Reihe 293)

Im Warschauer Getto
Das Tagebuch des Adam Czerniakow 1939–1942
1986. 303 Seiten mit 19 Abbildungen. Gebunden

Else R. Behrend-Rosenfeld
Ich stand nicht allein
Leben einer Jüdin in Deutschland 1933 bis 1944
Mit einem Nachwort von Marita Krauss
1988. 271 Seiten mit 2 Abbildungen. Paperback
(Beck'sche Reihe 351)

Helen Epstein
Die Kinder des Holocaust
Gespräche mit Söhnen und Töchtern
von Überlebenden
Aus dem Englischen von Christian Spiel
1987. 335 Seiten. Broschiert

Verlag C. H. Beck